100 Fragen zum Islam

Samir Khalil Samir

Warum wir die Muslime nicht fürchten müssen

Herausgegeben von
Giorgio Paolucci
und Camille Eid

100 Fragen zum Islam

Samir Khalil Samir

Warum wir die Muslime nicht fürchten müssen

Herausgegeben von
Giorgio Paolucci
und Camille Eid

SANKT
ULRICH
VERLAG
GmbH

Titel der Originalausgabe: Centro di Studi sull Ecumenismo:
Cento domande sull'islam

Übersetzt von Gabriele Stein
Für den deutschsprachigen Raum mit freundlicher Genehmigung des Lizenzgebers aktualisiert und revidiert.

für Cinzia,
die diese Arbeit mit so liebevoller Geduld begleitet hat

Giorgio

meiner libanesischen Heimat gewidmet,
die seit Jahrhunderten ein Experimentierfeld für das
Zusammenleben von Christen und Muslimen ist

Camille

Bibliographische Information der Deutschen Bibliothek

Die Deutsche Bibliothek verzeichnet diese Publikation in der Deutschen Nationalbibliographie; detaillierte bibliographische Daten sind im Internet über http://dnb.ddb.de abrufbar.

Titelbild: KNA
Umschlaggestaltung: uv media werbeagentur
Mediengruppe Sankt Ulrich Verlag, Augsburg
Druck und Bindung: Ludwig Auer GmbH, Donauwörth
Printed in Germany
ISBN 978-3-86744-085-1
www.sankt-ulrich-verlag.de

Inhalt

Einleitung

Dieses Buch ist das Ergebnis einer Reihe ausführlicher Gespräche zwischen einem Islamwissenschaftler von internationalem Renommee und zwei Journalisten, die sich seit geraumer Zeit recht intensiv mit den Themen des Islams und des Zusammenlebens von Menschen unterschiedlicher Religionen und Kulturen befassen. Es erhebt nicht den Anspruch, eine so dichte und vielschichtige Wirklichkeit wie die muslimische Welt erschöpfend darzustellen, sondern versucht, eigenständige Antworten auf eine Reihe von Fragen zu finden, die die öffentliche Meinung seit längerem beschäftigen und nach dem Anschlag auf die Zwillingstürme von New York am 11. September 2001 und dem darauffolgenden Afghanistankonflikt ein noch größeres Gewicht erhalten haben.

Der Informationsbedarf ist groß, denn obwohl das Abendland innerhalb und auch außerhalb seiner eigenen Grenzen im Lauf der Jahrhunderte immer wieder mit dieser Welt in Berührung gekommen ist, wird sie nach wie vor mit Argwohn und Mißtrauen beäugt. Dies erklärt sich zum einen durch die Oberflächlichkeit unserer Geschichtskenntnisse und zum anderen durch die Emotionalität, mit der wir auf die aktuellen Ereignisse reagieren.

Wer wie der Großteil der westlichen Welt und wie sehr viele unserer Landsleute die Religion als etwas begreift, das der spirituellen Dimension des Daseins angehört, dem erscheint der Islam als ein neues und in mancher Hinsicht auch unbegreifliches Phänomen, denn der Islam versteht sich selbst als *Dīn wa Dunya wa Dawla* – Religion, Gesellschaft und Staat – und faßt alle privaten und öffentlichen Bereiche zu einer einzigen, großen Wirklichkeit zusammen. Um sie herum schart er alle Gläubigen der *Umma,* jener Gemeinschaft, der sich 1,2 Milliarden Menschen zugehörig fühlen. Und auch wenn diese Gemeinschaft ohne Zweifel vielfältig und vielschichtig ist, weist sie doch nicht nur in ritueller Hinsicht, sondern auch in ihrem Realitätszugang und in ihren Verhaltensmustern viele gemeinsame Züge auf.

Der in diesem Buch eingeschlagene Kurs beginnt mit dem historischen und kulturellen Kontext, in dem der Islam entstanden ist und sich anfänglich ausgebreitet hat, denn eine grundlegende Kenntnis dieser Aspekte ist noch heute wesentlich, um ihn in seiner Komplexität zu erfassen; die nachfolgenden Teile handeln von einigen Kernfragen, mit denen die Muslime sich im Lauf der Jahrhunderte auseinandergesetzt haben und an denen sie sich noch heute messen: der Auslegung der heiligen Texte, der Autorität, den Menschenrechten, der Frauenfrage, der Religionsfreiheit, der Gewalt, dem Verhältnis zur Moderne und zur westlichen Welt. Die letzten beiden Abschnitte befassen sich mit der Problematik der muslimischen Gemeinden in Europa und mit den Perspektiven eines Zusammenlebens von Christen und Muslimen: eines Zusammenlebens, das nur dann möglich sein wird, wenn wir uns von der Voreingenommenheit und auch von der Naivität freimachen, die die Debatte über die gesellschaftliche Integration und den interreligiösen Dialog in den vergangenen Jahren geprägt haben.

Es ist ein mühseliges Unterfangen, ein Haus zu bauen, in dem wir alle miteinander leben können: Das gilt schon für Menschen, die dieselbe Sprache sprechen und dieselben Werte teilen, und das gilt um so mehr für die Bürger von Welten, die zwar benachbart, aber gleichwohl unterschiedlich sind. Eine notwendige (wenn auch nicht ausreichende) Voraussetzung für ein solches Zusammenleben ist die Bereitschaft, den anderen kennenzulernen: sich also auf ein Abenteuer einzulassen, das uns nicht selten dazu zwingt, in den Spiegel zu sehen und unser eigenes Wesen, unsere eigene Identität neu zu entdecken. Diese beiden Pole – Kenntnis des anderen und Neuentdeckung der eigenen Identität – sind es, zwischen denen sich die Arbeit des „Centro di Studi sull' Ecumenismo“ idealerweise bewegt. Aus ihr erwächst dieses Buch und in ihr erkennt es sich wieder.

Als Leiter dieser „Expedition“ in die Welt des Islams fungiert Samir Khalil Samir, ein Jesuit und Ägypter mit italienischem Paß, dessen akademische und wissenschaftliche Biographie einen Eindruck von seiner intellektuellen Bedeutung vermittelt. 1938 in Kairo geboren, hat er in Frankreich und in den Niederlanden studiert und lebt heute in Beirut, wo er an verschiedenen Universitätsfakultäten lehrt. Hier hat er außerdem das Forschungs- und Dokumentationszentrum für arabisches Christentum CEDRAC gegründet. Er war Gastprofessor an der Universität von Kairo, an der Sophia Universität in Tokio, an der Georgetown Universität in Washington sowie an den Universitäten von Graz in Österreich, Bethlehem in Palästina und Turin in Italien. Er ist Herausgeber der von ihm ins Leben gerufenen Reihe „Patrimoine arabe chrétien", die zunächst in Kairo erschienen ist und nun in Beirut verlegt wird und von der seit 1978 dreizehn Bände publiziert worden sind. Er ist Mitherausgeber der Orientalistik-Zeitschrift „Parole de l'Orient", die im Libanon erscheint. In Italien ist er Gründer und (seit 1994) Direktor der Reihe „Patrimonio culturale arabo cristiano." Er ist Präsident der „International Association for Christian Arabic Studies" und Verfasser von rund zwanzig Monographien und etwa 500 wissenschaftlichen Artikeln über den Islam und den christlichen Orient.

Das ist nur ein Teil des langen und vielfältigen Werdegangs von Samir Khalil Samir, doch wäre es ein Irrtum anzunehmen, man hätte es mit einem Wissenschaftler zu tun, der sein Forschungsobjekt aus der Distanz des feinsinnigen Intellektuellen betrachtet. Das eigentlich Beeindruckende an seiner Persönlichkeit ist die Tatsache, daß die Sachkenntnis bei ihm stets mit der Leidenschaft für den Menschen und für den Durst nach Wahrheit einhergeht, der jeder Person innewohnt und den der Forscher entdecken und fruchtbar machen kann. Dies hängt nicht zuletzt mit seiner Zugehörigkeit zu einem Volk zusammen, das in der Geschichte ein Schnittpunkt von Religionen und Kulturen war und es noch heute ist: den Christen der arabischen Welt. Diese Welt bewahrt die Erinnerung an ein jahrhundertelanges Zusammenleben mit dem Islam, das zwar von Gegensätzen und Unruhen gekennzeichnet war, aber doch auch durchaus positive Aspekte aufzuweisen hatte. Und vielleicht wird gerade diese Erinnerung noch zu einem kostbaren Schatz für all jene, die sich heute im Westen die Frage stellen, wie ein Zusammenleben mit den aus ihren Herkunftsländern emigrierten Muslimen gestaltet werden kann.

Samir Khalil Samir gibt auf diese Fragen Antworten, die zuweilen vielleicht „unpopulär“ erscheinen oder zumindest weit von dem entfernt sind, was in den vergangenen Jahren gedankliches Gemeingut gewesen ist. Dennoch erwachsen sie aus einer eingehenden Kenntnis der islamischen Tradition und Mentalität und aus einer bei seinen zahlreichen Aufenthalten auf unserem Kontinent gereiften Vertrautheit mit den europäischen Verhältnissen.

Die Interviewform macht eine lebendigere Darstellung der Themen möglich und erlaubt es überdies, den Gesprächscharakter zu bewahren und die Antworten um einige Anekdoten aus der bewegten Biographie des Autors zu bereichern. Überdies haben wir versucht, den Stil und die Ausdrucksweise zu bewahren, die für sein Land und Volk typisch sind. Obwohl uns bewußt ist, daß die hier angesprochenen Themen die öffentliche Meinung erhitzen und spalten, haben wir die Provokationen nicht verstecken oder abmildern wollen, die auf eine gewisse politisch korrekte Beschreibung interkultureller und interreligiöser Beziehungen gemünzt sind – Provokationen übrigens, die diese Beziehungen nicht ersticken, sondern im Gegenteil die Voraussetzungen für ihre freiere Entfaltung schaffen wollen.

Auch wenn uns die Grenzen unserer Arbeit bewußt sind, wünschen wir uns dennoch, einem breiteren Publikum – und nicht nur der gleichwohl zahlreichen Schar der mit diesem Thema näher Befaßten – ein nützliches Werkzeug an die Hand gegeben zu haben, um die Realität jener Menschen kennenzulernen und aufzusuchen, die in den vergangenen Jahren unsere neuen „Nachbarn“ geworden sind.

Giorgio Paolucci und Camille Eid

Die Aussprache der arabischen Begriffe

ʾ	eine kurze Atempause
ḍ	emphatisches *d* des Obergaumens
ḏ	stimmhaftes *th* wie im englischen *the*
h	*h*
ḥ	stark behauchtes *h*
ǧ	stimmhaftes *dsch* wie im englischen *Jack*
ḫ	*ch* wie in *Buch*
q	tiefkehliges, emphatisches *k*
ṣ	emphatisches *s*
š	deutsches *sch*
ṭ	emphatisches *t*
ṯ	stimmloses *th* wie im englischen *thief*
z	stimmhaftes *s* wie in *Rose*
ẓ	emphatisches *z*
ʿ	kehliger Reibelaut mit Vokalqualität a, i, u

Die Striche über a, i und u längen den Vokal.

Die Grundlagen

Mohammed und die Entstehung des Islams

1. Um den Islam zu verstehen, muß man sich seine Ursprünge vergegenwärtigen. Können Sie uns den sozialen und religiösen Kontext skizzieren, in dem sich die Botschaft Mohammeds entwickelt hat?

Der Islam entsteht und entwickelt sich zwischen 610 und 632 auf der arabischen Halbinsel und dort insbesondere in den beiden Hauptstädten Mekka und Medina. Dank Mohammeds außergewöhnlicher Persönlichkeit sollten diese 22 Jahre zunächst die Geschichte Arabiens und dann auch die Geschichte des Mittleren Ostens und der ganzen Welt auf entscheidende Weise prägen.

Mohammed wurde um das Jahr 570 in Mekka geboren. Sein Vater war kurz vor seiner Geburt gestorben, und auch die Mutter verlor er früh. Deshalb wurde er zuerst von seinem Großvater und dann von seinem Onkel adoptiert, die beide dem bedeutenden Stamm der *Qurayš* angehörten. Später machte er sich von *Ḫadīğa,* einer reichen Witwe, abhängig, die Handel trieb und die er nach einiger Zeit heiratete.[1] Im Alter von 40 Jahren zog er sich eine Zeitlang in die Einsamkeit der Berge zurück und hatte dort ein intensives mystisches Erlebnis. Daraufhin machte er es sich zur Lebensaufgabe, allen die Kenntnis des einzigen Gottes zu bringen. Nach muslimischer Überlieferung waren zu Mohammeds Zeiten viele Menschen auf der Suche nach einer monotheistischen Religion und einem stark spirituell geprägten

Glauben. Hier sind vor allem *Ḫadīǧas* Cousin, ein gewisser *Waraqa ibn Nawfal,* der wesentlich an der Entstehung des Islams beteiligt war, und die sogenannten *Ḥanīf* zu nennen.[2]

Der monotheistische Grundgedanke prägt Mohammed sehr stark und verändert sein Leben insofern, als er ihn drängt, das zu verkünden, was ihm nach und nach auf geheimnisvolle Weise offenbart wird. Wir dürfen ferner nicht vergessen, daß in Arabien zahlreiche jüdische und christliche Stämme lebten, ja mehr noch: Die drei einzigen arabischen Reiche, die vor oder während der Entstehung des Islams bekannt waren, waren christlich.[3] Das heidnische Umfeld in Arabien war mithin in gewisser Weise für die Aufnahme einer monotheistischen Botschaft prädisponiert.

Was predigt Mohammed? In Mekka ist die Botschaft klar, einfach und eindeutig religiös: Glaubt an einen einzigen Gott, Allah, und an den Tag des Gerichts, an dem jeder an seinen Taten gemessen und dementsprechend entweder für die Hölle oder fürs Paradies bestimmt werden wird; fleht Gott um Vergebung eurer Sünden an; verrichtet die beiden vorgeschriebenen Gebete (am Morgen und am Abend);[4] enthaltet euch des Ehebruchs, und verweigert euch dem arabischen Brauch, Neugeborene lebendig zu begraben. Außerdem predigt er soziale Gerechtigkeit gegenüber Witwen, Waisen und Armen durch innere Freiheit vom Reichtum, wobei seine Schwerpunktsetzung an den alttestamentlichen Propheten Amos erinnert. Vor allem aber erklärt Mohammed, er sei der Prophet, den Gott dazu auserwählt habe, der Menschheit die letzte Offenbarung zu bringen; diese werde ihm durch den Erzengel Gabriel übermittelt.

In den Zeiten größerer Isolation sucht er Hilfe bei den Gläubigen der monotheistischen Religionen, den sogenannten „Leuten der Schrift", also Juden und Christen, die zur damaligen Zeit als einzige eine geoffenbarte Schrift besitzen.[5] Sie stimmen mit ihm überein, was den Eingottglauben, die Lehre vom jüngsten Tag und die Auferstehung der Toten betrifft, ohne jedoch seine Behauptung zu akzeptieren, er sei ein Prophet Gottes.

2. Sie sagen, daß Christen und Juden seinen Glauben an einen einzigen Gott, Allah, teilen. Muß man daraus folgern, daß Allah kein spezifisch muslimischer Gott ist, wie viele in der westlichen Welt glauben?

In der Tat ist diese Überzeugung in Europa leider sehr weit verbreitet. Allah ist keine „Erfindung" Mohammeds oder der islamischen Religion. Dieser Wortstamm ist allen Sprachen der semitischen Völker und der Bewohner des südlichen Mittelmeerraums gemeinsam, und wir finden ihn im alttestamentlichen Hebräisch – wie übrigens auch im Syrischen und im Aramäischen – in dem Wort *Elohim*. Die arabische Sprache bietet die Möglichkeit, zwischen *Ilāh,* einem Gott, und *Allāh,* dem absoluten Gott, zu unterscheiden. In dem Wort *Allāh* ist der arabische Artikel *al* mit dem Substantiv *Ilāh* verschmolzen. Allah war also ganz einfach der Name, mit dem die Araber den Gott schlechthin bezeichneten, und der Islam hat lediglich einen bereits bestehenden Begriff übernommen, der in der vorislamischen Dichtung gerade bei den christlichen Autoren belegt ist.

Dennoch – und das ist bezeichnend – lehnen die Muslime, wenn sie den Koran in die westlichen Sprachen übersetzen, es heute ab, *Allāh* mit Gott oder „Dieu" oder „God" zu übersetzen. Es ist ein regelrechtes Dogma geworden, daß man das arabische Wort *Allāh* unverändert stehenläßt. Ich halte es für einen fanatischen Ansatz, zu behaupten, dieser Name bezeichne den „Gott der Muslime" und niemand sonst habe ein Recht, ihn zu benutzen. In Malaysia hat diese absurde Denkweise dazu geführt, daß es den Christen per Gesetz verboten worden ist, *Allāh* als Bezeichnung für Gott zu verwenden, weil man glaubt, die Muslime hätten ein Monopol auf diesen Begriff. Und es überrascht, daß auch die Westeuropäer einschließlich der Italiener sich an diese Regel halten und das Wort *Allāh* im negativen Sinne benutzen, um die Muslime zu kritisieren – als handele es sich um eine Gottheit, die dem Islam „gehört".

Allah war also Teil des arabischen Pantheons, und viele Araber der vorislamischen Epoche – darunter auch Mohammeds

Vater – nannten sich *ʿAbd Allāh,* Knecht Allahs. Vermutlich verwendeten die heidnischen Araber das Wort Allah, um eine besonders mächtige Gottheit zu bezeichnen, die mitunter auch den Zusatz *al-Raḥmān*, der Barmherzige, erhielt. Die Juden und die arabischen Christen benutzten das Wort *al-Raḥmān* als Bezeichnung für den einzigen Gott, wie einige Inschriften aus vorislamischer Zeit bezeugen, die man in Arabien gefunden hat. Eine sehr wichtige Inschrift, die auf das 6. Jahrhundert zurückgeht und ein trinitarisches Bekenntnis enthält, verwendet *al-Raḥmān* als Attribut für den christlichen Gottvater, denn sie spricht von *al-Raḥmān,* seinem Sohn *Christos* und dem Heiligen Geist. Mithin ist *Raḥmān* das väterliche Attribut in der christlichen und das wesentliche Gottesattribut in der jüdischen Tradition, während es bei den heidnischen Arabern eine der mächtigsten Gottheiten benennt.

3. Wie wird – um auf Mohammed zurückzukommen – seine monotheistische Verkündigung von der heidnischen Bevölkerung in Mekka aufgenommen?

Zunächst treffen Mohammeds Vorstellungen bei den heidnischen Einwohnern seiner Stadt auf keinen großen Widerstand: Sie beschränken sich darauf, ihn auszulachen, werfen ihm vor, er sei von einem bösen Geist besessen oder halten ihn für einen Wahrsager. Das hängt auch damit zusammen, daß Mohammed zu Anfang keine neue Religion gründen, sondern die Araber lediglich vor dem baldigen Tag des Gerichts warnen will. Abgesehen von einer kleinen Gruppe Jugendlicher aus recht bescheidenen Verhältnissen folgen ihm nur wenige.

Als er jedoch beginnt, den Polytheismus offen anzugreifen, wird der Widerstand energischer, denn damit bedrohte er die Interessen der Clans in der Stadt, die ihren Reichtum den alljährlichen Pilgerströmen verdankten. Mekka nämlich war nicht nur ein wichtiges politisches, soziales und kommerzielles Zentrum der Araber, sondern auch ein religiöser Ort. Schon in vorislamischer Zeit versammelten sich dort alle Stämme während eines bestimmten Wallfahrtsmonats, um ihre Gottheiten anzubeten, die um die *Kaʿba* herum – jene kubische Konstruktion mit dem schwarzen Stein – aufgestellt waren. Außerdem trieben sie Handel und veranstalteten Dichterwettbewerbe. Man hätte diesen Leuten geschadet, wenn man von ihnen verlangt hätte, ihre Götzen zu zerstören.

Mohammeds Botschaft erregt auch deshalb Anstoß bei den Einwohnern von Mekka und wird abgelehnt, weil sie Solidarität mit den Armen verlangt. Es ist unter anderem diese Ablehnung, die ihn davon überzeugt, daß er ein Prophet ist, denn wie alle, die ihm vorangegangen sind, stößt auch er auf Hindernisse gemäß dem Sprichwort: „Niemand ist Prophet in seinem eigenen Land." Auch bei den *Qurayš,* seinem eigenen, mächtigen Stamm, stößt Mohammed auf Widerstand und fühlt sich daher mit seiner kleinen Gefolgschaft aus einfachen Leuten nur noch stärker isoliert. Die Feindseligkeit, die man ihm entgegenbringt, veranlaßt ihn, seine Anhänger für einige Zeit nach Äthiopien, dem Sitz eines christlichen Königreichs, zu schicken, wo sie sehr großzügige Aufnahme finden. Man erzählt, daß der äthiopische Negus, als er die Übersetzung der wunderschönen Koranverse von der Verkündigung hörte, ergriffen gewesen sei und seine muslimischen Gäste „Brüder" genannt habe.[6]

4. Demnach ist die Auswanderung nach Äthiopien Mohammeds erste Hedschra oder Flucht. Dieser sollte jedoch eine weitaus wichtigere folgen …

Der wachsende Widerstand der Einwohner von Mekka veranlaßt Mohammed dazu, seine Strategie zu ändern. Er schließt ein Abkommen mit dem rivalisierenden *Yaṯrib,* der zweitwichtigsten Stadt Arabiens, die etwa 350 Kilometer von Mekka entfernt ist. Die Einwohner von Yaṯrib erklären sich bereit, ihn aufzunehmen, und Mohammed schickt seine Anhänger in kleinen Gruppen dorthin, um keine Aufmerksamkeit zu erregen, denn es handelte sich um einen echten Verrat an seiner Heimatstadt. Er selbst floh in der Nacht vom 15. auf den 16. Juli des Jahres 622 n. Chr. nach *Yaṯrib* – dem Beginn des muslimischen Kalenders.[7]

In *Yaṯrib,* das seither Medina heißt,[8] schließt Mohammed Verträge mit allen anwesenden – auch den jüdischen – Stämmen und beginnt, das bürgerliche und religiöse Leben zu organisieren. In dieser Stadt ist er endlich frei, sein umfassendes Projekt zu verwirklichen, das zugleich religiöser, gesellschaftlicher und politischer Natur ist. Diese Entwicklung steht am Anfang der modernen muslimischen Debatte über die Frage, was als der echte Islam zu gelten hat: der der ersten Phase, der sich in Mekka entwickelte und stark spirituell geprägt war, oder der der zweiten Phase, von Medina, mit seiner ausgesprochen sozialen und politischen Ausrichtung. Beide Konzepte sind sehr unterschiedlich.

5. Weil der Prophet nun auch Gesetzgeber und Anführer ist?

Sicherlich, aber nicht nur deshalb. Man darf nicht vergessen, daß Mohammed mit einer Handvoll Anhänger in Medina ankommt, die Heimat und Arbeit verloren haben und alle Geld und Unterstützung brauchen. Für den Unterhalt seiner Männer sorgen die, die sie aufgenommen haben. Deshalb versucht er, die Zustimmung der hebräischen Stämme zu gewinnen – sie waren die reichsten in der Stadt –, indem er anfänglich das Gebet nach Jerusalem ausrichtet und, wie bei den Juden üblich, den „Jom Kippur“ zum Fasttag erklärt. Doch seine Versuche bleiben erfolglos, und er wird von den Juden nicht als Prophet anerkannt.

Daher entscheidet er sich nach etwa eineinhalb Jahren zu einer Kursänderung: Das Gebet wird nun nach Mekka gerichtet, während das Fasten auf einen ganzen Monat ausgedehnt wird, der unter den heiligen Monaten des arabischen Kalenders ausgewählt wird. Die neue Gebetsrichtung (die neue *Qibla)* soll die heidnischen Araber für die Sache Mohammeds gewinnen. Das Fasten fällt nicht mehr mit dem jüdischen Brauch zusammen, der sich am Sonnenkalender orientiert, sondern folgt dem Mondkalender der Araber, der aus 355 Tagen besteht.

6. Wie stellt Mohammed nach diesem Bruch den Lebensunterhalt seiner Leute sicher?

Mittels Razzien – das Wort kommt vermutlich aus dem arabischen *Ghazwa*. Der zuverlässigsten Biographie zufolge, der *Sīra* von *Ibn Hišām,*[9] ist Mohammed in den zehn Jahren, die er in Medina verbringt, der Protagonist von insgesamt 19 Kriegen und Razzien.

Den Arabern der vorislamischen Tradition waren vier Monate heilig, in denen es verpönt war, Konflikte auszutragen, während in den übrigen Monaten des Jahres in zwei verschiedenen Jahreszeiten Krieg geführt werden durfte. Diesen Brauch hat Mohammed in gewisser Weise respektiert, ohne daß die Muslime daran irgend etwas gefunden hätten, was mit ihrem neuen Glauben nicht vereinbar gewesen wäre. Schließlich war der Krieg ein wesentlicher Bestandteil der Beduinenkultur.

Diese Konflikte bescheren Mohammed also reiche Beute,[10] doch sie geben ihm vor allem die Möglichkeit, mit verschiedenen Stämmen Abkommen zu schließen, um aus seiner Isolation herauszutreten und sich eine breitere Basis zu schaffen. Immer wenn er sich überlegen fühlt, greift er einen neuen Stamm an, unterwirft ihn und zwingt ihn, Tribut zu zahlen; wenn er glaubt, ebenso stark zu sein wie der Gegner, schließt er einen Pakt mit ihm; wenn er schwächer ist, geht er der Auseinandersetzung ganz einfach aus dem Weg. So gelingt es ihm dank seiner intelligenten Strategie, das Fundament und den Einfluß des Islams zahlenmäßig wie auch politisch zu vergrößern.

In dieser Zeit versucht er auch einige Male, Mekka anzugreifen, und 624 trägt er in der berühmten Schlacht von Badr den Sieg über die Karawane von *Abū Sufyān* davon.[11] Bei anderen Gelegenheiten organisiert er Angriffe gegen mekkanische Handelskarawanen, doch seine Taktik erweist sich als allzu riskant: Während eines solchen Aufeinandertreffens, der Schlacht von *Uḥud,* wird Mohammed verletzt, und man fürchtet um sein Leben. Dennoch interpretieren die Muslime dieses Ereignis als einen Sieg und vertreten die Auffassung, die Mekkaner hätten Mohammed töten können, es aber nicht getan. Für diese Auslegung gibt es Belege im Koran.[12]

Zu diesem Zeitpunkt fühlt Mohammed sich stark genug, um die Juden anzugreifen. Ein jüdischer Stamm nach dem anderen wird aus Medina vertrieben; ihre Besitztümer werden von den Muslimen konfisziert. In diese Zeit fällt auch die Schlacht von *Ḫaybar*, einer Oase unweit von Medina, wohin die Juden sich geflüchtet hatten und wo sie nach 45tägiger Belagerung besiegt wurden. Der Sieg von *Ḫaybar* ist als Beweis für die Überlegenheit über die Juden in die muslimische Mythologie eingegangen und wird noch heute in den Slogans der militanten Islamisten und der Jugendlichen der palästinensischen Intifada heraufbeschworen.

7. Und Mohammed setzt seine Strategie fort – bis zum entscheidenden Zusammenstoß mit Mekka …

Nachdem sie ihre Basis verbreitert haben und reicher und stärker als jeder andere arabische Stamm geworden sind, können die Muslime die Konfrontation mit Mekka suchen. Im Januar 630 gelingt es Mohammed, ohne jegliches Blutvergießen in seine Geburtsstadt einzuziehen, weil die Einwohner seine militärische Überlegenheit nunmehr anerkennen. Er verhält sich seinen ehemaligen Mitbürgern gegenüber großzügig (nur drei Männer und zwei Frauen werden zum Tod verurteilt), verlangt jedoch die Zerstörung sämtlicher Götzenbilder im Umkreis der *Kaʿba*.

Zu diesem Zeitpunkt bekehrt sich nahezu die gesamte arabische Halbinsel zum Islam. Ich habe gesagt „bekehrt sich zum Islam“, obwohl es sich eher um eine rein militärische Unterwerfung zu handeln scheint. Doch diese beiden Dinge waren im Grunde dasselbe, denn wer sich Mohammed unterwarf, der erkannte ihn als Herrscher und gottgesandten Propheten an. Es geht also nicht nur um die politische und militärische Unterwerfung, sondern auch um die Anerkennung des einzigen Gottes und seines Propheten – eine Anerkennung, die sich unter anderem in der Zahlung eines Tributs für den Unterhalt des Heeres äußert.

Im März 632, dem Jahr 10 nach der Hedschra, kann Mohammed endlich seine erste (und letzte) Pilgerfahrt, die sogenannte „Abschiedswallfahrt", in das nun muslimisch gewordene Mekka unternehmen. In einer Ansprache an die Menge der Muslime teilt er seinem Volk den letzten Koranvers mit, der ihm offenbart worden ist: „Heute habe ich euch eure Religion vervollständigt (so daß nichts mehr daran fehlt) und meine Gnade an euch vollendet und den Islam als Religion gutgeheißen."[13] Im Mai desselben Jahres bereitet er einen Feldzug gegen die Transjordanier vor, von dem er jedoch Abstand nehmen muß, da er sich nicht gut fühlt. Am 8. Juni stirbt er in den Armen seiner Lieblingsfrau *ʿAiša*.[14]

Der Koran: das „ungeschaffene" Wort Gottes

8. Befassen wir uns nun näher mit Mohammed als Gesetzgeber und Prediger. Wie entsteht der Koran?

Mohammed bemüht sich sehr, die Gesetzgebung der Beduinen weiterzuentwickeln, die nur die in ihrer Tradition überlieferten Gesetze kannten. In Medina muß er eine Reihe gesellschaftlicher, wirtschaftlicher, familiärer und ehelicher Probleme lösen, ferner Fragen, die sich auf das Verhalten gegenüber den Sklaven, den Juden und den Christen beziehen. Jedesmal, wenn ihm ein Problem unterbreitet wird, gibt er – bisweilen auch erst nach einigen Tagen – eine Antwort in Form einer Offenbarung: Das heißt, daß die Antwort als eine „Herabkunft" Gottes auf Mohammed dargestellt wird.

Das Dogma der koranischen Offenbarung ist wesentlich für die Muslime. In der christlichen Offenbarung ist der Verfasser des heiligen Texts gleichzeitig Mitautor mit Gott und schreibt unter dem Einfluß des Heiligen Geistes. Im biblischen Kontext spricht man daher von „Inspiration". Wenn ein Christ das Evangelium aufschlägt, liest er dort: Evangelium Jesu Christi „nach" Matthäus, Markus, Lukas oder Johannes. Dieses „nach" ist wesentlich, und stilistisch lassen sich die Evangelien gut voneinander unterscheiden. Im Islam verhält es sich anders: Der Koran wird nicht nur als geoffenbarter, sondern als *Munzal*, als auf Mohammed herabgekommener[13] Text verstanden. Der Text sei einfach die buchstäbliche Niederschrift eines „ungeschaffenen" Korans, der sich von jeher bei Gott befindet und in der Form eines historischen Korans „herabgestiegen" ist.

Gestützt auf einige Verse lehrt die muslimische Tradition, diese „Herabkunft" habe sich als Ganzes im Moment der prophetischen Berufung Mohammeds vollzogen, die als die Nacht der Bestimmung bezeichnet wird. Im Koran heißt es: „Wir haben ihn in der Nacht der Bestimmung herabgesandt. Aber wie kannst du wissen, was die Nacht der Bestimmung ist? Die Nacht der Bestimmung ist besser als tausend Monate. Die Engel und Gabriel kommen in ihr mit der Erlaubnis ihres Herrn herab, lauter Logos(wesen). Sie ist (voller) Heil (und Segen), bis die Morgenröte sichtbar wird."[16] Ein anderer Bezug findet sich in den ersten Versen der 44. Sure („Der Rauch"): *„Hā mīm.*[17] Bei der deutlichen Schrift! Wir haben sie in einer gesegneten Nacht hinabgesandt. Und wir haben (die Menschen damit) gewarnt. In dieser Nacht wird jede weise Angelegenheit entschieden."

Die Muslime sagen also, der Koran, der bis zu diesem Augenblick „auf einer wohlverwahrten Tafel"[18] im Himmel gewesen sei, sei in jener Nacht buchstäblich auf Mohammed „herabgelassen" worden und dieser habe ihn in der Folgezeit „sukzessive" und je nach Situation an seine Gläubigen weitergegeben. Mohammed habe ihn folglich nicht selbst geschaffen, sondern lediglich einen Text, der ihm durch den Erzengel Gabriel von Gott „diktiert" worden sei, in einer für den Menschen wahrnehmbaren Form „weiterübermittelt".

Gestatten Sie mir eine persönliche Erinnerung: Bei meiner mündlichen Abiturprüfung, die ich in Kairo abgelegt habe, wurde ich gefragt, wer der Verfasser des Korans sei. Als Christ konnte ich diese Fangfrage natürlich nicht mit „Gott" beantworten, doch wenn ich das nicht tat, riskierte ich es, daß ich durchfiel. Hinter mir flüsterte mir ein muslimischer Freund immer wieder zu: „Sag Gott und damit basta!" Dann gab der Herr mir die richtige Antwort ein: „Für die Muslime ist es Gott." Deskriptiv, nicht normativ!

9. Welche theologischen Konsequenzen hat dieses Dogma, also die Tatsache, daß der Koran als das „ungeschaffene" Wort Gottes betrachtet wird?

Wenn der Koran „herabgestiegen" ist, dann gibt es keinerlei Möglichkeit, ihn kritisch oder historisch zu interpretieren – nicht einmal in jenen Aspekten, die ganz zweifellos an die Sitten und Gebräuche eines konkreten historischen und kulturellen Kontexts gebunden sind. Im Christentum wird die Bibelkritik praktiziert – die nicht, wie manche irrtümlich glauben, während der Aufklärung, sondern schon in der Patristik aufgekommen ist –, denn wenn der biblische Text von Gott auf menschliche Weise geoffenbart worden ist, dann bedeutet dies, daß die Menschen das Wort Gottes nach Maßgabe ihrer jeweiligen Situation rezipiert haben.

Zu einem bestimmten Zeitpunkt in der Geschichte des Islams hat man jede weitere Interpretation des Textes für unmöglich erklärt. Deshalb wird heute allein der Versuch, seinen Sinn zu verstehen oder zu begreifen, welche Botschaft er in einem bestimmten Kontext vermitteln will, als Vorstoß gedeutet, ihn erneut zur Diskussion zu stellen. Und das ist die eigentliche Tragödie der islamischen Welt: Niemand weiß, wer diese Entscheidung damals gefällt hat, aber alle akzeptieren sie. Seit dem elften Jahrhundert gilt das „Tor der Auslegung",[19] der persönlichen Anstrengung, als geschlossen, und niemand vermag es mehr zu öffnen. Gemeinhin wird angenommen, daß der große *al-Ghazālī*[20] der letzte gewesen ist, der den Islam rechtmäßig und endgültig überdacht hat.

Im Lauf der Geschichte hat es zahlreiche Reformer gegeben, doch keinem von ihnen ist es gelungen, die gesamte muslimische Gemeinschaft zu überzeugen. Über die Rolle der Vernunft in der Auslegung des koranischen Textes hat Averroës[21] ein berühmtes Werk geschrieben, „Die entscheidende Abhandlung und die Urteilsfällung über das Verhältnis von Gesetz [also die *Šarīʿa*] und die Philosophie", die auch ins Deutsche übersetzt ist. Darin vertritt er auf dem Wege der logischen Beweisführung die Auffassung, daß der Mensch das Recht hat, den Koran auszulegen *(Taʾwīl)*. Mehr noch, er hat sogar die Pflicht, ihn nicht nur zu kommentieren *(Tafsīr)*, sondern ihn zu interpretieren, um seine authentische Bedeutung für die jeweilige Zeit zu erfassen.

Auch in der Moderne hat es viele derartige Vorstöße gegeben, die jedoch fast immer vergeblich waren. Das Gewicht dieser Tradition und vor allem die Angst, die gewonnenen Sicherheiten in Frage zu stellen, haben ein Tabu geschaffen: Der Koran wird nicht ausgelegt, und es verbietet sich, ihn kritisch zu überdenken.

10. Wann wurden denn all die „Offenbarungen" an Mohammed zu einem einzigen Buch zusammengefaßt?

Zwei Jahrzehnte nach Mohammeds Tod. Er hat diese Zusammenstellung zu seinen Lebzeiten nie gewollt. Die Suren wurden daher auswendiggelernt und zuweilen auf Tonscherben, Palmblättern, Pergament oder Kamelknochen aufgeschrieben. Erst unter dem Kalifen *ʿUṯmān*[22] werden alle diese Fragmente gesammelt, um daraus ein *Mus-ḥaf,* ein Buch, zu machen. *ʿUṯmān* nämlich will das Problem, daß mehrere Versionen des Korans im Umlauf sind, an der Wurzel packen. Also ruft er die sieben berühmtesten *Ḥuffāz* (Memorierer) – also diejenigen, die einige Stücke des Korans auswendig beherrschen – zusammen und legt auf diese Weise den Grundstein zu der offiziellen Version, die *ʿUṯmana* genannt wird.

Lange Zeit bestehen jedoch noch andere Schwierigkeiten. Die Araber der damaligen Zeit schrieben noch keine Punkte über die Buchstaben ihres Alphabets, was zu einer Reihe von Verwechslungen zwischen mehreren gleich geschriebenen Buchstaben führen konnte. An der Anzahl und der Position der Punkte oberhalb oder unterhalb des Buchstabens erkennt man beispielsweise den Unterschied zwischen *b, t, ṯ, n* und *y,* und ein Weglassen der Punkte konnte eine falsche Lesart der Texte zur Folge haben. Überdies fehlten auch die Vokalzeichen, die in allen semitischen Sprachen eine unerläßliche Voraussetzung für die richtige Lesart der kurzen Vokale sind. In der 30. Sure („Die Römer")[23] ist es beispielsweise unklar, ob man *ghalaba al-Rūm* oder *ghuliba al-Rūm* lesen soll: Die Römer haben gesiegt oder sind besiegt worden – ein nicht ganz unwesentlicher Unterschied.

Sobald die offizielle Version festgelegt ist, befiehlt der Kalif *ʿUṯmān,* alle anderen Fassungen zu zerstören. Folglich ist der Koran, wie wir ihn heute kennen, die auf seine Initiative hin geschaffene Version: das Ergebnis eines Kompromisses zwischen sieben *Ḥuffāz,* die sich in vielen Dingen nicht einig waren. Es ist jedoch unmöglich, mit Bestimmtheit zu sagen, ob diese Version die Worte enthält, die Mohammed wirklich gesprochen hat. Die

Offenbarungen haben sich über etwa 8000 Tage verteilt, von 610 bis 632, und kein Mensch kann für sich in Anspruch nehmen, ein so perfektes Gedächtnis zu besitzen, daß er sich noch nach vielen Jahren wörtlich an etwas erinnert, was er nur ein einziges Mal gehört hat.

Wenn die Kirchenväter auf griechisch schrieben, zitierten sie die Evangelien nicht wörtlich. Im Falle des Korans wäre dies ein Unding gewesen. Ich erinnere mich an eine unangenehme Szene, die ich während eines Treffens über den islamisch-christlichen Dialog in Rom erlebt habe. Ein *Imam* aus Jordanien sollte ein Gebet vortragen. Er rezitierte aus dem Gedächtnis einige Verse aus dem Koran und irrte sich in einem Wort. Sogleich erhob sich ein Raunen unter den anwesenden Muslimen, die ihn korrigierten, doch der Ärmste irrte sich ein zweites und auch noch ein drittes Mal. Am Ende brach er völlig verwirrt ab und verließ beschämt den Raum. Er hatte Anstoß bei den Zuhörern erregt, weil er das ungeschaffene Wort Gottes entstellt hatte.

Die Bedeutung des Korans für die Muslime läßt sich mit Christus vergleichen: Christus ist das inkarnierte Wort Gottes, und der Koran – verzeihen Sie mir das Wortspiel – ist das „inpapierte", das auf Papier niedergeschriebene Wort. Diese Parallele müßte es den Muslimen erlauben, den Koran als göttlich und menschlich zugleich zu betrachten, wie es die Christen mit der Lehre von den zwei Naturen Christi machen, doch tatsächlich halten sie ihn für ausschließlich göttlich.

11. Sind die 114 Kapitel oder Suren, die den Koran bilden, in chronologischer Reihenfolge nach dem Zeitpunkt ihrer Offenbarung angeordnet?

Abgesehen von der ersten Sure, die *Fātiḥa* oder „die eröffnende Sure" genannt wird, sind alle anderen nach ihrer Länge geordnet, von der längsten bis zur kürzesten. Dennoch gibt es eine ungefähre chronologische Einordnung der verschiedenen Kapitel. Wenn man eine arabische Ausgabe des Korans aufschlägt, findet man unter dem Titel den Hinweis: „Diese Sure ist nach der und der Sure herabgekommen", und wenn man dort nachschlägt, so steht dort wiederum zu lesen, daß die betreffende Sure „nach der und der Sure herabgekommen" ist. Man muß im übrigen nicht glauben, daß einer bestimmten Sure auch eine bestimmte Äußerung Mohammeds entspricht. Manche Suren enthalten Verse, die zu unterschiedlichen Zeitpunkten „herabgekommen" sind.

12. Bietet die Lektüre des Korans Erstaunliches oder Außergewöhnliches für jemanden, der das Arabische beherrscht?

Viele Passagen haben eine außergewöhnliche Anziehungskraft, andere sind ein wenig eigenartig und dunkel. Manches ist unverständlich, doch wirklich bewundernswert sind die überraschenden syntaktischen Verkürzungen, die eine, nun, sagen wir, magische Wirkung erzielen. Wenn ich heute so schreiben würde, dann würde man mir sagen, das sei unnormal und gekünstelt. Doch neben zahlreichen Versen dieser Art gibt es andere, die sehr schwerfällig sind: Stellen, die nicht einen Hauch von Poesie besitzen, Gesetzestexte ohne die geringste dichterische oder spirituelle Inspiration.

Für eine christlich gebildete Person ist die Lektüre des Korans seltsam und nach einiger Zeit auch enttäuschend. Man entdeckt oft, daß er nichts mit der Bibel zu tun hat. Es gibt zwar einige Passagen, die an sie erinnern und sicherlich zu den schönsten des Korans zählen, doch es gibt auch seitenweise praktische Anleitungen zum Alltagsleben. Und neben den persönlichen Problemen, die Mohammed mit seinen Frauen hatte, finden wir schöne spirituelle Gedanken und Gebete.

Eines der schönsten Kapitel ist die Sure 112, „Reinheit des Vertrauens", in der es heißt: „Sag: Er ist Allah, ein Einziger, Allah, der souveräne (Herrscher). Er hat weder Kinder gezeugt, noch ist er (selber) gezeugt worden. Und keiner kann sich mit ihm messen." Dieses „er hat weder gezeugt, noch ist er gezeugt worden" war ursprünglich für die heidnischen Araber bestimmt, wurde jedoch schon bald als eine Botschaft an die Adresse der Christen verstanden – gegen ihr Credo gerichtet, in dem es heißt, daß Jesus Christus „gezeugt, nicht geschaffen" ist. Jeder Muslim, der heute diese Verse ausspricht, denkt nicht an die Heiden, sondern an die Christen. Andere Suren sind dagegen eher sperrig, und wer sie auf arabisch liest, vermag das, was die Muslime *I'ǧāz al-Qur'ān*, das „Wunder des Korans" nennen, nicht zu entdecken.

13. Versteht man unter dem „Wunder des Korans" die Auffassung, der Koran sei so, wie er ist, aus dem Himmel herabgekommen?

Nicht ganz. Das *I'ǧāz*, das Wunder, ist für die Muslime der unnachahmliche literarische Stil des Korans. Zu einem gewissen Zeitpunkt fragten die Leute Mohammed: „Du behauptest, ein Prophet zu sein – welches Zeichen gibst du uns? Tu ein Wunder! Du sprichst von den Wundern des Moses, den Wundern Jesu – und deine Wunder? Wo sind sie?" Und er antwortet: „Mein Wunder ist der Koran: Bringt einen einzigen gleichwertigen Vers hervor." Die muslimische Tradition besagt, die Beduinen seien nicht imstande gewesen, auch nur einen Vers hervorzubringen, der der Schönheit des Korans gleichgekommen wäre, und definiert dies als „Wunder". Tatsächlich hat Mohammed kein einziges Wunder vollbracht, auch wenn die spätere Überlieferung ihm in Anlehnung an die Propheten einige Wunder zugeschrieben hat.

Die Muslime behaupten sogar, man könnte mittels einer Computeranalyse beweisen, daß es zwischen den im *Ḥadīṯ* gesammelten Aussprüchen Mohammeds und dem Koran keinerlei lexikalische und syntaktische Gemeinsamkeiten gebe, weil der Koran die Sprache Gottes, der *Ḥadīṯ* dagegen die Sprache Mohammeds sei. Doch diese Behauptung ist müßig, denn eine solche Untersuchung ist nie gemacht worden, und die philologische Forschung zeigt den konkreten Einfluß der Ereignisse im Leben Mohammeds auf den koranischen Text – wie beispielsweise die Tatsache, daß erst nach der Emigration der Muslime nach Äthiopien einige typisch christliche Begriffe aus der äthiopischen Sprache verwendet werden.[24]

14. Die Muslime erklären einhellig, Mohammed sei Analphabet gewesen. Könnte man nicht aus dieser Tatsache und aus seiner Beschreibung des Korans auf etwas „Wundersames“ schließen?

Die westlichen Gelehrten und zahlreiche muslimische Forscher glauben nicht an Mohammeds Analphabetismus. Jedesmal, wenn der Koran das Wort *Ummī* (Analphabet) erwähnt, steht es im Gegensatz zu dem Wort, das jemanden bezeichnet, der ein heiliges Buch besitzt. Die *Ummiyyūn* (Plural, A.d.R.) sind also nicht diejenigen, die nicht lesen können, sondern diejenigen, die kein geoffenbartes Buch besitzen. Die Aussage, Mohammed sei der Prophet der *Ummiyyūn,* muß also so verstanden werden, daß er sich nicht als Prophet der Juden und Christen, die ja einen heiligen Text besaßen, sondern als Prophet der Heiden betrachtete. Mithin hat *Ummī* dieselbe Bedeutung wie das lateinische „Gentes“, Völker, das dazu verwandt wurde, den heiligen Paulus als Völkerapostel, das heißt als Apostel der Heiden zu beschreiben. Es ist sehr wahrscheinlich, daß diese Bedeutung von den Juden übernommen wurde, die einen ähnlichen Ausdruck benutzten, wenn sie die anderen Völker als „Gojim“ bezeichneten.

Fünf Säulen für einen Glauben

15. Worin bestehen die Grundlagen des islamischen Glaubens?

Der Islam ruht auf fünf Säulen: dem Bekenntnis des Glaubens an Allah und seinen Propheten *(Šahāda),* dem rituellen Gebet, das fünfmal am Tag verrichtet wird *(Ṣalāt),* dem rituellen Almosengeben *(Zakāt),* dem Fasten im Monat Ramadan *(Ṣawm)* und schließlich der Wallfahrt nach Mekka, die nach Möglichkeit jeder Muslim wenigstens einmal in seinem Leben verrichten muß *(Ḥağğ).*

Es ist schwierig, diese fünf Säulen mit den christlichen Geboten zu vergleichen. Das Gebet beispielsweise ist für den Christen eine Art, sich an Gott zu wenden, die verschiedene Formen – darunter auch die liturgische – annehmen kann. Im Islam herrscht eine juristische Sichtweise vor. Für einen Muslim äußert sich das rituelle Gebet[25] darin, daß man bestimmte Riten wie das Niederwerfen formvollendet vollzieht. Es trifft zu, daß die *Ṣalāt* fünf bis zehn Minuten dauert und fünfmal am Tag vollzogen wird, doch es handelt sich dabei um einen Ritus. Wer diesen Ritus formal korrekt und vorschriftsmäßig durchführt, nachdem er sich durch die Waschungen gereinigt hat, hat sein Gebet gehalten; wenn man dasselbe tut, ohne die Reinigungsvorschriften zu beachten, ist es so, als hätte man gar nicht gebetet.

Eine Frau, die ihre Monatsblutung hat, gilt beispielsweise als unrein und kann daher das rituelle Gebet nicht vollziehen. Sie muß es an einem anderen Tag nachholen. Dasselbe gilt für das Fasten: Normalerweise können die Frauen einige Tage im Monat Ramadan nicht fasten, weil sie unrein sind, und müssen die im Ramadan versäumten Tage im Lauf des Jahres nachholen. Das ist nichts Subjektives, sondern etwas Objektives.

Nehmen wir noch einmal das Beispiel des Fastens: Fasten bedeutet, vom Morgengrauen bis zum Sonnenuntergang nicht zu essen, nicht zu trinken, nicht zu rauchen und nichts in den Körper einzuführen; nach Sonnenuntergang aber ißt man besser und reichlicher als an normalen Tagen. Das entspricht, um die Wahrheit zu sagen, nicht dem spirituellen Sinn des Ramadan, und diese Verzerrung besteht nun schon seit Jahrhunderten. *Al-Ghazālī* hat diesen Verrat am ursprünglichen Geist des Ramadan bereits im 11. Jahrhundert kritisiert. Doch de facto hat jeder gefastet, der die rituellen Vorschriften formal einhält. Der Islam ist also eine normative Religion, und das ist zugleich seine Kraft und seine Schwäche.

Des weiteren ist es ein wesentlicher Aspekt des Betens und Fastens, daß beide kollektive Handlungen sind: Alle Islamgläubigen finden sich im selben Augenblick zusammen, um dieselben Bewegungen zu vollführen und dieselben Worte zu sprechen. Dasselbe gilt für die Wallfahrt nach Mekka, die eine außerordentliche Begegnung von Millionen von Menschen ist. Diese kollektive Gleichzeitigkeit gibt dem Ganzen eine ungeheure Kraft und betont die Einheit unter den Muslimen. Auch der Ramadan vermittelt ähnliche Eindrücke: Den ganzen Tag über fasten alle und plagen sich, und mit Einbruch der Dunkelheit stürzen sich alle auf die nächste Wasserflasche, um zu trinken. Diese gesellschaftliche Realität ist von allergrößter Bedeutung und beeindruckt zuweilen auch die nichtmuslimischen Bürger. Das ist die Kraft des Islams, die religiöse Vision, die Mohammed mit großer Weisheit gewollt hat.

16. Wollen Sie damit sagen, daß die anderen Religionen schwieriger zu praktizieren oder ihren Gläubigen gegenüber „anspruchsvoller" sind?

Die Muslime betrachten das Judentum als eine eher „irdische" Religion – was nicht zutrifft – und das Christentum als himmlisch und erhaben, aber so ideal, daß niemand wirklich danach leben kann, während der Islam in einer Religion der Mäßigung und der Vernunft beide Aspekte, das Irdische und das Himmlische, miteinander vereint habe.

In Wirklichkeit sind viele Lehren des Islams keineswegs vernünftig, sondern einfach nur selbstverständlich geworden, weil sie seit Jahrhunderten wieder und wieder vorgetragen werden. So ist etwa die Behauptung, der Koran sei vom Himmel herabgekommen oder Mohammed sei der Prophet Gottes, etwas, das nicht bewiesen werden und das die Vernunft alleine, ohne die Unterstützung des Glaubens, nicht bestätigen kann. Deshalb wird jemand, der diesen Glauben nicht besitzt, der also kein Muslim ist, Mohammed nur schwerlich als Propheten anerkennen.

In manchen Dingen ist der Islam anspruchsvoll, in anderen weniger. Einerseits ist er anspruchsvoll, weil er vorschreibt, fünfmal am Tag zu beten und einen Monat lang vom Morgengrauen bis zum Sonnenuntergang zu fasten. Andererseits ist er auch wieder nicht so anspruchsvoll, weil man über diese Dinge nicht allzuviel nachdenken muß: Jetzt wird das und das getan – und alle tun es. Es ist einfacher, etwas mit anderen gemeinsam zu tun. Der Islam ist verhältnismäßig einfach zu praktizieren, weil der einzelne Gläubige zumindest in den muslimischen Ländern von einer breiten sozialen Unterstützung getragen ist, während es in den nichtislamischen Ländern, also in der Emigration, schwieriger ist, weil es diesen gesellschaftlichen Konsens nicht mehr gibt und die Glaubenspraxis das Ergebnis einer ganz und gar persönlichen Entscheidung sein muß.

Der Islam ist eher eine gemeinschaftliche als eine individuelle Religion. Der Muslim verliert sich nicht in komplizierten Überlegungen, um herauszufinden, was er tun und was er lassen soll; oft hat er vorgefertigte Antworten und nicht so viele Gewissensprobleme wie ein Christ. Dem Christen wird die Antwort auf seine Gewissensprobleme nicht einfach von der Kirche, sondern von seiner freiwilligen Zustimmung diktiert: der Zustimmung seines Verstandes zu dem, was die Kirche lehrt. Dennoch stellt die moderne Welt den Muslimen natürlich viele Fragen, die ursprünglich nicht vorhersehbar waren und die er nicht zweifelsfrei beantworten kann. Deshalb wenden viele sich an die *Fuqahāʾ*, die Rechtsgelehrten, um auf ihre neu entstandenen Fragen eine gültige Antwort zu erhalten.

17. Aber gibt es denn keine islamische Spiritualität? Man gewinnt ja geradezu den Eindruck, als ob ein Muslim keine spirituellen Bedürfnisse hätte …

Ich will auf gar keinen Fall leugnen, daß es eine islamische Spiritualität gibt, die sogar sehr tief sein kann – denken Sie nur an die Mystiker (die *Ṣūfī*). Dennoch kann die islamische Religiosität zuweilen auch sehr oberflächlich sein, weil viele sich damit begnügen, die Vorschriften einzuhalten. Im Christentum ist das spirituelle Leben des einzelnen Gläubigen ein absolut zentrales Element, doch im Islam ist das weniger verbreitet. Der Legalismus des Islams erinnert eher an den des Judentums.

Es ist kein Zufall, daß die wichtigste Wissenschaft des Islams nicht die Theologie oder die Spiritualität wie in der christlichen Tradition, sondern die Jurisprudenz ist. Ein Weiser *(Faqīh,* das ist der Singular von *Fuqahā')* ist jemand, der die gesamte Rechtslehre kennt. Die Gläubigen wenden sich an ihn, um zum Beispiel zu fragen, ob sie unter bestimmten Umständen das Gebet verrichten dürfen, und er erklärt ihnen, was sie tun müssen, um die Vorschriften zu erfüllen. Schlagen Sie ein beliebiges Buch der muslimischen Tradition, der Jurisprudenz oder des *Ḥadīṯ,* auf, und Sie werden alles darin finden, angefangen bei den Reinigungsvorschriften, das heißt den Regeln für die vor dem Beten oder Fasten erforderlichen Waschungen. Auch eine Textsammlung der Worte des Ayatollah Chomeini listet eine Reihe von Richtlinien zur Reinheit, zum Gebet und zum Fasten auf, die sämtlich als rituelle Handlungen verstanden werden.

Die Reinigung ist eine rechtliche, keine geistliche Handlung. Die *Fuqahā'* erinnern an die „Schriftgelehrten" aus den Evangelien. Der Reinheitsbegriff ist derselbe wie im Alten Testament, der sich im Evangelium in der Debatte zwischen Jesus und den Pharisäern, den eigentlichen Thoraexperten, widerspiegelt: Es handelt sich um eine ausschließlich äußerliche Reinheit. Christus wendet sich gegen diesen Begriff und sagt: „Begreift ihr nicht, daß alles, was durch den Mund (in den Menschen) hineinkommt, in den Magen gelangt und dann wieder ausgeschieden wird? Was aber aus dem Mund herauskommt, das kommt aus dem Herzen, und das macht den Menschen unrein."[26]

Diese alttestamentliche Sichtweise finden wir auch im Islam: Wenn jemand die vorgeschriebenen Waschungen nicht durchführt, wird sein Gebet von Gott nicht angenommen. Die Regeln der Reinheit sehen vor, daß ich keine Frau begrüßen darf, weil sie ihre Monatsblutung haben und daher unrein sein könnte: Berühre ich sie, werde auch ich unrein. Und so fort.

An alles ist gedacht, doch alles ist in den kulturellen Rahmen der arabischen Welt im siebten Jahrhundert eingespannt. Deshalb kristallisiert sich, wenn man Mohammeds Entwurf für die islamische Religion auf die Spur zu kommen versucht, ein umfassender Plan, ein soziales, politisches, kulturelles und religiöses Konzept heraus.

Muslim zu sein heißt für viele Gläubige, auf eine bestimmte Art zu beten oder sich zu kleiden, gewisse Nahrungsmittel zu essen und andere (wie Produkte vom Schwein oder blutiges Fleisch) abzulehnen und sich nach innen wie nach außen auf eine bestimmte Weise zu verhalten. In dieser Hinsicht läßt sich ein grundlegender Unterschied zum Christentum festhalten, das nicht in erster Linie eine Religion – also der menschliche Versuch, das Mysterium mit Hilfe einer bestimmten Gottesidee auszudrücken und eine Reihe ethischer Normen durch das entsprechende Verhalten in die Tat umzusetzen –, sondern ein Ereignis ist: das Ereignis der Offenbarung Gottes, der auf die menschliche Erwartung reagiert und als Mensch unter Menschen gegenwärtig wird.

Kann der Islam sich ändern?

Einheit und Vielfalt

18. Häufig wird die Auffassung vertreten, es sei falsch, den Islam in religiöser, kultureller und anthropologischer Hinsicht als monolithischen Block zu verstehen; man müsse ihn vielmehr pluralistisch lesen und die Vermassung und Vereinfachung einer immer vielfältigeren Wirklichkeit überwinden. Teilen Sie diese Sichtweise?

Auf theologischer Ebene stützt sich die Einheit der muslimischen Gemeinschaft auf die Einzigkeit Gottes und auf das Prophetentum Mohammeds, die in der ersten Säule zusammengefaßt sind: Gott ist absolut einzig *(tawḥīd);* Mohammed ist sein letzter Gesandter und das Siegel der Propheten *(Ḫātam al-Nabiyyīn),* das heißt derjenige, der der Menschheit die letzte Botschaft Gottes überbringt und alle vorangegangenen Offenbarungen korrigiert, ergänzt und vollendet.

Auf praktischer Ebene realisiert sich die Einheit der islamischen Gemeinschaft in den anderen vier Säulen: dem rituellen Gebet, dem Almosengeben, dem Fasten und der Wallfahrt. Die evozierende Kraft der fünf Säulen und ihre Wirkung, nämlich die Festigung der Einheit unter den Gläubigen, finden Nahrung in der Einmütigkeit und Einfachheit der Gesten und Worte, Rituale, Zeiten und Bewegungen (sich während des Gebets Richtung Mekka niederwerfen, um die *Kaʿba* herumgehen usw.). Auch darin besteht Mohammeds Genialität: daß er so einfache und so stark verbindende Riten geschaffen hat.

Weltweit ist der Koran für die gesamte Gemeinschaft der gemeinsame Bezugspunkt. Sein Text wird auf einheitliche Weise und ohne jegliche Abweichung ausschließlich in arabischer Sprache vorgetragen (auch dann, wenn jemand diese Sprache nicht beherrscht).[1] Dieser Text gilt als das Wort, das Gott seinem letzten Gesandten Mohammed auf der Grundlage der im Himmel bei Gott bewahrten, ungeschaffenen Version mitgeteilt hat.

Im Lauf der Jahrhunderte hat sich der Islam in verschiedenen Regionen der Welt ausgebreitet, und es ist nicht zu leugnen, daß in seinen Ausdrucksformen auf soziokultureller Ebene seit einiger Zeit ein gewisser Pluralismus herrscht. Hier läßt sich beispielsweise anführen, daß der afrikanische Islam in der Regel weniger verschlossen und dogmatisch ist, was etwa die Tatsache belegt, daß Christen, Muslime und Heiden innerhalb ein und derselben Kernfamilie zusammenleben oder daß hier asketische Erfahrungen wie der Sufismus und Bruderschaften Verbreitung finden, die andernorts verdammt oder nur mit knapper Not geduldet würden. In diesem Zusammenhang ist auch festzuhalten, daß der Islam im Libanon der Moderne gegenüber aufgeschlossener ist. All das entspricht der Logik einer Religion, die sich in vielen Teilen der Welt ausgebreitet hat, wirkt sich jedoch nicht entscheidend auf die Tatsache aus, daß der Islam jenseits seiner soziologischen Varianten auf dogmatischer und ritueller Ebene nach wie vor starke gemeinsame Wurzeln hat und von den Muslimen als ein weltumspannendes religiöses, kulturelles, soziales und politisches Projekt betrachtet wird. Diese Mentalität ist das Erbe einer jahrhundertelangen Geschichte und wird heute durch die Hegemonie der reicheren islamischen Länder und insbesondere Saudi-Arabiens gefördert, die durch ihre finanzielle Unterstützung die Vorstellungen und Verhaltensweisen von Millionen von Gläubigen beeinflussen und zu einem Prozeß der „Vereinheitlichung“ des Denkens beitragen.

Lassen Sie mich ein Beispiel anführen, das in Europa vielleicht nicht so bekannt ist: Ägypten ist das arabische Land mit der größten Anzahl von Muslimen und hat bis heute die überwiegende Mehrheit aller Filme in arabischer Sprache produziert. Seit etwa zehn Jahren haben die Saudis die Kontrolle des Filmverleihs praktisch ganz übernommen und einige Regeln aufgestellt, die die Verbreitung eines Films an bestimmte Bedingungen knüpfen: So muß eine Frau zum Beispiel den Schleier tragen; der Film muß zeigen, wie die Gläubigen sich auf den Gebetsruf hin zum Gebet niederknien oder wie jemand das Rollgitter an seinem Ladengeschäft herunterläßt, um in die Moschee zu gehen; und außerdem dürfen keine alkoholischen Getränke gezeigt werden.

Überdies hat Saudi-Arabien ebenfalls in Ägypten, und zwar in den ländlichen Regionen, den Bau von Hunderten „azharischer“[2] Schulen (kleiner Grund- und Mittelschulen, an denen eine stark islamisch geprägte Lehre im Sinne des wahhabitischen[3] Traditionalismus erteilt wird) finanziert, die den staatlichen Schulen gleichgestellt sind. Auch dies trägt dazu bei, eine denkbar starre orthodoxe Mentalität zu formen, wie sie vor allem unter den jüngeren Generationen auch die fundamentalistischen und radikalen Gruppierungen beseelt. Und ebendiese Mentalität bietet auch jenen Gruppen Nahrung, kulturellen Boden und zuweilen sogar Anhänger, die zu Protagonisten der im Namen des Islams ausgeführten gewaltsamen Aktionen werden.

Die religiöse Autorität und die „Politikverflechtung“

19. Man sagt, der Islam kenne die Kategorie der Autorität und der religiösen Hierarchie nicht, und doch gibt es Persönlichkeiten, die als maßgeblich betrachtet werden: Mufti, Scheich, Imam, Ayatollah. Welchen Einfluß haben sie?

Die Aussage „Es gibt keinen Klerus im Islam“ ist ein Mißverständnis und in der westlichen Welt weit verbreitet. Wenn man unter „Klerus“ dasselbe versteht wie die katholischen oder orthodoxen Christen, dann trifft es zu: Der Islam hat weder Patriarchen noch Kardinäle noch Bischöfe, ja nicht einmal Priester. Das heißt aber nicht, daß es im Islam keine Autorität oder Hierarchie gäbe. In gewisser Hinsicht ist der Islam sogar noch klerikaler als die katholische Kirche.

Lassen Sie mich das kurz erklären: Alle Muslime sind gleich, doch viele widmen sich dem Studium des Islams in seinen vielfältigen Untergliederungen. Wer die Überlieferung, den *Ḥadīṯ*, studiert, wird *Muḥaddīṯ;* wer das Recht studiert, wird *Faqīh* oder *Mufassir,* Rechtsgelehrter; wer ein allgemeines Studium des Korans oder der Tradition absolviert, wird ein *Imam* und leitet das Gebet in der Moschee; wer eine schöne Stimme hat und sich gegen Bezahlung der Aufgabe widmet, die Gläubigen fünfmal am Tag zum Gebet zu rufen, heißt *Muezzin;* und wer religiöses Ansehen genießt, ist ein Scheich, *Šeiḫ,* was auf arabisch Ältester, aber, wie in vielen anderen Sprachen, auch „Presbyter“, also Priester heißt. Soviel zur arabischen Terminologie.

Im Persischen finden wir andere Begriffe wie *Mullah, Sayyed, Ḥoǧǧatoleslām, Āyatollāh* und so weiter. In der schiitischen Welt unterscheidet die Hierarchie sehr viel genauer nach dem Kenntnisgrad, den der jeweilige Gläubige erworben, und nach der Anzahl der Texte – manchmal Tausende –, die er gelesen hat. Es gibt eine Rangordnung mit Titeln, die den jeweiligen Stufen entsprechen. Unter den Schiiten herrscht das System des Diszipulats, das heißt, jeder fromme Gläubige wählt sich einen *Imam* als Leiter aus und entrichtet ihm auch den sogenannten *Ḫums,* den fünften Teil seiner Einkünfte, wodurch eine enge Verbindung zwischen Lehrer und Schüler entsteht.

Bei den Sunniten ist dieses System zwar weniger stark ausgeprägt, aber dennoch existent. Nehmen wir beispielsweise Ägypten, ein zu neunzig Prozent sunnitisches Land. Hier üben die Imame und die Scheichs einen enormen Einfluß auf die Gläubigen aus. Natürlich hängt dies auch vom Bildungsniveau ab. Je gebildeter eine Person ist, desto unabhängiger fühlt sie sich. Da jedoch die Masse der Muslime nicht die Möglichkeit hat, ihre doktrinelle und juristische Kenntnis des Islams zu vertiefen, unterwirft sie sich um so leichter dem Urteil eines *Šeiḫ*.

Und dann sind da noch die obersten Autoritäten wie etwa die islamische Universität al-Azhar in Kairo, eine uralte Institution, die in der gesamten sunnitischen Welt hohes Ansehen genießt und im Hinblick auf das moderne arabische Denken als eine Art Schiedsrichter fungiert. Die moralische Autorität des Rektors von al-Azhar reicht über die Grenzen Ägyptens hinaus, auch wenn er nicht so einflußreich ist wie der Papst in der katholischen Welt.

Jedes muslimische Land hat seinen Groß-*Muftī*. Dieses Wort kommt von Fatwa, was Rechtsausspruch bedeutet. Der *Muftī* wird traditionell von der Regierung ernannt und erläßt die Fatwa, die ihm zuweilen ebenfalls von der Regierung nahegelegt werden. Alle Inhaber dieses Amts werden – selbst in einem multikonfessionellen Land wie dem Libanon – vom Staat bezahlt. Interessanterweise hatte die libanesische Regierung vorgeschlagen, auch die religiösen Oberhäupter der Christen zu entlohnen, die dies jedoch ablehnten, um sich ihre Unabhängigkeit gegenüber der politischen Autorität zu bewahren. Die muslimischen *Šeiḫ* nahmen das Angebot jedoch ausnahmslos an. Das bedeutet, daß ein *Šeiḫ,* der der Regierung zu unabhängig ist, seines Amtes enthoben und durch einen anderen ersetzt werden kann.

So gesehen muß man also betonen, daß es keine juristische Autorität gibt, die mit der der Bischöfe oder des Papstes im Katholizismus vergleichbar wäre, denn die Autorität der muslimischen

Religionsoberhäupter ist rein moralischer Natur. Ihre Ansichten werden respektiert, sind aber für niemanden verbindlich, und das ist ein gewaltiger Unterschied zum Autoritätsverständnis im katholischen und orthodoxen Christentum und – in geringerem, aber noch immer erheblichen Maß – zu dem der protestantischen Kirchen.

20. Handelt es sich nicht vielleicht um ein neueres Problem, und ist dieses Problem unter Umständen durch das Ende des Kalifats verursacht worden, das zumindest formal die Einheit der islamischen Welt repräsentierte?

In den ersten Jahrhunderten des Islams traf der Kalif die Entscheidungen über religiöse Fragen, nachdem er sich mit den Rechtsgelehrten beraten hatte. Die Abschaffung des Kalifats im Jahr 1924 hat die damalige Schwäche der islamischen Welt deutlicher gemacht und de facto die Entstehung zahlreicher lokaler Gruppen und Autoritäten begünstigt, die autonome Entscheidungen treffen.

Die Muslime haben auch eine Zeitlang versucht, diese Lücke zu stopfen, indem sie einen neuen Kalifen vorschlugen: die einen den ägyptischen König *Fuʾād,*[4] die anderen den König von Arabien *ʿAbdul-ʿAzīz.*[5] Doch das funktionierte nicht: Sie mußten erkennen, daß niemand das nötige Ansehen genoß, und daß die muslimische Welt keine kompakte und geeinte Welt mehr war. Also hat man versucht, die Lücke mit der Schaffung internationaler muslimischer Organisationen zu füllen, die jedoch nur eine beratende und keine juristische Autorität besitzen.

Heute gibt der Islam ein recht zergliedertes Bild ab, und das führt natürlich immer wieder zu Problemen, wenn man einen „offiziellen" Gesprächspartner sucht, um die brennendsten Fragen zu lösen. Man denke nur an die Polemiken infolge der jüngsten Appelle *Bin Lādins* oder anderer muslimischer Führer, die „im Namen des Islams" die Massen mobilisieren wollten, während andere Führer oder Organisationen sich ebenfalls „im Namen des Islams" davon distanzierten.

Ein für die Weltöffentlichkeit besonders paradoxer Aspekt der durch den Anschlag auf das World Trade Center ausgelösten internationalen Krise bestand in der großen Bandbreite völlig unterschiedlicher Erklärungen, die sich samt und sonders auf den Koran oder die islamische Tradition beriefen. Das war eine dramatische Bestätigung dafür, daß der Islam keine maßgebliche und einhellig anerkannte Bezugsgröße auf internationaler Ebene besitzt.

21. Wird man es also unweigerlich immer mit einer Reihe von „Repräsentanten" zu tun haben, die unterschiedliche und zuweilen gegensätzliche Meinungen vertreten?

Leider ja. Der eklatanteste Fall war der lange „Fatwa-Krieg" zwischen dem *Muftī* von Ägypten und dem Rektor von al-Azhar. Die Kontroversen drehten sich um religiöse Themen – ob beispielsweise Darlehenszinsen oder Infibulation als erlaubt zu gelten haben, ob die palästinensischen Selbstmordattentäter als „Märtyrer" zu bezeichnen oder ob Abtreibung in bestimmten Fällen zu akzeptieren sei.

Der entscheidende Punkt ist der, daß die *Šarīʿa* sich im Islam auf eine Unzahl von *Ḥadīṯ*, Aussprüchen des Propheten, stützt, die sehr schwierig auswendig zu lernen sind. Aus diesem Grund haben die *Fuqahāʾ*, die Rechtsgelehrten, letztlich eine nahezu uneingeschränkte Autorität über die Gläubigen. Die Situation erinnert an die des Judentums im Evangelium, wo die Gläubigen sich vollkommen von den Schriftgelehrten und Pharisäern abhängig fühlten, weil sie nicht imstande waren, allein zu entscheiden, was wahr und was falsch, was erlaubt und was verboten war.

Was die Dinge für den Islam noch komplizierter macht, ist die bereits erwähnte „Schließung" des Tors der Auslegung,[6] also die um das elfte Jahrhundert getroffene stillschweigende Übereinkunft, wonach alles, was im Hinblick auf den Islam noch der Klärung bedurft hatte, bereits von den großen Meistern der Rechtsschulen[7] erklärt worden sei. Dieser *Iǧmāʿ*, Konsens, hat den Islam praktisch daran gehindert, sich zu erneuern und sich am Wandel der Zeiten zu messen.

Heute machen die liberalen Muslime es dem islamischen Rechtssystem zum Vorwurf, daß es vor zehn Jahrhunderten den Anspruch erhoben habe, sämtliche Probleme ein für allemal lösen zu können. Seither sind zahlreiche neue Fragen aufgekommen, doch da das Tor der Auslegung geschlossen worden ist, kann niemand andere Antworten suchen als die bis dato erarbeiteten. Natürlich hatten die großen Theologen sich nicht zur Verwendung des Autos oder des Fernsehens geäußert, weshalb man heute den Grundsatz des *Qiyās,* der Analogie, anwendet, um eine ähnliche Frage aus der alten Tradition analog auf die modernen Fragen zu übertragen. Es versteht sich von selbst, daß hierzu oft regelrechte intellektuelle Klimmzüge vonnöten sind, die mit dem wirklichen Leben oder dem Geist der Rechtsgelehrsamkeit nicht das geringste zu tun haben.

Von anderen Motiven, die sich hinter gewissen Anschauungen verbergen, ganz zu schweigen. So hängt beispielsweise die Tatsache, daß es den Frauen in Saudi-Arabien verboten ist, Auto zu fahren, mit der Kontrollsucht der Männer zusammen. Die saudische Frau darf das Haus im Auto verlassen – doch nur in Begleitung eines Fahrers, der sie bringt, wohin sie will, auf sie wartet und später ihrem Ehemann Bericht erstattet, wo sie gewesen ist, was sie gemacht und wen sie getroffen hat.

Dschihad: heiliger Krieg oder spiritueller Kampf?

22. Was bedeutet ein so vielbenutzter und oft mißverstandener Begriff wie Dschihad?

Das Wort *Ǧihād* kommt aus der Wurzel *ǧ-h-d,* die im Arabischen eine in der Regel kriegerische Anstrengung bezeichnet. Im Koran bedeutet es Kampf für Gott und wird in der Wendung *Ǧihād fī Sabīl Allāh,* Kampf auf Gottes Weg, gebraucht. Deshalb übersetzen die Muslime selbst es in den europäischen Sprachen mit „heiliger Krieg".

Diese Übersetzung ist kürzlich von einigen, insbesondere westlichen Wissenschaftlern in Frage gestellt worden, die den *Ǧihād* nicht als Krieg, sondern als spirituellen Kampf und damit als innere Anstrengung verstehen. Ferner wird zwischen dem *Ǧihād akbar* und dem *Ǧihād asghar,* dem großen und dem kleinen *Ǧihād* unterschieden. Ersterer sei der Kampf gegen den Egoismus und die Übel der Gesellschaft – also eine ethische und spirituelle Anstrengung – und letzterer der heilige Kampf, der im Namen Gottes gegen die Ungläubigen geführt wird.

All das ist eine Ausdifferenzierung, die weder der islamischen Überlieferung noch dem modernen Sprachgebrauch entspricht. Alle islamistischen Gruppen, die das Wort *Ǧihād* im Namen tragen, verstehen darunter ganz sicher nichts Mystisches, sondern etwas Gewaltsames, und die Dutzende von Büchern, die in den vergangenen Jahren über den *Ǧihād* publiziert worden sind, beziehen sich samt und sonders auf den heiligen Krieg. Damit ist der Begriff *Ǧihād* sowohl auf historischer Ebene von der koranischen bis auf die heutige Zeit als auch in soziologischer Hinsicht unmißverständlich und bezeichnet den Krieg, den die Muslime im Namen Gottes führen, um den Islam zu verteidigen.

Daß Sie mich richtig verstehen: Der *Ǧihād* ist eine Pflicht für alle erwachsenen und insbesondere die männlichen Muslime. Der Islam kennt zwei Arten der Pflicht, die individuelle und die kollektive, und der *Ǧihād* ist eine kollektive Pflicht, das heißt, sie gilt im Falle einer Gefahr für die gesamte Gemeinschaft. Nur der *Imam* hat das Recht und die Pflicht, ihn zu verkünden, doch sobald er dies getan hat, müssen alle erwachsenen männlichen Muslime daran teilnehmen.

Diese Pflicht wird dem Muslim durch den Koran auferlegt, der es den „Lauen" – den „Heuchlern", wie er sie nennt – mehrfach vorwirft, daß sie keinen Krieg führen und untätig zuhause bleiben. Mohammed hat sie von Anfang an praktiziert, und sie betrifft sowohl den Verteidigungskrieg – wenn also der Islam angegriffen wird – als auch den Präventivkrieg, wenn ein Angriff unmittelbar droht. Und der Krieg muß solange geführt werden, bis der letzte Feind geflohen oder getötet worden ist.

23. Gibt es genaue Regeln für die Verkündigung des Dschihad? Und wie ist es zu erklären, daß zuweilen – im Iran-Irak-Krieg, im Golfkrieg oder in den historischen Auseinandersetzungen zwischen verschiedenen arabisch-muslimischen Dynastien – islamische Länder gegeneinander kämpfen?

Ein Krieg zwischen Glaubensbrüdern ist in den juristischen Begriffen des Islams unzulässig und undenkbar. Aus diesem Grund muß ein muslimischer Kriegsherr, der einen Feldzug gegen ein anderes muslimisches Land plant, dieses Land zunächst für ungläubig, atheistisch – auf arabisch *kāfir* – erklären. Wenn man den Gegner für *kāfir* erklärt, wird der Krieg rechtmäßig und unvermeidlich, weil er gegen die Ungläubigen geführt wird.

Ehe er Krieg gegen seine Feinde führte, lud Mohammed sie ein, den islamischen Glauben anzunehmen, und er wiederholte diese Einladung dreimal. Wenn sie ablehnten, setzte er sie darüber in Kenntnis, daß sein Angriff unmittelbar bevorstand, und wenn sie sich auch dann noch weigerten, griff er sie an. Man könnte meinen, diese Vorgehensweise gehöre der Vergangenheit an, doch genau das haben wir in den vergangenen Kriegen beobachtet – im Iran-Irak-Konflikt, der eine Million Todesopfer gefordert hat, und auch im Golfkrieg. Jede Partei hat die andere für *kāfir* erklärt, sich selbst zum Paladin des Islams gemacht und sich die Symbole des Islams auf die Fahnen geschrieben, wenn sie dort nicht ohnehin schon standen. Der Irak, ein Land, das sich als laizistisch bezeichnet, hat die Worte *Allāh-u Akbar,* Gott ist der Größte, auf seine Nationalflagge geschrieben und damit religiöse Beweggründe geltend gemacht, um den Feind im Namen Gottes angreifen zu können.

Dasselbe gilt für den Kosovo, Tschetschenien, Afghanistan, die Philippinen, die Molukken und jede andere Region, in der Muslime sich im Krieg befinden und wir bewaffnete Truppen aus verschiedenen muslimischen Ländern den *Ǧihād* gegen die Feinde des Islams führen sehen (die nicht selten Christen sind): Sie lassen sich *Muǧāhidīn* nennen (was etymologisch soviel heißt wie „die, die den *Ǧihād* führen“) und sind in unterschiedlichen Ländern tätig, um Revolutionen zu schüren oder Aufständische und nationale Befreiungsbewegungen zu unterstützen.[8]

Hier wird mit aller Klarheit deutlich, daß das Ziel, auf internationaler Ebene für den Islam zu kämpfen, stärker ist als die politisch-nationale Motivation. Für diese Gruppen ist das Konzept der islamischen Gemeinschaft *(Umma)* wichtiger als das der Zugehörigkeit zu einem Staat *(Waṭan).* Diese Einstellung hat auch der jüngste Afghanistankonflikt bestätigt, bei dem zahlreiche muslimische Freiwillige aus anderen arabischen, aber auch westlichen Ländern angeworben wurden, die mit dem erklärten Ziel, den von den „Ungläubigen“ bedrohten Islam zu verteidigen, an der Seite der Taliban kämpfen wollten.

Es ist interessant zu beobachten, wie die muslimischen Länder auch im Fall Palästinas, wo die Palästinenser gegen die israelische Besatzung um ihre nationale Unabhängigkeit kämpfen, die Debatte nicht auf der politischen Ebene der jeweiligen nationalen Forderungen führen, sondern einen Religionskrieg, einen *Ǧihād* für die Befreiung der Region daraus machen. Das eigentliche Problem ist jedoch nicht religiös, sondern politisch, auch wenn viele palästinensische und israelische Fanatiker die religiöse Dimension in den Vordergrund stellen. Die orthodoxen Juden haben nämlich dieselben Vorstellungen von der Religion und vom

Staat wie die orthodoxen Muslime. Eine Vorstellung, in der alles miteinander vermischt ist und die verschiedenen Bereiche ihre Eigenständigkeit verloren haben.

24. In der westlichen Welt und in gewissen gemäßigten muslimischen Kreisen hört man oft, diese Mudschaheddin seien keine echten Muslime, ihr Handeln sei dem Geist des Islams entgegengesetzt, Islam bedeute der Etymologie des Wortes nach Frieden und Toleranz und so weiter. Trifft das zu?

Im Westen sind diejenigen, die solche Aussagen zitieren, meistens Leute, die nur sehr wenig über den Islam wissen. Sie übernehmen diese Thesen gerne, die aus muslimischen Kreisen kommen, aber in Wirklichkeit nicht zutreffen.

Die Begriffe *Islām* und *Salām* kommen tatsächlich aus derselben Wurzel, hängen aber nicht direkt miteinander zusammen. Lassen Sie mich das kurz erklären: Die Wurzel *s-l-m* bedeutet – genauso wie *sh-l-m* im Hebräischen und in allen semitischen Sprachen – „gesund sein", „in Frieden sein", und es besteht eine semantische Verbindung zwischen Frieden, Heil, Gesundheit und so weiter. Das arabische *Salām* bedeutet Frieden, *Salāma* bedeutet Gesundheit, *Islām* bedeutet Unterwerfung. Das Wort *Islām* kommt von dem Verb *aslama,* das „sich unterwerfen" oder „sich überlassen" bedeutet; der *Islām* ist mithin der – in bezug auf Gott verstandene – Akt des Sich-Überlassens oder Sich-Unterwerfens, bedeutet jedoch nicht „sich in den Zustand des Friedens begeben", auch wenn der eine oder andere aufgrund spiritueller Erwägungen diese etymologisch nicht gerechtfertigte Bedeutung vielleicht gerne hinzufügen würde.

Die Gewalt andererseits ist im Leben Mohammeds durchaus präsent, wie wir im Zusammenhang mit seiner Biographie bereits festgestellt haben. Interessant ist übrigens auch, daß die ersten Biographien des Religionsgründers nicht den Namen *Sīra* tragen, den sie im dritten Jahrhundert nach der Hedschra *(Hiğra;* dem 9. Jahrhundert der christlichen Zeitrechnung) bekommen haben, sondern *Kitāb al-Maghāzī* oder „Buch der Beutezüge" heißen. Mohammed selbst hat als politischer Anführer diese Beutezüge systematisch organisiert und durchgeführt, um die verschiedenen arabischen Stämme einen nach dem anderen für sich zu gewinnen. Und diese haben sich ihm und seinem Gott unterworfen und einen Tribut gezahlt, der es Mohammed erlaubte, neue Eroberungen in Angriff zu nehmen.

Gleich nach seinem Tod (632) haben sich viele Stämme gegen seinen Nachfolger, Kalif *Abū Bakr al- Ṣiddīq* (632–634), erhoben und sich geweigert, den Tribut weiter zu zahlen, so daß der Kalif ihnen den Krieg erklären mußte. Die muslimischen Geschichtsschreiber nennen diese Kriege *Ḥurūb al-Ridda,* die Apostatenkriege. Hieraus ist die Pflicht entstanden, jeden zu töten, der sich zurückzieht, der abtrünnig wird und seinen Glauben verleugnet.[9] Man muß jedoch hinzufügen, daß die Gefährten des Kalifen ihn darauf aufmerksam gemacht haben, daß diese Stämme sich zwar weigerten, den Tribut zu entrichten, deswegen aber nicht den Islam ablehnten. In Wirklichkeit betrachteten die Stämme Mohammed mehr als politischen Anführer denn als religiösen Propheten und waren nach seinem Tod nicht bereit, ein anderes Oberhaupt anzuerkennen.

Die Gewalt hat also bei der Entstehung des Islams definitiv eine Rolle gespielt. Damals fand niemand Mohammeds kriegerische Aktionen verwerflich, denn der Krieg war ein Bestandteil der beduinischen Kultur Arabiens. Das Problem ist nur, daß die wehrhafteren unter den muslimischen Gruppierungen dieses Modell noch heute anwenden und sagen: „Auch wir müssen die Nicht-Muslime zum Islam hinführen, wie der Prophet es getan hat: mit Krieg und Gewalt", und diese Aussage begründen sie mit Versen aus dem Koran.

25. Der Koran allerdings sagt, daß es in Glaubensdingen keinerlei Zwang geben darf …

Im Koran finden sich sowohl Verse zugunsten der religiösen Toleranz als auch andere, die diese Toleranz ganz offen ablehnen. Üblicherweise zitieren die Muslime, die in der westlichen Welt

leben, gerne die erstgenannten wie beispielsweise den 256. Vers der 2. *Sure* („Die Kuh"), die es verbietet, die Menschen zum Glauben zu zwingen. Die Übersetzung von Khoury[8] lautet: „Es gibt keinen Zwang in der Religion. Der richtige Wandel unterscheidet sich nunmehr klar vom Irrweg", und die von Paret:[9] „In der Religion gibt es keinen Zwang. Der rechte Weg ist klar geworden vor der Verirrung".
Und dann ist da noch der Vers 99 der 10. Sure („Jonas"), die Khoury so übersetzt: „Wenn dein Herr wollte, würden die, die auf der Erde sind, alle zusammen gläubig werden. Bist du es etwa, der die Menschen zwingen kann, gläubig zu werden?" Bei Paret lesen wir: „Und wenn dein Herr wollte, würden die, die auf der Erde sind, alle zusammen gläubig werden. Willst nun du die Menschen (dazu) zwingen, daß sie glauben?"
Diese Aussagen tragen unverkennbar den Stempel der Toleranz, doch daneben gibt es aggressivere wie den berühmten Vers 29 der 9. Sure („Die Reue"). Khourys Übersetzung lautet: „Kämpft gegen diejenigen, die nicht an Gott und nicht an den Jüngsten Tag glauben und nicht verbieten, was Gott und sein Gesandter verboten haben, und nicht der Religion der Wahrheit angehören – von denen, denen das Buch zugekommen ist, bis sie von dem, was ihre Hand besitzt, Tribut entrichten als Erniedrigte." Die Wendung „die, denen das Buch zugekommen ist" bezieht sich natürlich auf die Juden und Christen. In der Übersetzung von Paret lesen wir: „Kämpft gegen diejenigen, die nicht an Allah und den jüngsten Tag glauben und nicht verbieten, was Allah und sein Gesandter verboten haben, und nicht der wahren Religion angehören - von denen, die die Schrift erhalten haben – (kämpft gegen sie), bis sie kleinlaut aus der Hand Tribut entrichten!"

Oder Vers 47 der 5. Sure („Der Tisch"), wo es heißt: „Die Leute des Evangeliums sollen (nun) nach dem entscheiden, was Allah darin herabgesandt hat. Diejenigen, die nicht nach dem entscheiden, was Allah (als Offenbarungsschrift) herabgesandt hat, sind die (wahren) Frevler"; oder auch Vers 110 der 3. Sure („Das Haus des *'Imrān*"), der sich mit folgenden Worten an die

Muslime richtet: „Ihr (Gläubigen) seid die beste Gemeinschaft, die unter den Menschen entstanden ist. Ihr gebietet, was recht ist, verbietet, was verwerflich ist, und glaubt an Allah. Wenn die Leute der Schrift (ebenfalls) glauben würden (wie ihr), wäre es besser für sie. Es gibt (zwar) Gläubige unter ihnen. Aber die meisten von ihnen sind Frevler." Das bedeutet, daß der größte Teil der Juden und der Christen Frevler sind und deshalb als *Kuffār* oder *Kāfirūn,* als Ungläubige bekämpft werden müssen.

Vergessen wir nicht, daß hier von Christen und Juden und nicht von Polytheisten die Rede ist. Für letztere gibt es kein Pardon: Entweder, sie werden Muslime, oder sie müssen getötet werden. Im 142. Vers derselben Sure wird die Frage gestellt: „Oder meint ihr, ihr würdet (dereinst) ins Paradies eingehen, ohne daß Allah vorher diejenigen von euch, die (um seinetwillen) gekämpft haben, (als solche) erkennt?", während Vers 39 der 8. Sure („Die Verderblichkeit des Krieges") fordert: „Und kämpft gegen sie, bis niemand (mehr) versucht, (Gläubige zum Abfall vom Islam) zu verführen, und bis nur noch Allah verehrt wird!"

Auch in der Tradition der Mohammed zugeschriebenen *Ḥadīṯ* finden wir ähnliche Empfehlungen. In der Sammlung von *al-Buḫārī* ist ein ganzes Kapitel dem *Ǧihād* gewidmet. Darin spricht der Verfasser ganz explizit vom Krieg im Namen Gottes. In Abschnitt 102 dieses Kapitels heißt es: „Ich habe den Befehl erhalten, das Volk zu bekämpfen, bis sie bekennen, daß es keine andere Gottheit gibt außer Gott. Wer dies bekennt, hat vor mir nichts zu fürchten; seine Person und seine Güter dürfen nicht angetastet werden, es sei denn in Übereinstimmung mit dem Recht des Islams, und Gott wird für ihn verantwortlich sein."

Ein anderer *Ḥadīṯ* schreibt Mohammed folgende Maxime zu: „Wisset, daß das Paradies im Schatten der Schwerter liegt."

Im 29. Abschnitt des ersten Kapitels der Sammlung von *Ibn Ḥanbal* finden wir dagegen einen Mohammed zugeschriebenen *Ḥadīṯ* – an dem ich persönlich allerdings gewisse Zweifel hege – in dem der Prophet seine Absicht äußert oder sogar befiehlt, alle Juden und Christen von der arabischen Halbinsel zu verjagen, bis nur noch Muslime übriggeblieben sind: „Ich werde die Juden und die Christen von der Halbinsel der Araber vertreiben, so daß dort nur noch Muslime sind"; und weiter: „Vertreibt die Juden des *Hiğāz* und das Volk von *Nağrān* (das heißt die Christen) von der Halbinsel der Araber".[12] Wir wissen, daß der Kalif *ʿUmar* im Jahr 20 nach der *Hiğra* (641 n. Chr.) auf der Grundlage dieser *Ḥadīṯ*, deren Zuschreibung allerdings eher fragwürdig ist, die Christen und die Juden tatsächlich von der arabischen Halbinsel vertrieben hat.[13]

Ich stelle diese Überlegungen zur Gewalt im Koran und im Leben Mohammeds an, um auf die im Westen weit verbreitete Ansicht zu reagieren, wonach die Gewalt, die wir heute erleben, ein Zerrbild des Islams ist. Wenn wir ehrlich sind, müssen wir zugeben, daß es zwei Lesarten des Korans und der Sunna gibt: Eine legitime Lesart entscheidet sich für die Verse, die zur Toleranz gegenüber den Andersgläubigen aufrufen, und eine zweite, nicht weniger legitime Lesart gibt denjenigen Versen den Vorzug, die den Konflikt befürworten.

Angesichts dieser widersprüchlichen Verse mußte die muslimische Tradition eine Auslegungsmethode finden, die das Prinzip des Aufhebenden und des Aufgehobenen genannt wird, auf arabisch *al-Nāsiḫ wa-l-Mansūḫ*. Die Theorie ist einfach: Gott kann, nachdem er eine Verfügung oder Anordnung getroffen hat, aus entgegengesetzten Gründen auch eine entgegengesetzte Anordnung treffen. Dann gilt es herauszufinden, welche von beiden die letzte Anordnung Gottes ist, die die vorangegangene außer Kraft setzt und aufhebt. Das Problem ist von Dutzenden von Exegeten behandelt worden, die lange Traktate „Über das Aufhebende und das Aufgehobene" geschrieben haben, ohne jedoch zu einem Konsens gelangt zu sein, der es erlauben würde, mit aller Klarheit zu sagen, daß diese Verse jene aufgehoben oder jene diese außer Kraft gesetzt haben. Das Prinzip des Aufhebenden und des Aufgehobenen stützt sich im übrigen auf Vers 106 der 2. Sure („Die Kuh"): „Wenn wir einen Vers (aus dem Wortlaut der Offenbarung) tilgen oder in Vergessenheit geraten lassen, bringen wir (dafür) einen besseren oder einen, der ihm gleich ist. Weißt du denn nicht, daß Allah zu allem die Macht hat?"

26. Ist dieses Problem dadurch bedingt, daß noch keine Einigkeit über die exakte Reihenfolge der Suren herrscht?

Die muslimischen Gelehrten sind sich einig, was die Unterscheidung der Suren aus der Zeit in Mekka (610–622) und aus der Zeit in Medina (622–632) betrifft. Innerhalb dieser beiden Perioden ist es ihnen jedoch nicht gelungen, sich auf eine exakte Reihenfolge der Suren zu einigen. Die Orientalisten dagegen haben versucht, innerhalb der mekkanischen Periode drei Phasen zu unterscheiden und die Reihenfolge insgesamt durch die Festlegung einiger Daten zu präzisieren.

So ist beispielsweise in Ägypten die Auffassung sehr weit verbreitet, der sogenannte Vers vom Schwert *(Āyat al-Sayf)* habe „mehr als hundert Verse" aufgehoben. Mit dieser Redensart sind alle „friedfertigen" Verse gemeint. Der betreffende Vers lautet: „Und tötet sie, wo (immer) ihr sie zu fassen bekommt" („Die Kuh", 191). Das Problem ist jedoch, daß die Muslime, ganz unabhängig von ihrem jeweiligen Standpunkt, niemals eingeräumt haben, daß auch nur ein einziger Vers aus dem Koran heute nicht mehr gültig sein könnte. Deshalb können die *ʿUlemāʾ* zwar erklären, daß sie den Vers vom Schwert nicht für maßgeblich halten, sind aber nicht imstande, die entgegengesetzte Sichtweise zu verurteilen. Somit enthält der Koran zwei Alternativen, eine aggressive und eine friedfertige, und beide finden Akzeptanz. Man bräuchte eine von allen Muslimen anerkannte Autorität, die sagt: Ab sofort gilt nur noch dieser Vers. Doch dazu kommt es nicht.

Wenn also einige Fanatiker im Namen des reinen und wahren Islam oder im Namen des Korans und der mohammedanischen Tradition Kinder, Frauen und Männer umbringen, kann niemand aufstehen und ihnen sagen: „Ihr seid keine echten und wirklichen Muslime". Man kann höchstens sagen: „Eure Lesart des Islams stimmt nicht mit der unsrigen überein." Das ist die Zwiespältigkeit, die den Islam seit den Tagen seiner Entstehung und bis heute kennzeichnet: daß die Gewalt ein Teil von ihm ist, daß es aber auch zulässig ist, sich für die Toleranz zu entscheiden; daß die Toleranz ein Teil von ihm ist, daß es aber auch zulässig ist, sich für die Gewalt zu entscheiden.

27. Wenn man die Frage nach dem Dschihad aufwirft, halten die Muslime dagegen, die Christen hätten noch Schlimmeres getan, und spielen damit auf die Kreuzzüge oder auf die Epoche des Kolonialismus an.

Diese Debatte will ich den Historikern überlassen. Es gibt allerdings einen wesentlichen Unterschied: Die Kreuzritter oder die kriegführenden Christen haben nicht behauptet, sich darin auf das Evangelium zu stützen: Das Ziel ihrer Kriege war – zumindest glaubten sie das – die Verteidigung des Christentums oder die Verteidigung ihres Nationalstaats oder auch die Verteidigung dessen, was sie für ihr Recht hielten. Das heißt, sie führten Krieg in ihrer Funktion als Angehörige einer Kultur, einer Nation, einer Tradition, und nicht im Namen des Evangeliums.

Vergessen wir außerdem nicht, daß die Idee der Kreuzzüge eine Reaktion auf die Verfolgung der ägyptischen und syrischen Christen durch den Fatimidenkalifen *al-Ḥākim bi-Amr Allāh* (996–1021) gewesen sind (damals gehörte das Heilige Land zu Syrien). Im Jahr 1008 schuf *al-Ḥākim* den Palmsonntag ab. 1009 „befahl er, ausschließlich jene [Sekretäre] zu bestrafen, die untereinander Christen waren, und er ließ viele an den Händen aufhängen und zog all ihren Besitz ein".[14] Im März 1009 „sandte er einen Brief nach Damaskus, in dem er anordnete, die der Gottesmutter geweihte katholische Kirche zu zerstören – eine imposante und schöne Kirche fürwahr! –, die dann im Monat *Rağah* desselben Jahres auch tatsächlich abgerissen wurde".[15] Am 13. August 1009, einem Sonntag, „ließ er die Maria geweihte Kirche in al-Qantarah im alten Kairo niederreißen. Nachdem er sie bis auf die Grundmauern hatte abreißen lassen, plünderte er das liturgische Gerät und die Ruinen. Bei der Kirche lagen zahlreiche christliche Begräbnisstätten und Gräber. Nachdem sie sie alle geöffnet hatten, rissen die Neger, die Sklaven und der Pöbel die dort begrabenen Leichname heraus und verstreuten ihre

Knochen, während die Hunde das Fleisch derer fraßen, die erst vor kurzem dort begraben worden waren. In der Nachbarschaft der vorgenannten Kirche war eine, die den Jakobiten [das heißt den Kopten] gehörte und dem heiligen Kosmas geweiht war. Sie bemächtigten sich auch dieser und hinterließen nur ein Feld von Trümmern".[16]

Doch der schlimmste Vorfall, der die Reaktion der Christenheit hervorrief, war die Zerstörung der Auferstehungskirche von Jerusalem (im Westen Grabeskirche genannt), die am 28. September 1009 begann. *Al-Ḥākim* ordnete an, „jedes Symbol [des christlichen Glaubens] dort verschwinden zu lassen und dafür zu sorgen, daß jede Reliquie, die Gegenstand der Verehrung ist, fortgeschafft wird".[17] „Die Basilika wurde bis auf die Grundmauern niedergerissen, mit Ausnahme dessen, was nicht zerstört und nur schwer fortgetragen werden konnte. So wurden der Ort, der Schädelstätte genannt wird, die Kirche des heiligen Konstantin und auch alle anderen Gebäude im Umkreis zerstört und die heiligen Reliquien fortgetragen. *Ibn Abī Ẓāhir* versuchte das Heilige Grab auf jede nur mögliche Weise zu beseitigen und alle Spuren verschwinden zu lassen, und es gelang ihm, einen großen Teil abbrechen und forttragen zu lassen".[18] Man könnte diesen Bericht über die Zerstörung von Kirchen und andere Übergriffe gegen die Christen noch lange fortsetzen.

Auch wenn also der erste Kreuzzug vom Papst initiiert worden ist, kann man nicht sagen, es hätte sich dabei um eine Anregung oder eine Folgerung aus dem Evangelium gehandelt. Der Papst verkörperte damals die Autorität und entschied auch in politischen und militärischen Fragen. Und das ist ein großer Unterschied.

Das beweist auch die Tatsache, daß die Kreuzzüge nicht als Religionskriege galten. Selbst die arabischen Historiker der damaligen Zeit haben sie niemals als „Kreuzzüge" bezeichnet, wie sie es heute in Nachahmung des Westens tun. Die neue arabische Bezeichnung *al-Ḥurūb al-Ṣalībiyya,* die Kriege derer, die das Kreuz tragen, ist erst im 19. Jahrhundert aufgekommen, während vorher der Begriff *Ḥurūb al-Farang̃* üblich war, Kriege der

Franken, wobei „Franken“ ganz allgemein die Bewohner des Okzidents bezeichnet.

Zuweilen haben die arabischen Geschichtsschreiber die jeweiligen Nationalitäten dieser „Franken“ unterschieden und von Deutschen, Ungarn oder Amalfitanern gesprochen. All diese Gruppen wurden also von den Arabern als Nationen und Völker angesehen, die in den Orient kamen, um in ihr Land einzufallen. Ganz davon zu schweigen, daß die muslimischen Fürsten während der Kreuzzüge häufig Bündnisse mit den fränkischen Herzögen schlossen, um gegen andere muslimische Fürsten und fränkische Herzöge zu kämpfen, wie es in jedem typischen Interessenkrieg geschieht.

Wir können – um auf den *Ǧihād* zurückzukommen – die „kriegerische“ Auslegung nicht als eine Instrumentalisierung des Islams verstehen. Wir können allenfalls sagen, daß diese Auslegung nur von einigen Muslimen befürwortet wird, was ihrer Authentizität allerdings keinen Abbruch tut. Es handelt sich also, kurz gesagt, um eine authentische, aber nicht ausschließliche Auslegung.

28. Es fehlt ja nicht an Beispielen für ein friedliches Verhalten der muslimischen Heere bei der Eroberung einiger Städte. Denken wir etwa an die Eroberung Jerusalems im Jahr 636 …

Das ist ein anderes Thema. Als die muslimischen Heere zur Eroberung des Mittleren Ostens und großer Teile Asiens und Afrikas aufbrachen, mußten sie vor allem die Kontrolle der eroberten Gebiete gewährleisten und konnten erst nach und nach daran denken, ihre Bevölkerung zu bekehren. Und nicht immer erfolgten diese Bekehrungen sofort und mit Gewalt gemäß dem berühmten arabischen Sprichwort *Aslim, taslam!:* „Nimm den Islam an, und du bist gerettet!“

Das muslimische Gesetz ist in dieser Hinsicht eindeutig. In der Praxis ist ein Muslim dazu verpflichtet, dem Feind anzukündigen, daß er die Absicht hat, ihm den Krieg zu erklären. Wenn dieser es ablehnt, sich zu unterwerfen, ist der Krieg unvermeidlich, und der Muslim hat das Recht, den Feind zu töten, weil er sich im Vorfeld nicht ergeben hat. Wenn dagegen der andere die Bereitschaft signalisieren würde, sich zu ergeben, hätte der Muslim nicht mehr das Recht, ihn zu töten, sondern dürfte lediglich sein Land besetzen. Im ersten Fall bleibt der Nichtmuslim nur am Leben, wenn er Muslim wird, weil er mit Gewalt besiegt worden ist. Im zweiten Fall besteht diese Verpflichtung nicht. Das sind die Regeln des Kriegs im Islam.

Der Zwang existiert in der Theorie nur dann, wenn jemand sich weigert, sich der politischen Oberhoheit der Muslime zu unterwerfen. Doch die Geschichte beweist, daß das Resultat auch dort, wo dieser Zwang zunächst nicht bestanden hat, letztlich dasselbe gewesen ist. Die Besetzung Ägyptens beispielsweise ist friedlich vonstatten gegangen: Die Ägypter haben sich ergeben und sich bereiterklärt, den Muslimen die Kopfsteuer, die *Ǧizya,* und die Grundsteuer, den *Ḫarāǧ,* zu zahlen.

Diese Abgabenlasten, die immer größer wurden, haben dann dazu geführt, daß viele Christen zum Islam übertraten. Und dasselbe gilt für viele andere Länder des Mittleren Orients. Wenn es also zutrifft, daß die Muslime die Bevölkerungen in der Mehrheit der Fälle nicht mit Gewalt dazu gezwungen haben, zum Islam zu konvertieren, so ist doch die Mehrheit dieser Bevölkerungen in gesellschaftlicher und wirtschaftlicher Hinsicht dauerhaft unter Druck gesetzt worden, bis sie sich entschlossen, Muslime zu werden, um den Auflagen zu entgehen, mit denen die Muslime neue Kriege und Eroberungszüge finanzierten.

29. Ein besonders beunruhigender Aspekt der Beziehung zwischen dem Islam und der Gewalt, der durch die jüngsten Ereignisse auf dramatische Weise deutlich geworden ist, sind die sogenannten Selbstmordattentäter, die terroristische Anschläge auf die „Feinde des Islams" verüben. Das aufsehenerregendste Ereignis war der Selbstmordanschlag auf die Zwillingstürme von New York am 11. September 2001, doch in den letzten Jahren hat es – vor allem in Israel – zahlreiche weitere Attentate durch Personen gegeben, die sich selbst als „Märtyrer des Is-

lams" bezeichnen. Ist der Selbstmord im Islam erlaubt? Und ist es aus muslimischer Sicht korrekt, die Täter als „Märtyrer" zu bezeichnen?

Im Koran gibt es einen einzigen Hinweis auf den Selbstmord. Im 29. Vers der 4. Sure („Die Frauen") heißt es: „Und tötet euch nicht! Allah verfährt barmherzig mit euch." Zu dieser einzigen Koranstelle kommen eine Reihe von *Ḥadīṯ* – ich selbst kenne mindestens sieben –, die den Selbstmord ausnahmslos verurteilen. In einem wird erzählt, daß der Prophet sich weigerte, über dem Leichnam eines Selbstmörders zu beten; ein anderer schreibt vor, den Leichnam eines Selbstmörders zu verbrennen, bis nur noch Asche übrigbleibt – so sehr verabscheut die muslimische Mentalität den Selbstmord. Die islamische Überlieferung enthält definitiv keine Rechtfertigung für den Selbstmord. Dennoch hat die Frage in jüngster Zeit dramatisch an Aktualität gewonnen, weil es zahlreiche Fälle gegeben hat, in denen Terroristen den Tod gewählt haben, um andere Menschen zu töten, und weil sie erklärt haben, dies für die „islamische Sache" zu tun.

Es ist interessant, sich einige der Erklärungen zu vergegenwärtigen, die im Zusammenhang mit diesen Ereignissen abgegeben worden sind und die deutlich machen, wie wichtig diese Debatte innerhalb der islamischen Welt geworden ist. *Šeiḫ Muḥammad Ṭanṭāwī,* Rektor der al-Azhar-Universität und eine der höchsten Autoritäten der sunnitischen Welt, hat in einer am 2. Dezember 2001 verkündeten Fatwa betont, daß der Selbstmord auf jeden Fall zu verurteilen ist. Nur wenige Tage später warf ihm jedoch ein anderer berühmter ägyptischer *Šeiḫ, Yūsuf al-Qaraḍāwī,* vor, er formuliere abstrakte Überlegungen, die nur seine Unfähigkeit unterstrichen, die klassischen Vorschriften auf eine historische Situation wie die gegenwärtige anzuwenden, in der der Islam in verschiedenen Teilen der Welt bedroht sei. *Qaraḍāwī* zufolge „kann niemand die Auffassung vertreten, es sei unrechtmäßig, mit allen Mitteln gegen die (israelische) Besatzung zu kämpfen" und: „Der *Ǧihād* auf dem Weg Gottes und die Verteidigung des Landes, der Heimat und der heiligen Dinge ist heute mehr als in jeder anderen Epoche der Vergangenheit eine Pflicht für alle Muslime [...] in Palästina, in Kaschmir und in anderen Krisengebieten der Welt."

Auf dieses „theologische Wortgefecht" folgte eine öffentliche Verurteilung des Selbstmords von seiten des Dekans der *Šarīʿa*-Fakultät der Universität von Kuwait, *Mohammed Ṭabaṭabāʾī*. Wenige Tage später rechtfertigte das Oberhaupt der schiitischen *ʿUlemāʾ* des Libanon, *Šeiḫ Ḥabīb Nābulsī*, das Selbstmordattentat und erklärte wörtlich, die von *Ṭanṭāwī* ausgesprochene Fatwa habe „keinerlei Bedeutung und keinerlei Rechtskraft in der islamischen Jurisprudenz, weil sie nicht auf das Recht, sondern auf die Politik (das heißt auf die Position der ägyptischen Regierung, der *Ṭanṭāwī* hörig sei, A.d.R.) bezogen und weil seine Ziele der der Umma entgegengesetzt" seien und damit den eigentlichen Interessen der Muslime zuwiderliefen.

Auf derselben Wellenlänge ist das Schlußkommuniqué des im Januar 2002 in Beirut abgehaltenen Gipfels anzusiedeln, an dem mehr als 200 sunnitische *ʿUlemāʾ* aus 35 Ländern teilnahmen: „Die Märtyrertaten der *Muǧāhidīn* sind rechtmäßig und stützen sich auf den Koran und die Überlieferung des Propheten. Sie stellen sogar die erhabenste Form des Martyriums dar, weil die *Muǧāhidīn* sich ganz bewußt und frei dafür entscheiden". In diesem Dokument erklären die *ʿUlemāʾ*, sie sprächen „aus ihrer religiösen Verantwortung heraus und im Namen aller Völker, Riten und Länder der islamischen Nation", um im Hinblick auf die Sache der Palästinenser eindeutige Orientierungen zu geben.[19] Ihrer Ansicht nach ist der Anschlag nicht als Tat an sich, sondern unter Berücksichtigung der Zielsetzung zu bewerten, die in die Kategorie des *Ǧihād* eingeordnet werden könne, weil es darum gehe, ein bedrohtes muslimisches Gebiet zu beschützen oder zu befreien.

Diese Sichtweise beschränkt sich im übrigen nicht auf die Legitimierung der Selbstmordattentate, sondern betrifft auch den Bildungssektor: Ich erinnere mich beispielsweise an zahlreiche Bücher, die an palästinensischen Schulen in Gebrauch sind. Darin vermittelt man den Jugendlichen die Verpflichtung zum *Ǧihād* in allen seinen Formen und rechtfertigt die Taten der sogenannten „Märtyrer des Islams", die, wie dort erklärt wird, nicht als Selbstmörder, sondern als Helden zu betrachten sind und ins Paradies eingehen, weil sie einen echten *Ǧihād* geführt haben. Sie haben sich also nicht in einer Weise verhalten, die dem Koran widerspricht, sondern sich für die Sache des Islams geopfert. Das ist ein anderes Beispiel für die auch heute noch zutiefst ambivalente Debatte in der islamischen Welt, die den Glauben nicht von der Politik zu trennen vermag.

30. Vom Anfang des 20. Jahrhunderts bis heute ist die Zahl der Muslimen in der Welt von 150 Millionen auf 1,2 Milliarden angewachsen. Das Christentum ist mit mehr als 2 Milliarden Anhängern noch immer die größte Religion auf unserem Planeten, doch die Muslime sind die zahlenmäßig stärkste „Konfession", da es innerhalb des christlichen Glaubens „nur" 1,1 Milliarden Katholiken gibt. Unter den großen Religionen ist der Islam diejenige mit der stärksten Wachstumsrate: Gemessen an der Zahl der Gläubigen nimmt er 21,5mal schneller zu als das Christentum. Womit läßt sich dieses Phänomen begründen?

Hierfür ist eine Vielzahl von Gründen verantwortlich.

Zunächst einmal muß man das Bevölkerungswachstum berücksichtigen, das in den islamischen Ländern deutlich über der Rate in den christlich geprägten Ländern liegt. Zwar haben die Demographen auch dort einen immer stärkeren Rückgang der Geburtenzahlen festgestellt, doch die Auswirkungen werden erst in einigen Jahrzehnten zu spüren sein.

Ein anderer wichtiger Antriebsfaktor ist die Missionstätigkeit, die sogenannte *Daʿwa:* die jedem Muslim anvertraute Aufgabe, seine Glaubensbrüder und die ganze Welt mit dem Islam vertraut zu machen. Vor allem die hauptamtlich im religiösen Bereich Tätigen, doch auch viele eifrige Gläubige widmen sich dieser Aufgabe mit großem Engagement und „erzielen" zahlreiche Konversionen in verschiedenen Teilen der Welt – den Westen nicht ausgenommen.

Man rechnet, daß in Afrika, dem muslimischen Kontinent schlechthin (42–47 % der Bevölkerung) auf jede Konversion zum Christentum sieben Konversionen zum Islam kommen. Die Verbreitung des Islams in Afrika wird vor allem durch drei Faktoren begünstigt. Der eine ist ein Gemeinplatz: die sogenannten „Kolonialisierungsschäden". Man sagt gemeinhin: „Das Christentum ist die Religion der Weißen und mitverantwortlich für die Kolonialisierung und die Abhängigkeit, in der sich diese Länder befinden; der Islam ist die wahre Religion Afrikas". Das ist ein Argument, das seine Wirkung auf die einfachen Leute nicht verfehlt, historisch gesehen aber tendenziös ist, weil Afrika zuallererst von Muslimen kolonialisiert worden ist. Die ersten Sklavenhändler waren Muslime – und das Jahrhunderte vor der Kolonialisierung und dem Sklavenhandel europäischer Prägung. Der zweite Faktor verweist auf die Tatsache, daß die muslimischen Sitten – insbesondere die Polygamie, die Unterwerfung der Frau und eine patriarchalisch geprägte Familienstruktur – dem natürlichen afrikanischen Brauchtum näher ist; mithin gewinnt der durchschnittliche Afrikaner den Eindruck, eine Aufnahme in die islamische Religionsgemeinschaft sei für ihn weniger anstrengend, während die katholische Kirche beispielsweise sehr viel anspruchsvoller ist, ein langes Katechumenat vorschreibt und es unter Umständen auch Jahre dauern kann, ehe man getauft wird.

Die Ausbreitung des Islams weist noch einen dritten Faktor auf, der jedoch nicht nur Afrika betrifft: Ich meine die massiven Geldspritzen, mit denen manche Länder (Saudi-Arabien, einige Emirate, Libyen) Hilfsleistungen sowie soziale, sanitäre oder kulturelle Initiativen unterstützen, die zweifellos zur Attraktivität des Islams beitragen: den Bau von Moscheen, Islamzentren, Koranschulen, Radio- und Fernsehsendern, Entsendung von religiösem Personal, Eröffnung von Versorgungsstationen, Krankenhäusern usw. Von alledem spricht und weiß man in Europa nur wenig, auch weil die Zeitungen dort nur selten über Afrika berichten, doch die islamische Propaganda ist wirklich stark, und wenn die heutige Tendenz anhält, wird in wenigen Jahrzehnten in Afrika alles, was heute noch nicht muslimisch ist, zum Islam übergetreten sein.[20]

Doch das zahlenmäßige Wachstum wird auch durch die Diskriminierungen auf juristischer, wirtschaftlicher oder sozialer Ebene gefördert, wie es die Auswanderung Tausender Christen (oder Nichtmuslime) aus bestimmten islamischen Ländern belegt; oder durch institutionelle Veränderungen wie etwa die Tatsache, daß einige Staaten der nigerianischen Föderation erst kürzlich die *Šarīʿa* in ihr Strafrecht aufgenommen haben. Dies hatte erbitterte und vergebliche Proteste der Ortsbischöfe und gewaltsame Auseinandersetzungen zur Folge, bei denen Tausende von Menschen ums Leben gekommen sind.

Natürlich muß man bei vielen Konversionen in der westlichen Welt und insbesondere in Europa auch eine vorrangig religiöse und spirituelle Motivation in Betracht ziehen, der eine Sehnsucht nach Sicherheit und zugleich auch nach etwas Neuem zugrundeliegt und die den Islam (wie übrigens auch andere östliche Religionen oder mystische Strömungen) als faszinierende Antwort auf die Frage nach dem Heiligen betrachtet, während die für die westliche Christenheit typische „laue“ und moralistische Art, das Christentum zu leben und darzustellen, diese Frage offenbar nicht mehr zufriedenstellend zu beantworten vermag.

Tradition und Moderne

31. Das Verhältnis zwischen Islam und Moderne ist historisch gesehen von Unverständnis, Mißtrauen und Feindseligkeit geprägt. Zuweilen wird die Auffassung vertreten, die Logik des Islams und die Logik der Moderne seien nicht miteinander zu vereinbaren, und die Moderne werde in der muslimischen Welt als etwas typisch Westliches empfunden, das die Integrität der Tradition gefährde. Wie ist diese Feindseligkeit historisch begründet? Und unter welchen Voraussetzungen könnten die muslimischen Gesellschaften sich den Impulsen der Laizität und der Moderne öffnen, ohne die Grundlagen ihrer Identität zu verraten?

Um das Verhältnis zwischen der islamischen Welt, der Moderne und dem Abendland in seiner derzeitigen Dynamik zu begreifen, kann man von einem Augenblick der Geschichte ausgehen, da die beiden Welten nach einer langen Zeit der Distanz wieder in Kontakt miteinander treten: dem Übergang vom 18. ins 19. Jahrhundert, genauer gesagt der Ägyptischen Expedition von Napoleon Bonaparte (1798–1801), in dessen Verlauf die Ägypter die Zeichen der Moderne und der europäischen Zivilisation an der Arbeit der Wissenschaftler und Techniker erkennen, die Bonaparte begleiten: Ingenieure, Mathematiker, Archäologen, Astronomen, Künstler, Wirtschaftswissenschaftler, Drucker, Pharmazeuten und Chirurgen.

In dieser kurzen Zeit erscheint das erste in Ägypten gedruckte Buch, die „Übungen im literarischen Arabisch, zum Gebrauch derer, die diese Sprache studieren, aus dem Koran extrahiert", das mit Hilfe der von der Druckerei der „Propaganda Fide" in Rom gelieferten arabischen Drucktypen realisiert werden konnte. Im Hinblick auf den Bau eines Verbindungskanals zwischen dem Roten Meer und dem Mittelmeer – ein Plan, der dann später mit dem Sueskanal verwirklicht wurde – führt man Studien zur besseren Nutzung der Nilfluten durch, auf deren Grundlage außerdem das Steuersystem reformiert und das öffentliche

Bildungssystem verbessert werden sollten. Die Gründung des Instituts von Ägypten ermöglichte es, die besten intellektuellen und wissenschaftlichen Kräfte an einem einzigen Sitz zu vereinen, um das Land zu verwalten und die Fundamente für seine künftige Entwicklung zu legen. Die Ergebnisse all dieser Arbeit sind in einem Werk zusammengefaßt, das als ein Denkmal der kollektiven Gelehrsamkeit bezeichnet worden ist: der „Description de l'Égypte" in zehn Text- und 14 Bildbänden, die zwischen 1809 und 1829 veröffentlicht wurden.

Nachdem die französischen Truppen Ägypten wieder verlassen hatten, beschloß der Gouverneur *Muḥammad ʿAlī,* der als der Begründer des modernen Ägyptens gilt, diesen Weg fortzusetzen, und sandte gebildete Ägypter nach Europa, damit sie sich dort in verschiedenen Disziplinen spezialisierten und nach ihrer Rückkehr ihre neu erworbenen Kenntnisse ins Arabische übersetzten, um so zur Modernisierung der Verwaltung, der Wirtschaft und der Gesellschaft beizutragen.

Das sind die Vorboten dessen, was später *Nahḍa* genannt werden sollte: der arabisch-muslimischen Renaissance, die in der zweiten Hälfte des 19. Jahrhunderts begann, bis zum Ende des Ersten Weltkriegs dauerte und in Ägypten ihr Zentrum hatte. Drei Dinge, die sich alle in Ägypten ereigneten, sind bezeichnend für diesen Prozeß: Von 1860 an wird die erste Eisenbahnlinie des Nahen Ostens gebaut und eine nach modernem Kanon organisierte Universität eröffnet, und 1870 wird mit Verdis „Aida" die Oper von Kairo eingeweiht.

Auf diese Weise vollzieht sich eine Begegnung der arabisch-muslimischen Welt mit dem Abendland, die faszinierend und traumatisch zugleich ist. Faszinierend, weil sie sie mit wissenschaftlichen, technologischen und militärischen Errungenschaften in Berührung bringt, die sich den bisherigen Leistungen der islamischen Zivilisation als entschieden überlegen erweisen. Und traumatisierend, weil die arabisch-muslimische Welt noch immer dem Bild ihrer vergangenen Herrlichkeit verhaftet ist und nun gleichsam brüsk aus dem Schlaf gerissen und mit einer erschreckenden Realität konfrontiert wird.

32. Eine Situation, die sich in der folgenden Frage zusammenfassen läßt: Wie ist es möglich, daß die muslimische Gemeinschaft, die der Koran als die beste der Welt definiert, im Vergleich zum Okzident ins Hintertreffen geraten ist, und welche Gründe gibt es für diese kulturelle, wissenschaftliche und technologische Rückständigkeit?

Auf diese Frage gibt es mehrere Antworten. Eine ist im ausgehenden 19. Jahrhundert von den sogenannten muslimischen Reformern erarbeitet worden und schreibt den Vorsprung der westlichen gegenüber der islamischen Welt der Tatsache zu, daß es der erstgenannten gelungen ist, die Wissenschaft und gleichzeitig ein demokratisches System zu entwickeln. Diese beiden Aspekte, so die Reformer, seien aber typisch muslimisch: Der Koran habe die Wissenschaft stets begünstigt, es gebe sogar die Redensart: „Sucht die Wissenschaft, und sei es auch in China!". Und ebenso habe die muslimische Tradition immer die sogenannte *Šūra,* den „Rat" (die gemeinsame Beratung und Entscheidungsfindung) gepflegt. Mithin, so die Schlußfolgerung, sei also auch die Demokratie ein Bestandteil des Islams.

Mit Hilfe dieser Argumentation ist es den Reformern (ich erinnere unter anderen an den in der gesamten islamischen Welt bekannten *Gamāl al-Dīn al-Afghānī,* den Algerier *Ibn Bādīs,* den Ägypter *Muḥammad ʿAbduh,* den Syrer *ʿAbd al-Raḥmān al-Kawākibī* und den Inder *Muḥammad Iqbāl)* gelungen, gewisse Aspekte der westlichen Welt zu übernehmen, sie in ihre Überlieferung zu integrieren und sie in gesetzgeberische Maßnahmen einmünden zu lassen.

So haben sich zu Beginn des 20. Jahrhunderts einige Staaten des Mittleren Orients bei der Niederschrift ihrer Verfassung am „Code Napoléon" und an der Verfassung der Schweiz inspiriert und diese auf muslimische Verhältnisse angewandt. Und genau das ist die Größe der Reformbewegung, die sich in dieser Zeit entwickelt: die Fähigkeit, die westliche Kultur und Zivilisation zu übernehmen und sie mit der islamischen Tradition in Einklang zu bringen.

Doch in den Jahren nach dem Ersten Weltkrieg kommt es zu einem Bruch in diesem Prozeß: Mit dem Untergang des osmanischen Reichs zerfällt das letzte große islamische Herrschaftssystem der Geschichte, und sein Gebiet wird unter England, Frankreich und den unabhängigen Nachfolgestaaten aufgeteilt. 1923 entsteht eine republikanische Türkei auf laizistischer Grundlage – nach klassischer muslimischer Vorstellung ein Skandal –, und 1924 erklärt Mustafa Kemal, der spätere Atatürk,[21] das Ende des Kalifats, der einzigen von der gesamten islamischen Gemeinschaft anerkannten Autorität. Politisch gesehen hatte das Kalifat eigentlich kein wirkliches Gewicht mehr besessen, doch nach wie vor hatte es eine starke symbolische und psychologische Bedeutung, und sein Ende machte die Krise eines Systems und einer Weltanschauung deutlich.

33. Und was geschieht in diesen Jahren zwischen den beiden Weltkriegen im Hinblick auf das Selbstverständnis des Islams gegenüber der Moderne?

Es ist fast so, als ob der zu Beginn des Jahrhunderts eingeleitete Erneuerungsprozeß unter veränderten Vorzeichen zu Ende gebracht worden wäre. Man will eine neue, von allen westlichen Einflüssen freie islamische Welt schaffen, ein muslimisches System sui generis. *Rašīd Riḍā* (1865–1935) zum Beispiel, ein Schüler des großen ägyptischen Reformers *Muḥammad ʿAbduh* (1849–1905), den wir bereits erwähnt haben, sammelt die Botschaft und die Schriften seines Lehrers und veröffentlicht sie in den zwanziger Jahren in acht großen Bänden als Korankommentar unter dem Titel *Tafsīr al-Manār* („Die Deutung des Leuchtturms" nach der von ihm gegründeten Zeitschrift *al-Manār)*. Damit stellt er jedoch die ursprüngliche Zielsetzung auf den Kopf: Obwohl er *ʿAbduh* unablässig zitiert (und ihn *al-Ustāḏ al-Imām,* den Lehrer-Imam) nennt, glossiert er praktische jede Erklärung seines Lehrers mit einem eigenen, stark integralistisch gefärbten Kommentar.

In der Folgezeit gründet einer seiner Schüler, *Ḥassan al-Bannā* (1906–1945) 1928 in Ägypten die Bewegung der Muslimbrüder *(al-Iḫwān al Muslimūn),* auf die alle späteren radikalen Bewegungen zurückgehen. Er verbreitet in ganz Ägypten die Idee, man müsse eine auf dem Koran gründende Gesellschaft verwirklichen und sie in eine politische Gemeinschaft umwandeln. Vereinfacht könnte man seine Kernbotschaft etwa so formulieren: Wir werden den Westen nie besiegen können, wenn wir versuchen, ihn nachzuahmen. Deshalb müssen wir ein muslimisches Projekt ins Leben rufen, indem wir zu einer streng wörtlichen Auslegung des Korans zurückkehren. Seine Anschauung läßt sich in den folgenden Sätzen zusammenfassen: „Der Koran ist unser Säbel und das Martyrium unsere Sehnsucht. Der Islam ist Glaube und Kult, Religion und Staat, Buch und Schwert. Als Weltreligion ist der Islam für jedes Volk und jede Epoche der Menschheitsgeschichte geeignet." Das Motto der Muslimbrüder lautet bis heute: „Der Islam ist die Lösung."

Ihr wichtigster Anhänger ist *Sayyid Quṭb,*[22] mit dem sich ein Qualitätssprung vollzieht: In seinem Korankommentar *Fī Ẓilāl al-Qur'ān,* „Im Schatten des Korans", und in seinem Buch *Ma'ālim fī al-Ṭarīq,* „Meilensteine", äußert er die Auffassung, daß wir in einer gewalttätigen Gesellschaft leben, die nicht auf friedliche Weise islamisiert werden könne. Deshalb sei es legitim, Gewalt anzuwenden. Sein Aufenthalt in den Vereinigten Staaten (November 1948 bis August 1950) überzeugt ihn noch mehr davon, daß nur der authentische Islam die Menschheit vor Materialismus und Heidentum retten kann. Er ist es auch, der den Begriff *Ǧāhiliyya* – heidnische Unwissenheit – prägt, um die nichtislamischen modernen Gesellschaften zu charakterisieren. *Sayyid Quṭb* rät, mit den muslimischen Regimes, die die islamische Sache „verraten" haben, heute ebenso zu verfahren wie seinerzeit Mohammed, der im Kampf gegen die vorislamische *Ǧāhiliyya* den *Ǧihād* praktiziert und zum Mittel des Krieges gegriffen hatte. Das erklärt, weshalb die Regierungen der muslimischen Länder versucht haben, die Köpfe der Bewegung zu eliminieren: weil sie in ihnen eine Bedrohung der bestehenden Ordnung sahen. *Sayyid Quṭb* ergänzt die Auffassung von *Ḥassan al-Bannā* wie folgt: „Der Islam ist unweigerlich zum

Kampf aufgerufen, wenn er den Befehl und die Führung des Menschengeschlechts übernehmen will. Muslim zu sein heißt, Krieger zu sein, einer Gemeinschaft von Gläubigen anzugehören, die immerzu unter Waffen steht. Die Kämpfer, die in der Schlacht fallen, sind Märtyrer des Glaubens, weil sie das Gesetz Gottes in die Tat umgesetzt haben. Der Kampf für Gott hat kein anderes Ziel als Gott selbst, die Verwirklichung der göttlichen Ordnung in der irdischen Welt. Deshalb sterben die Märtyrer des Glaubens nicht wirklich, sie leben weiter, sie verändern nur ihre Lebensform wie Jesus, der Sohn der Maria, der am Kreuz nicht endgültig gestorben ist."

34. In den achtziger Jahren schienen sich mit dem Chomeinismus und der iranischen Revolution die Hoffnungen der Radikalen auf eine Rückkehr zu dem Islam zu erfüllen, der ihrer Ansicht nach der authentischste war.

In der Tat stellt die Revolution im Iran und die Machtübernahme durch Chomeini im Jahr 1979 für die fundamentalistischen islamischen Kräfte die Möglichkeit dar, ihren Traum von einer auf authentisch muslimische Werte gegründeten Gesellschaft zu verwirklichen. Auch die, die mit der realen Umsetzung des chomeinistischen Traums nicht einverstanden waren, glauben noch heute daran. Nach wie vor nährt diese Überzeugung den islamischen Fundamentalismus.[23]

Dieser ist inzwischen zwar ein internationales Phänomen, hat jedoch sehr unterschiedliche Züge angenommen. Die gemäßigte Strömung beispielsweise vertritt die Auffassung, der Koran müsse die Grundlage der muslimischen Gesellschaft sein, befürwortet jedoch eine moderne, weniger rigoristische Version.

Eine andere Strömung schlägt vor, die Verfassung und Gesetzgebung auf der Grundlage der *Šarīʿa* (also des im 10. Jahrhundert von den großen muslimischen Rechtsgelehrten erarbeiteten islamischen Gesetzes) zu erarbeiten.

Eine dritte Strömung, die den radikalsten Islam vertritt, versteigt sich zu der Ansicht, das koranische Gesetz müsse auf jeden Fall, wenn nötig auch mit Gewalt, durchgesetzt werden. Zu diesem Ziel werden in verschiedenen Ländern militante Anhänger ausgebildet, die dazu beitragen, diese revolutionären Theorien zu verbreiten. Dieser dritten Strömung gehören auch jene Gruppierungen an, die den Terrorismus in Theorie und Praxis verfechten wie der algerische GIA, der für Attentate und Massaker an der Zivilbevölkerung verantwortlich ist, und die Gruppe von *Abu Sayyaf,* die im Süden der Philippinen (Mindanao) agiert. In Ägypten wird diese Strömung durch die Gruppe *Tanẓīm al-Ǧihād,* die unter anderem für die Ermordung von Präsident Sādāt am 6. Oktober 1981 verantwortlich ist, und durch *at-Takfīr wa'l-Hiǧra,* Ächtung und Auswanderung, vertreten; letztere wurde von dem ägyptischen Chirurgen *Ayman al-Ẓawāhirī* gegründet, der in der Folgezeit zu einem engen Mitarbeiter *Bin Lādins* und seiner Organisation *al-Qā'ida* wurde.

Die Fundamentalisten lehnen die Moderne nicht ab, wie einige irrtümlich annehmen, im Gegenteil: Sie sind durchaus bereit, sich bei der Verbreitung ihrer Ideen der modernsten Techniken zu bedienen. Ihre kulturellen Kategorien sind jedoch nicht die der Moderne. Sie benutzen gleichsam die Früchte einer Pflanze, wissen aber nicht, wie man sie anbaut: Sie weigern sich, den mühevollen Weg zurückzulegen, der zu bestimmten Resultaten geführt hat, denn das würde eine veränderte Mentalität, einen anderen Zugang zur Welt sowie den Einsatz des Verstandes und der modernen Methoden der Wirklichkeitsanalyse voraussetzen – alles Dinge, die sich nicht aus dem Koran und der *Šarī'a* ableiten lassen. Und sie erhalten die Überlagerung von Religion, Gesellschaft und Politik im wesentlichen aufrecht.

Hinter dem Begriff „Moderne" verbergen sich nach Auffassung der Radikalen Merkmale wie Verweltlichung, Atheismus, Sittenlosigkeit, Heidentum, feindlicher Westen usw. Der Moderne anzugehören bedeutet für sie mithin, die muslimische Identität zu gefährden oder zu verlieren. Folglich bleibt das Problem immer dasselbe: Wie kann man die eigene Identität bewahren und gleichzeitig die moderne Welt akzeptieren und mit kritischem Verstand in ihr agieren, kurz: Wie kann man Islam und Moderne miteinander in Einklang bringen?

35. Und doch haben sich vor allem in den letzten Jahrzehnten die liberalen Stellungnahmen intellektueller Kreise gemehrt, die versuchen, die Treue zum Koran und zu den grundlegenden Prinzipien des Islams mit der historischen Entwicklung, die Überlieferung mit der Moderne zu versöhnen. Welche Entfaltungsmöglichkeiten gibt es für diese aufgeklärteren Positionen? Und welche Unterstützung finden sie tatsächlich in der Gesellschaft der verschiedenen islamischen Länder?

Auch in diesem Fall müssen wir von einer historisch-theologischen Voraussetzung ausgehen. Für die Muslime ist der Koran nicht das Werk Mohammeds, sondern Gottes selbst, das heißt, er ist etwas Außerzeitliches, das nicht auf das siebte Jahrhundert begrenzt werden kann: das göttliche Wort, das durch alle Zeiten unwandelbar bewahrt werden muß. Die Orthodoxen (und mit besonderem Nachdruck die Fundamentalisten) sind davon überzeugt, daß jeder Vers des Koran absoluten Wert hat, das heißt kontextunabhängig für jede Zeit und jeden Muslim gültig ist, während die Liberalen eine kontextuelle, nicht von Ort und Zeit losgelöste Lesart und Auslegung befürworten und daher betonen, man müsse den Buchstaben auf die Geschichte, auf die heutige Zeit und damit letztlich auch auf die Moderne abstimmen. Wohlgemerkt eine Moderne, die nicht mit Atheismus, Sittenlosigkeit und Verneinung der religiösen Dimension des Lebens gleichgesetzt wird, wie es im Westen häufig geschieht.

Und auch das macht die Arbeit der liberalen Strömungen in den betreffenden Ländern schwierig: Wenn die Moderne praktisch einer Verneinung der Religion gleichkommt und wenn das die Botschaft Europas und des Okzidents ist, dann werden die aufgeklärteren Positionen in den islamischen Ländern nur schwerlich die Oberhand gewinnen. Die Regierungen – auch die scheinbar aufgeschlosseneren – lassen den radikalen Kräften freien Lauf, weil sie fürchten, die Zustimmung der muslimischen Massen zu verlieren. Und die liberalen Auffassungen, die sich dennoch in einigen Ländern entwickelt haben, bleiben auf einige wenige Kreise beschränkt, ohne daß es ihnen gelänge, in den Volksschichten Fuß zu fassen und, allgemeiner ausgedrückt, ihre Mentalität auf eine breitere Basis zu stellen.

Die rechtliche Herausforderung

Scharia und Menschenrechte

36. Worin besteht nach islamischer Auffassung die Basis der Menschenrechte?

Gott ist die Quelle aller Rechte. Damit sie dem Menschen zuerkannt werden können, verlangt Gott zunächst einmal die Erfüllung „seines“ Rechts: den totalen Gehorsam gegenüber dem, was Gott laut Koran und Sunna für den Menschen will. Aus diesen beiden Hauptquellen leitet sich die *Šarīʿa* ab, das islamische Gesetz, das durch die Offenbarung legitimiert und damit jedem anderen, auf menschliche Initiative hin erlassenen Gesetz überlegen ist. Deshalb gilt die *Šarīʿa* als vollkommener Ausdruck des göttlichen Willens, um den Menschen eine gerechte Ordnung der menschlichen Gesellschaft zu garantieren.

Der Islam kommt also von oben: Er geht von Gott aus, wie er sich im Koran offenbart hat, und gelangt nach unten, zum Menschen und zur Gesellschaft. Wenn also der Koran zum Beispiel die Überlegenheit des Mannes über seine Ehefrau festsetzt, wird dies als Frucht des göttlichen Willens und damit als unstrittige Vorschrift betrachtet. Alles, was dem Westen als Verstoß gegen die Rechte der Frau und die Gleichstellung der Geschlechter erscheint, wird von den Muslimen als natürlich, richtig und gut und als das angesehen, was der Natur und dem Wohl des Mannes und der Frau am meisten entspricht, weil

Gott es so bestimmt hat. Auf dieser Grundlage hat sich ein entsprechendes Gesellschaftssystem entwickelt.

Im muslimischen Denken wiegt das Argument der Autorität („Gott hat es so bestimmt") schwerer als das Argument der Rationalität („Die Vernunft läßt uns zur Erkenntnis des Sittengesetzes gelangen"). Die Vorschriften des Korans sind maßgeblicher als die Wirklichkeit. Die muslimischen Apologeten, die stets sehr darauf bedacht gewesen sind, den Einklang zwischen Islam und Vernunft zu beweisen, haben im Lauf der Jahrhunderte immer wieder versucht zu zeigen, daß die Aussagen des Korans dem Besten entsprechen, was zum Wohle der Menschheit gedacht werden kann.

37. Worin bestehen die grundlegenden Merkmale der Scharia?

Die *Šarīʿa* gründet sich auf eine dreifache Ungleichheit: zwischen Mann und Frau, zwischen Muslim und Nichtmuslim und zwischen Freiem und Sklaven. Mit Ausnahme der letztgenannten, die in der Wirklichkeit praktisch keine Entsprechung mehr findet, sind sie noch heute gültig.

Die Gründe hierfür liegen in der arabischen Geschichte und Kultur. In einer patriarchalischen Gesellschaft wie der des siebten Jahrhunderts war die Überlegenheit des Mannes unumstritten. Von muslimischer Seite wird überdies darauf hingewiesen, daß der Islam der Frau weitaus mehr Rechte zugesteht als die vorislamische Epoche: Die Polygamie ist erlaubt, aber auf höchstens vier Frauen beschränkt, zumindest ein Teil des Erbes ist für die Frau bestimmt usw.

Wenn wir uns nun die Ungleichheit zwischen Muslimen und Nichtmuslimen ansehen, so gibt der Islam ersteren in ontologischer und juristischer Hinsicht den Vorzug – auch gegenüber den sogenannten *Ḏimmī*, den Geschützten, ein Begriff, der sich auf Juden und Christen bezieht. Die den letztgenannten garantierte Toleranz beinhaltet nämlich keine Gleichstellung mit den Muslimen. Polytheisten und Atheisten dagegen genießen keinerlei Schutz. Theoretisch herrscht zwischen der islamischen Welt und der Welt der „Unglaubens“ (dem sogenannten Haus des Krieges, *Dār al-Ḥarb)* ein beständiger Kriegszustand.

Was den Schutz der *Ḏimmī* betrifft, gründet sich die *Šarī'a* also auf die Vorschriften des Korans sowie auf die Vereinbarungen zwischen den Muslimen und den im Zuge der Eroberung des Mittleren Ostens unterworfenen Völkerschaften, angefangen mit dem Pakt, den Mohammed 631 (dem Jahr 10 nach der Hedschra) mit den Jakobiten von *Nağrān* geschlossen hat und der vorsah, daß diese jemenitischen Christen einen Tribut entrichteten und im Gegenzug ihre eigene Religion weiter pflegen durften.

38. Die Allgemeine Erklärung der Menschenrechte gilt auf internationaler Ebene als Referenzdokument. Bei seiner Verkündigung im Jahr 1948 wurde es jedoch von vielen islamischen Ländern kritisiert, weil es nur eine Teilsicht wiedergebe. Weshalb?

Die Allgemeingültigkeit[1] dieser Erklärung wird von muslimischer Seite bestritten. Die darin formulierten Rechte seien in Wirklichkeit ein Ausdruck der Kultur und der politischen sowie wirtschaftlichen Macht des Westens, der diese Rechte auf internationaler Ebene als für alle verbindlich habe durchsetzen können. Aus diesem Grund wurde auf der 1990 in Kairo abgehaltenen 19. Konferenz der 45 Außenminister der Organisation der Islamischen Konferenz (OIC) die „Allgemeine Erklärung der Menschenrechte im Islam“ verabschiedet.

In gewisser Weise ist an dieser Reaktion etwas Wahres. Die Allgemeine Erklärung der Menschenrechte ist ein Ausdruck der westlichen Zivilisation, das heißt der Kultur der christlichen Welt. Dennoch glaube ich, daß sie „allgemein“, das heißt für alle gültig ist, weil sie die menschliche Natur widerspiegelt. Nur weil der Westen sich dieser Rechte zuerst bewußt geworden ist und sie formuliert hat, ist dies noch lange kein Dokument, das nur eine Teilansicht wiedergibt.

39. Wie werden die Menschenrechte in der Erklärung von Kairo verkündet?

Zunächst einmal wird die historische Bedeutung der muslimischen Gemeinschaft *(Umma)* erneut bekräftigt – „die beste Gemeinschaft, die unter den Menschen entstanden ist“.[2] Man vertritt also die Auffassung, daß die Menschenrechte in der *Šarīʿa,* dem als unveränderlich und endgültig betrachteten islamischen Gesetz, zusammengefaßt sind und daß „alle grundlegenden Rechte und die allgemeinen Freiheiten Teil der islamischen Religion sind“. In diesem Satz kommt die muslimische Apologetik zum Ausdruck, die alle bestehenden Werte systematisch unda priori für sich in Anspruch nimmt.

Geht man jedoch von den allgemeinen zu einigen spezifischen Äußerungen über, trifft man auf Erklärungen, die in die entgegengesetzte Richtung zu weisen scheinen. Da heißt es zum Beispiel, daß „der Vater [und nicht die Mutter oder beide Eltern, A.d.R.] im Einklang mit seinen Überzeugungen und seinem religiösen Gesetz für die leibliche, sittliche und religiöse Erziehung der Nachkommenschaft verantwortlich ist“ (Artikel 19).

Aufschlußreich ist auch das, was nicht gesagt wird. „Männer und Frauen haben ohne jegliche Einschränkung aufgrund der Rasse, Farbe oder Staatsangehörigkeit das Recht zu heiraten“: Die Religion wird hier nicht erwähnt, denn die *Šarīʿa* verbietet es der muslimischen Frau, die Ehe mit einem nichtmuslimischen Mann einzugehen.

Eine weitere wichtige Auslassung betrifft die Freiheit, seine Religion zu wechseln, zu der die Menschenrechtserklärung der UNO sich feierlich bekennt, die in dem islamischen Dokument jedoch keine Erwähnung findet, weil sie der *Šarīʿa* widerspricht, die den Abfall vom Islam als Straftat betrachtet.[3] Artikel 2 scheint die Religionsfreiheit zwar zunächst zu bestätigen: „Niemandem ist es erlaubt, die Garantien der Religionsfreiheit zu beschränken“; dann aber heißt es: „es sei denn durch die islamische Autorität und im Einklang mit den von ihr getroffenen Verfügungen". Und Artikel 10 erklärt, daß „der Islam die natürliche Religion des Menschen ist" – demzufolge wäre die Zugehörigkeit zu einer anderen Religion also widernatürlich.

Ebenfalls in Artikel 10 ist die Einrichtung von Religionstribunalen vorgesehen, um die Rechtsfragen von Juden und Christen zu regeln, wie es die *Šarīʿa* im Zusammenhang mit dem „Problem" der *Ḏimmī,* der vom islamischen Staat durch einen Sonderstatus „geschützten" Bürger, vorsieht.

Der Primat der religiösen Sichtweise wird auch in den letzten Artikeln deutlich: „Alle Rechte und alle Freiheiten, von denen in diesem Dokument die Rede ist, sind den Verfügungen der *Šarīʿa* unterworfen" (Art. 24) und: „Die islamische *Šarīʿa* ist die einzige Referenzquelle für die Erklärung oder Präzisierung jedes Artikels der vorliegenden Erklärung" (Art. 25). Ganz zu schweigen von den zahlreichen Kapiteln, die mit der einschränkenden Formulierung enden: „wenn die *Šarīʿa* nichts anderes verfügt".[4]

Außerdem ist zu erwähnen, daß die Erklärung von Kairo in arabischer Sprache abgefaßt ist und zahlreiche koranische und islamische Verweise enthält; darüber hinaus gibt es eine englische und eine französische Version, in denen diese Verweise jedoch großenteils fehlen und zahlreiche Formulierungen abgemildert worden sind. Die zweite Version ist sozusagen „für den Export bestimmt".

40. Halten Sie die Anwendung des koranischen Gesetzes für legitim, wenn ein Land ganz und gar muslimisch ist?

Ich denke, daß kein religiöses Gesetz zu einem zivilen Gesetz werden kann. Das wäre so, als würde ein ganz und gar katholisches Land sich ausschließlich nach dem Kirchenrecht richten.

Auch wenn die Bevölkerung vieler gänzlich islamischer Länder durch Geburt, Kultur und Tradition dem islamischen Glauben anhängt, muß doch jeder die Möglichkeit haben, sich frei, das heißt ohne jeden gesellschaftlichen oder rechtlichen Zwang zum Islam zu bekennen. Der Unterschied zwischen einem Land wie Italien und einem hundertprozentig islamischen Land ist der, daß in Italien ein Bürger, der mit einem bestimmten Gesetz nicht einverstanden ist, die Möglichkeit hat, dagegen zu kämpfen, um etwas zu verändern. Er kann zu diesem Ziel sogar eine politische Bewegung gründen. In einem Land dagegen, daß die *Šarīʿa* zur Staatsverfassung erhebt – wie Saudi-Arabien oder wie Afghanistan unter den Taliban –, werden im Namen eines vor 1400 Jahren angeblich von Gott festgesetzten Rechts zum Beispiel im Hinblick auf die Frau ungerechte Gesetze erlassen. Das ist eine Form von Gewalt – vor allem in bezug auf die Bürger, die zwar Muslime sind, aber anders denken.

Das erste Opfer eines solchen Systems ist die Gedankenfreiheit: In vielen Ländern sind Vertreter des integralistischen Islam mit der Leitung jener Behörden betraut worden, die die Veröffentlichungen kontrollieren. Sie schüchtern die unliebsamen Schriftsteller ein und verbieten Bücher und Zeitschriften, die für glaubensschädlich erachtet werden. Allein 1997 hat beispielsweise das zuständige Komitee der al-Azhar-Universität von Kairo beschlossen, 196 Bücher aus dem Verkehr zu ziehen. Oft handelt es sich hierbei um Autoren, die versuchen, die islamische Tradition neu zu überdenken, um ihr eine konkretere historische Gestalt zu geben. Ich habe diese Zensur von al-Azhar am eigenen Leib erfahren, als ich drei meiner Artikel zu kritischen Ausgaben mittelalterlicher arabischer Texte in christlichen Zeitschriften in Ägypten veröffentlichen wollte.

41. Welches Verhältnis besteht im Islam zwischen den Rechten des einzelnen und der religiösen Gemeinschaft?

Der einzelne ist nur insofern vollgültiger Träger von Rechten und Pflichten, als er der islamischen Religionsgemeinschaft angehört. Wer also die Gemeinschaft aufgibt und sich einer anderen Religion zuwendet oder Atheist wird, gilt als Verräter und verliert im Grunde seine Rechte. Im Christentum dagegen besitzt eine Person als solche Rechte, und diese Vorstellung ist die Grundlage der westlichen Rechtskultur, die in der Allgemeinen Menschenrechtserklärung ihren Ausdruck gefunden hat.

Der Koran und die Überlieferung sind nicht auf den Schutz des einzelnen, sondern der islamischen Gemeinschaft ausgerichtet. Die Verurteilung des Abtrünnigen wird durch folgenden Grundsatz gerechtfertigt: Das Wohl der Gemeinschaft steht über dem Wohl (in diesem Fall der Religionsfreiheit) des einzelnen. Noch heute richtet sich die muslimische Welt im Umgang mit den Christen nach dem Status ihrer Gemeinschaften: Wenn die Gemeinschaft auf rechtlicher Ebene nicht anerkannt ist, sind die Christen praktisch nicht existent.

42. In der muslimischen Welt wird seit einiger Zeit hitzig über eine Position debattiert, die weniger starr in der buchstäblichen Auslegung des Koran und der Sprüche des Propheten verankert ist. Worin bestehen die wichtigsten Merkmale dieser innovativen Strömung?

Wenn man versucht, eine Wirklichkeit, die sich sehr vielschichtig und mannigfaltig darstellt, vereinfachend zu analysieren, dann lassen sich zwei Tendenzen ausmachen: eine, die wir als den pragmatischen Typus definieren könnten, und eine andere, die auch auf theoretischer Ebene einen entschiedeneren Reformismus vertritt.

Erstere erwächst aus der politischen und rechtlichen Praxis einiger islamischer Staaten, die im Hinblick auf das klassische muslimische Recht Neuerungen eingeführt und de facto mit „behutsamer" Fortschrittlichkeit einige Aspekte der Menschenrechte in ihre jeweiligen Gesetzgebungen haben einfließen lassen. Ein sehr bezeichnendes Beispiel ist Tunesien, wo das Familienrecht die deutlichsten Unterschiede zur *Šarī'a* aufweist. Das Gesetz garantiert die Gleichheit der Geschlechter in der Ehe und in den Rechten gegenüber den Kindern und überwindet damit die privilegierte Stellung des Mannes; die Polygamie wird als Straftat betrachtet, und die Entlassung der Frau aus der Ehe wurde abgeschafft. Diskriminierungen bestehen jedoch nach wie vor, was die Aufteilung des Erbes unter männlichen und weiblichen Kindern und die Möglichkeit der Heirat zwischen einer Muslimin und einem Nichtmuslim betrifft: Den zivilstaatlichen Beamten ist es per ministeriellem Rundschreiben verboten worden, eine solche Ehe zu schließen.

Begrenzter, aber dennoch bedeutsam sind auch einige Reformen in Marokko und Algerien: Hier hat man beispielsweise die Klausel der Monogamie in der Ehe übernommen und der Frau das Recht zugestanden, die Scheidung einzureichen, wenn diese Klausel verletzt worden ist; für die Eheentlassung der Frau bedarf es zudem eines Gerichtsurteils, womit die privat vor Zeugen ausgesprochene Entlassung ihre rechtliche Gültigkeit verliert. Die pragmatische Tendenz hat den Vorteil, daß sie eine zwar kleine, aber fortschreitende und konkrete Modernisierung des Rechts bewirkt, auch wenn sie vor der eigentlichen kulturellen Herausforderung zurückscheut: einer neuen und modernen Auslegung des Islams, des muslimischen Rechts und seiner Grundlagen.

Genau das ist die Herausforderung, die von der zweiten – der reformistischen – Strömung aufgegriffen wird. Sie wird von einigen Intellektuellen vorangetrieben. Eine beispielhafte Sichtweise vertritt in diesem Zusammenhang der Tunesier Mohamed Talbi, der die Gewissensfreiheit zum Kern seines Denkens macht: Ausgehend von einer nicht mehr buchstäblichen und verknöcherten, sondern „teleologischen" Interpretation, die den Koran innerhalb seines historischen Offenbarungskontexts liest und seine auf ebendiesen Kontext bezogenen wirklichen Absichten erkennt, gelangt Talbi zu der Schlußfolgerung, daß die Gewissensfreiheit ein für die Würde des Menschen wesentliches und unveräußerliches Recht und die „Mutter" aller anderen Freiheiten ist. Sie wird als Grundelement des koranischen Menschenbilds herausgestellt, ohne das es keinen echten Glaubensakt geben kann. Und gerade die Beschränkung der Grundfreiheiten habe im Lauf der Jahrhunderte den historischen Niedergang und die Probleme der heutigen muslimischen Gesellschaften verursacht. Deshalb ruft Talbi dazu auf, den Pluralismus zu akzeptieren, der dem authentischsten Geist des Islams seiner Auffassung nach nicht widerspricht, sondern durchaus mit ihm zu vereinbaren ist.[5]

Ähnliche Ansichten vertreten auch andere aufgeklärte Intellektuelle, die von der öffentlichen Meinung und den Massenmedien des Westens entweder ignoriert oder allzu distanziert und flüchtig beobachtet werden, obwohl doch gerade sie in ihren schwierigen Modernisierungsbemühungen der Unterstützung bedürfen. Deshalb hat die Agnelli-Stiftung in Turin gut daran getan, einem Mann wie Talbi 1997 die erste Ausgabe des „Premio Senatore Giovanni Agnelli für den Dialog zwischen den kulturellen Welten" zu verleihen.

Ein anderes wichtiges Beispiel ist das des ägyptischen Semiologen *Naṣr Ḥāmid Abū Zayd,* der zwanzig Jahre lang als Dozent an der Universität von Kairo tätig war und vorgeschlagen hat, die koranischen Texte vor dem Hintergrund des historischen und linguistischen Kontexts ihrer Entstehungszeit zu interpretieren. *Abū Zayd* zufolge teilt die göttliche Botschaft sich durch den verwendeten sprachlichen Kodex mit. Mithin handelt es sich nicht um eine buchstäbliche Offenbarung, sondern um eine in die menschliche Sprache „übersetzte" Inspiration, die folglich studiert und analysiert werden kann und muß. *Abū Zayd* wurde dieser Überlegungen wegen angeklagt; man warf ihm vor, den Koran als historischen Text zu betrachten und daher seinen göttlichen Ursprung zu leugnen. Im Juni 1995 wurde er wegen Apostasie verurteilt, und die *ʿUlemāʾ* der Universität al-Azhar beantragten für ihn bei der ägyptischen Regierung die für Apostaten vorgesehene Todesstrafe. Zudem konnte seine Frau, da er nicht mehr als Muslim angesehen wurde, nicht mehr rechtmäßig mit ihm zusammenleben. Deshalb entschlossen sich beide, in die Niederlande auszuwandern, wo *Abū Zayd* heute an der Universität Leiden Islamistik lehrt.

43. Welche konkreten Auswirkungen haben solche Ansichten auf die muslimischen Gesellschaften und ihre Institutionen? Bis zu welchem Grad können sie im allgemeinen Brauchtum und in der Mentalität Veränderungen bewirken?

Das ist wirklich schwer zu beurteilen, aber ich würde sagen, daß sich an den derzeitigen Tendenzen zwei verschiedene Perspektiven beobachten lassen. Kurzfristig haben die Appelle der Reformisten offengestanden eher begrenzte Auswirkungen auf die Formung der Mentalität und auf die Gesellschaftsstruktur. Doch mittel- und langfristig sind ihre Bemühungen unendlich kostbar, weil sie all jenen als Bezugsmodell dienen, die nach Wegen suchen, um den Islam mit den Spannungen und Fragestellungen in Einklang zu bringen, die die soziale und kulturelle Entwicklung der muslimischen Gesellschaft durchziehen.

Man kann vielfältige Ressourcen ausfindig machen, die in dieser Hinsicht wertvoll sind: Neben der Arbeit und den Schriften der intellektuellen Reformisten ist in letzter Zeit eine beträchtliche Verbreitung von Vereinigungen zu verzeichnen, die sich für den Schutz und die Förderung der Menschenrechte in den muslimischen Ländern einsetzen und trotz aller Schwierigkeiten einen bedeutenden Beitrag zu einer pluralistischen und demokratischen Entwicklung leisten. In dieselbe Richtung bewegen sich auch jene Gruppen, die auf die Emanzipation der Frau hinarbeiten – auch dies ein Aspekt, der die Modernisierung der islamischen Gesellschaft begünstigen könnte. Ferner hat sich – das belegt die jüngere Geschichte des Libanon und Ägyptens – die Präsenz christlicher Minderheiten dort, wo ihnen eine gewisse Ausdrucksfreiheit eingeräumt wird, in einigen Fällen als ein Faktor erwiesen, der eine größere Aufgeschlossenheit der muslimischen Gesellschaften gegenüber der Moderne bewirkt. Und schließlich müssen wir auch auf den Beitrag des so vielgeschmähten Kolonialismus und der Immigration hinweisen, die dadurch, daß sie weit entfernte Welten und Kulturen miteinander in Berührung bringen, vielen Muslimen die Chance geben, die westlichen Rechtsmodelle kennen- und ihre Gültigkeit schätzenzulernen.

44. Welches Verhältnis besteht prinzipiell und in der praktischen Anwendung zwischen zivilem und religiösem Recht, zwischen Staat und Religion?

Der Islam stellt sich bis heute als weltumspannendes Projekt dar, das alle Aspekte des Lebens in sich einschließt. Im Arabischen gibt es hierfür den Ausdruck *Dīn wa Dunya,* Religion und Gesellschaft, oder auch *Dīn wa Dunya wa Dawla,* Religion, Gesellschaft und Staat.

Damit ist der Islam eine Lebens- und Verhaltensweise, eine bestimmte Vorstellung von Dingen wie Ehe, Familie, Kindererziehung und sogar Ernährung. In diesem Lebenssystem ist auch der politische Aspekt enthalten: wie man den Staat organisiert, wie man sich anderen Völkern gegenüber verhält, welchen Standpunkt man in Kriegs- und Friedensfragen einnimmt, wie man mit Fremden umgeht usw.

All diese Aspekte sind auf der Grundlage des Korans und der Sunna kodifiziert und gleichsam über die Jahrhunderte hinweg „eingefroren" worden, das heißt, sie sind für die Ereignisse der Geschichte und die Einflüsse anderer soziokultureller Gegebenheiten im wesentlichen unempfindlich. Kann der Islam ein anderes Selbstverständnis entwickeln? Wird es jemals möglich sein, die Religion von der Kultur, der Gesellschaft, der Politik zu scheiden? Das ist die radikalste Herausforderung, mit der die Muslime es auch in unserer Epoche zu tun haben, doch das, was bisher geschehen ist, gibt Anlaß zu einem gewissen Skeptizismus, was die Möglichkeit eines neuen Selbstverständnisses und eines offenen Schlagabtauschs mit der Geschichte betrifft.

Ich habe diese Fragen auch in laizistischen Staaten wie Tunesien mehrfach mit verschiedenen muslimischen Persönlichkeiten erörtert, und sie alle haben mir mehr oder weniger dieselbe Antwort gegeben: „Man kann vieles voneinander trennen, doch der Grundsatz, wonach der Islam *Dīn wa Dunya wa Dawla,* Religion, Gesellschaft und Staat, ist, wird nicht angetastet." Das ist ein echtes Problem, auch wenn ich glaube, daß der Islam früher oder später gewisse Kompromisse eingehen muß, weil eine immer größere Zahl von Muslimen diese Denkweise nicht mehr akzeptiert. Ein Stückweit wird dieses Unbehagen schon jetzt überall empfunden und geäußert: insbesondere durch die abweichenden Bestrebungen der gebildeten Schichten und, wie wir gesehen haben, der Intellektuellen.

Erlauben Sie mir eine letzte Bemerkung: Wenn das religiöse Gesetz das zivile Gesetz diktiert und das private und soziale Leben eines jeden regelt, der in einem muslimischen Kontext lebt, und wenn dieser Sachverhalt wie bisher unverändert bestehenbleiben soll, dann kann das Zusammenleben mit denjenigen, die nicht der islamischen Gemeinschaft angehören, sich nicht anders als schwierig gestalten. Denn in einem islamischen Land muß der Nichtmuslim sich dem muslimischen System unterwerfen oder in einer Situation spürbarer Intoleranz leben. Andererseits wird der Muslim im Westen oder in den nichtislamischen Ländern Schwierigkeiten haben, sich dem Zivilrecht der betreffenden Länder anzupassen, weil er sie als etwas betrachten wird, das seiner Bildung und den Forderungen seiner Religion fremd ist.

Natürlich finden sich in der Praxis Tausende von Angleichungen, und es liegt in der Natur eines jeden Menschen, daß man versucht, die Lehre mit den von der Wirklichkeit diktierten Sachzwängen in Einklang zu bringen. Doch wir müssen uns darüber im klaren sein, daß alles immer nur schwieriger werden wird, solange diese Rigidität auf konzeptioneller Ebene weiterbesteht: solange also das bereits erwähnte Prinzip unantastbar bleibt, wonach der Islam Religion, Gesellschaft und Staat ist.

45. Wie weit geht die Anwendung der Scharia wirklich? Sieht das Strafrecht der einzelnen Länder zum Beispiel wirklich die von der Scharia vorgeschriebenen Strafen vor?

Nur wenige Länder der islamischen Welt erheben wie Saudi-Arabien und der Iran (und Afghanistan unter der Herrschaft der Taliban) den Anspruch, die Gebote der *Šarīʿa* voll und ganz umzusetzen. Saudi-Arabien besitzt nicht einmal eine Verfassung, sondern erklärt einfach den Koran zu seinem Grundgesetz. Der Großteil der islamischen Staaten wendet jedoch nur einen Teil der *Šarīʿa* an – in der Regel die familienrechtlichen Vorschriften.

Häufig orientieren sich die Verfassungen dieser Länder an den europäischen Verfassungen, die an die islamischen Verhältnisse angepaßt werden. Das hat die Reaktion der Radikalen, also derjenigen Muslime hervorgerufen, die die vollständige Anwendung des islamischen Rechts einfordern. In Ägypten ist die Verfassung in den vergangenen dreißig Jahren zweimal geändert worden, um sie besser auf die *Šarīʿa* abzustimmen. Beim ersten Mal wurde die *Šarīʿa* zur „wichtigsten“ und beim zweiten Mal zur „einzigen Quelle der Verfassung“ erklärt. Doch das trifft nicht zu; wenn man die einzelnen Artikel überprüft, stellt man zahlreiche Abweichungen fest. So sind die Christen zum Beispiel nicht vom Wehrdienst befreit und anders als noch vor eineinhalb Jahrhunderten auch nicht verpflichtet, die *Ǧizya,* die Kopfsteuer für jeden männlichen Erwachsenen, und die *Ḫarāǧ,* die Grundsteuer, zu zahlen.[6]

Viele islamische Weisungen sind glücklicherweise nicht mehr anwendbar. Wenn wir uns zum Beispiel die unter dem Namen *Ḥudūd*[7] bekannten „kanonischen“ Strafen des Korans ansehen, stellen wir fest, daß der größte Teil der islamischen Länder sie heute aufgrund ihrer Strenge ignoriert und durch Haftstrafen, Geldbußen oder Auspeitschung ersetzt. Die nach den *Ḥudūd* geahndeten Verbrechen sind Diebstahl, Raub, Unzucht, Ehebruch, falsches Zeugnis und Alkoholkonsum. Einige Länder fügen dieser Liste auch die Apostasie hinzu.

Die kanonischen Strafen sehen für die einzelnen Delikte folgendes vor: Dieben wird die Hand, Räubern die Hand oder der Fuß abgehackt, wer Unzucht treibt, erhält 100 Stockschläge, Ehebrecher werden gesteinigt und Apostaten gekreuzigt. In vielen Fällen hält der Richter den Diebstahl für nicht so schwerwiegend, als daß dem Schuldigen dafür die Hand abgeschlagen werden müßte, in anderen Fällen rechnet man es als mildernden Umstand an, daß der Diebstahl in einer Zeit der wirtschaftlichen Rezession begangen worden ist oder daß der Dieb von seinem Arbeitgeber ausgebeutet wird. Wie man sieht, gibt es immer die Möglichkeit, die Anwendung der koranischen Strafen zu vermeiden, auch wenn sie im Strafrecht eigentlich vorgesehen sind.

46. Gibt es im Koran Gegenverfügungen, die helfen, sich von anderen abwegigen Grundsätzen der Scharia zu befreien?

Die *Fuqahāʾ,* die muslimischen Rechtsgelehrten, sind (wie alle Juristen dieser Welt) außerordentlich geschickt darin, praktisch jeden Standpunkt zu beweisen. Wenn jemand sich zum Beispiel dafür rechtfertigen will, daß er das Fasten im Ramadan nicht eingehalten hat – was im Islam als ein sehr schweres Vergehen gilt –, dann gibt ihm die islamische Überlieferung selbst das gesuchte Argument an die Hand. Die Sunna nämlich erlaubt es, das Fasten während des *Ǧihād* zu unterbrechen. Und wenn man dann noch erklärt – wie es der tunesische Präsident Burghiba in der Vergangenheit getan hat –, daß der *Ǧihād* heute gegen Unwissenheit und Unterentwicklung geführt wird, die als die größten Feinde der islamischen Religion betrachtet werden, kann man rein theoretisch alle Muslime, die sich in einer entsprechenden Situation befinden, von der Fastenpflicht befreien. Natürlich handelt es sich hierbei um einen juristischen Winkelzug – aber es ist machbar. Das tunesische Volk ist dem diesbezüglichen Appell ihres Präsidenten übrigens nicht gefolgt und hat an der Fastenpraxis des Ramadan festgehalten. Vieles hängt also vom Willen der Muslime selbst ab.

Ich denke jedenfalls, daß man immer einen Ausweg finden könnte. Das eigentliche Problem besteht aber darin, in der Mehrheit der Bevölkerung ein hinreichend entwickeltes Bewußtsein zu schaffen. Nur dann kann man etwas verändern. Man braucht ein gewisses Bildungsniveau und eine gute Portion Mut, um sich von der Tradition zu distanzieren, die als übergeordnete Richtschnur des gesamten Lebens verstanden wird.

47. Hat die Türkei, die gemeinhin als einer der laizistischsten Staaten gilt, in dieser Hinsicht Erfolg gehabt?

Nur zum Teil, denn als Atatürk das Prinzip des Laizismus einführte, tat er das nicht unbedingt auf Wunsch des türkischen Volkes. Die eigentlichen Hüter des türkischen Laizismus und der Trennung von Islam und Politik sind ja bekanntlich nicht die zivilen Institutionen, sondern die Militärs. Er wird aufrechterhalten werden, solange die Generäle und die Befürworter dieser Position stark genug sind. Denn die Türkei erlebt seit nunmehr zwanzig Jahren ein Wiedererstarken der islamischen Kräfte, die durch die Partei „Refah“ (Wohlergehen) repräsentiert werden. Bei den Wahlen des Jahres 1995 wurde sie stärkste Partei des Landes,[8] und ihr Vorsitzender Necmettin Erbakan erhielt das Amt des Premierministers. An diesem Punkt griff das militärische Establishment ein, die Regierung wurde gestürzt, die „Refah“ im Januar 1998 vom Verfassungsgericht aufgelöst und ihre führenden Mitglieder gezwungen, eine neue Partei zu gründen, die sie „Fazilet“ (Tugend) nannten.[9] Diese erklärt, daß das Problem des Laizismus ein zentraler Punkt in den politischen Debatten des Landes bleibe, obwohl seit seiner Verkündigung fast 80 Jahre vergangen sind.

Diese beiden Seelen – die religiöse und die laizistische – ringen nach wie vor miteinander. Als ich kürzlich in die Türkei gereist bin, um an einem internationalen Kongreß über das Denken des Averroes teilzunehmen, habe ich einerseits bemerkt, daß von den Spitzen der Minarette aus wieder zum Gebet aufgerufen wird, was eine Zeitlang verboten war, daß aber andererseits in den vom Staat kontrollierten Bereichen sehr liberal mit den religiösen Praktiken umgegangen wird. Zwei Dinge sind mir aufgefallen: erstens, daß die Kongreßveranstalter (der Kongreß wurde von der muslimischen Theologiefakultät Marmara organisiert) ihre Arbeiten nie unterbrochen haben, um die rituellen Gebete zu verrichten; und zweitens, daß auch in den Arbeitspausen nur sehr wenige, maximal zehn Personen (das konnte ich an der Zahl der am Eingang abgestellten Schuhe erkennen) die beiden *Muṣallā* (muslimische Kapellen) der Fakultät aufgesucht haben. Zehn von etwa 200 Studentinnen und Studenten an einer muslimischen Theologiefakultät – das ist nicht gerade viel.

Folglich hat die Säkularisierung in der Türkei trotz zahlreicher Gegner tiefe Spuren hinterlassen. Eine Veränderung ist im Islam also möglich, aber sehr schwierig. Wir Christen haben den umgekehrten Weg zurückgelegt: Das Evangelium fordert, den religiösen vom politischen Bereich zu trennen, wenn es dazu aufruft, dem Kaiser zu geben, was dem Kaiser gehört, und Gott zu geben, was Gott gehört. Jahrhundertelang haben die beiden Sphären einander überlagert und sich gegenseitig beeinflußt, bis es uns gelungen ist, sie nach einer langen Krise, die in der Errungenschaft der Laizität gipfelte, voneinander zu trennen. Diese wird jedoch häufig mit der Gleichgültigkeit (oder sogar Feindseligkeit) gegenüber dem religiösen Bereich verwechselt, wie sie die Aufklärung propagierte und wie sie auch der zeitgenössische Laizismus fordert. Und gerade dieses Mißverständnis oder, besser gesagt, diese Entartung im wahren und eigentlichen Wortsinn ruft die Kritik der Muslime hervor: „Seht ihr, wohin euch die Trennung von Religion, Gesellschaft und Staat geführt hat? Zu einer substanzlosen und abstrakten Religion, zum Verlust jeglicher Bezugsgröße, die über den materiellen Horizont hinausweist, zu einer Freiheit ohne jeden Anhaltspunkt oder sogar zum Atheismus!"

Ich bin mehr und mehr davon überzeugt, daß die Errungenschaft einer echten Laizität, die die Religiosität als grundlegende Dimension der Person und der Gesellschaft sowie als Beitrag zum zivilen Zusammenleben anerkennt (aber niemandem aufzwingt, wie es in den islamischen Ländern in der Regel geschieht) auch für Muslime, die versuchen, Demokratie, Freiheit und religiösen Glauben miteinander zu vereinbaren, ein interessantes Referenzmodell darstellen kann. Auch hier ist der Westen und insbesondere die Christenheit dazu aufgerufen, sich ihrer Aufgabe zu stellen und in dieser Zeit, da sich epochale Umwälzungen abzuzeichnen scheinen, Verantwortung zu übernehmen.

Die Situation der Frau

48. Ist es korrekt oder ist es ein Gemeinplatz, daß der Mann im Islam als der Frau überlegen gilt? Worauf gründet sich diese Aussage?

Die Überlegenheit des Mannes über die Frau, doch auch seine Pflicht, sie zu beschützen, wird im Koran ausdrücklich formuliert. Vers 228 der 2. Sure („Die Kuh") erklärt: „Die Männer sind den Frauen überlegen", oder wörtlich: „Die Männer stehen eine Stufe über ihnen", und in Vers 34 der 4. Sure („Die Frauen") heißt es: „Die Männer stehen den Frauen in Verantwortung vor, weil Allah sie (von Natur vor diesen) ausgezeichnet hat und wegen der Ausgaben, die sie von ihrem Vermögen (als Morgengabe für die Frauen) gemacht haben". Von diesen Aussagen leitet sich eine weltliche Tradition ab, die dem Mann eine nahezu absolute Autorität über seine Ehefrau verleiht und auch von mehreren *Ḥadīṯ* bestätigt wird.

Ich möchte darauf hinweisen, daß in der soeben erwähnten *Sure* der Frauen die männliche Überlegenheit zum einen an die göttliche Auszeichnung und zum anderen an eine wirtschaftliche Begründung gebunden ist, auch wenn dieser zweite Aspekt von den Exegeten und Rechtsgelehrten häufig vernachlässigt wird. Im wesentlichen wird gesagt, daß die männliche Autorität auch dadurch begründet ist, daß der Mann den Unterhalt der Frau gewährleistet. Doch man darf sich fragen, ob diese Autorität auch dann noch bestehenbleibt, wenn der Mann nicht mehr für den Unterhalt der Frau aufkommt: zum Beispiel dann, wenn die Frau, wie es in jüngster Zeit immer häufiger wird, selber arbeitet und finanziell unabhängig ist oder sogar selbst für den Unterhalt ihres Mannes und ihrer Familie sorgt.

49. Finden Sie nicht, daß es zwischen den Aussagen des Korans zur Autorität des Mannes über die Frau und einigen Stellen der neutestamentlichen Paulusbriefe gewisse Übereinstimmungen gibt?

Die Behauptung, daß Paulus dem Mann eine Autorität über die Frau zuspricht, die mit der im Koran vergleichbar wäre, ist das Ergebnis einer falschen Lesart des 5. Kapitels des Epheserbriefs. Sehen wir uns die Verse 21–33, die die normalerweise im Zusammenhang mit der Beziehung zwischen Ehemann und Ehefrau angeführte Stelle enthalten, einmal an.[10]

Schon die formale Struktur dieser 13 Verse deutet an, worum es Paulus geht. Zunächst verkündet er einen allgemeinen Grundsatz: „Einer ordne sich dem andern unter in der gemeinsamen Ehrfurcht vor Christus" (V. 21). Darauf folgen drei Verse (22–24), die an die Frauen gerichtet sind, und weitere acht (25–32), die sich an die Männer wenden. Der letzte Vers schließlich (33) klärt abschließend die von beiden geforderte Haltung. Aus dieser Struktur folgt, daß Paulus seine mahnenden Worte weniger an die Frauen als vielmehr an die Männer richtet.

Den Frauen sagt Paulus, daß sie sich den Männern ebenso unterordnen sollen, wie die Kirche sich Christus unterordnet. Den Ehemännern rät Paulus, ihre Frauen so zu lieben, „wie Christus die Kirche geliebt und sich für sie hingegeben hat", und er benutzt das Wort „lieben" ganze fünf Mal in diesem Kontext. Und abschließend schreibt er: „Was euch angeht, so liebe jeder von euch seine Frau wie sich selbst, die Frau aber ehre den Mann."

Untersuchen wir diese Worte nun vor ihrem historischen Hintergrund, um zu sehen, was das Neue an der paulinischen Lehre ist.

Die Worte, die Paulus an die Frauen richtet, enthalten keine neuen Vorschriften, denn der Grundsatz der Unterordnung der Frau war ein fester Bestandteil sowohl der mosaischen als auch der hellenistischen und der römischen Tradition. Neu ist allerdings das Wie, und hier erläutert Paulus, daß man sich die Unterwerfung der Kirche in bezug auf Christus zum Vorbild nehmen soll – eine spirituelle Unterwerfung der Liebe und nicht das Verhältnis einer Sklavin zu ihrem Herrn. Deshalb spricht der Apostel am Ende, als er seine Vorstellungen erläutert hat, auch von „Ehre".

An die Männer gewandt jedoch ermahnt Paulus sie, ihre Frauen so zu lieben, wie Christus die Kirche geliebt und sein Leben für sie hingegeben hat. Vermutlich bestand damals wie heute das Problem, daß die Männer es ihren Frauen gegenüber an Liebe fehlen ließen, und in dieser Hinsicht hat der heilige Paulus durchaus etwas Neues gesagt: Ihr Frauen seid den Männern untergeordnet, aber so, wie die Kirche Christus untergeordnet ist, nämlich in einer Bindung der Liebe; und Ihr Männer, lernt, Eure Frauen zu lieben. Er handelt sich hierbei um zwei unterschiedliche Formen einer einzigen Liebe.

Dieselbe Sichtweise liegt vor, wenn Paulus sagt, daß Christus dem Vater unterworfen und gehorsam war bis zum Tod, bis zum Tod am Kreuz.[11] In den Augen des Apostels sind Gehorsam und Unterordnung kein Akt der demütigenden Unterlegenheit, sondern der Ehrerbietung – das beweist Christus selbst, der Gott nicht unterlegen, sondern wesensgleich ist.

Während also das Christentum Mann und Frau im wesentlichen auf dieselbe Stufe stellt, geht die muslimische Sichtweise von einem Unterschied auf ontologischer Ebene aus. Noch heute erklären die muslimischen Autoren, die die Rolle der Frau im Islam darstellen, die Frau sei dem Mann unterlegen, weil von Natur aus physisch schwach, psychisch anfälliger und eher emotional als rational, und deshalb müsse sie sich ihm unterordnen.

50. Wie wird diese theoretische Aussage von der Unterlegenheit der Frau gegenüber dem Mann in die Praxis umgesetzt?

Ich möchte hier nicht von den Ungleichheiten sprechen, die auf soziologischer Ebene zwischen Mann und Frau bestehen können – die lassen sich im täglichen Leben leicht nachprüfen und sind leider in allen Gesellschaften der muslimischen Welt und auch in anderen Kulturen oder Zivilisationen noch immer weit verbreitet. Ich will mich jedoch auf die juristische Ungleichheit konzentrieren, die dauerhafte Folgen hat, weil sie normativ ist und daher jeglichen Wandel in der Mentalität der Muslime und Musliminnen von heute verhindert oder zumindest verzögert.

Natürlich kann ich hier nur einige allgemeine Dinge anmerken, denn eine genaue Analyse der Situationen in den einzelnen Ländern würde den Rahmen sprengen.

1. Vor allem herrscht eine Ungleichheit im Hinblick auf die Eheschließung. Dem Mann wird die Möglichkeit eingeräumt, gleichzeitig bis zu vier Ehefrauen zu haben (Polygamie), während es der Frau untersagt ist, gleichzeitig mehr als einen Mann zu ehelichen (Polyandrie). Die rechtlich erlaubte Polygamie ist ein grundlegender Unterschied zwischen Mann und Frau. Dem Mann gibt sie das Gefühl, daß die Frau zu seinem Vergnügen geschaffen und, im äußersten Fall, daß sie sein Eigentum ist, das er „bestellen" darf, wie er will, wie es im Koran wörtlich heißt.[12] Wenn er die finanziellen Möglichkeiten dazu hat, „erwirbt" er eine weitere. Die Frau befindet sich in einer Situation der Unterwerfung als Objekt des Vergnügens und der Fortpflanzung; diese Rolle wird durch die Tatsache bestätigt, daß sie nie bei ihrem Namen gerufen, sondern immer nach einem Mann benannt wird: Tochter von …, Frau von …, Mutter von …[13]

2. Die muslimische Frau darf keinen Andersgläubigen heiraten, es sei denn, dieser konvertiert zuvor zum Islam. Dieses Verbot leitet sich von der Tatsache ab, daß in den patriarchalischen Gesellschaften des Orients die Kinder immer die Religion des Vaters übernehmen.[14] Doch es wird auch durch die Tatsache gerechtfertigt, daß der Vater die religiöse Erziehung der Kinder gewährleistet und ihre Entwicklung gemäß islamischen Grundsätzen nur garantieren kann, wenn er selbst Muslim ist. Ich möchte in diesem Zusammenhang daran erinnern, daß die Kinder eines muslimischen Vaters auf jeden Fall als Muslime gelten, auch wenn sie getauft sind. Deshalb vergrößert jede Mischehe (zwischen einem Muslim und einer Christin oder Jüdin – nur diese beiden Fälle werden in der *Šarīʿa* berücksichtigt) die muslimische Gemeinschaft und verkleinert die nichtmuslimische Gemeinschaft.

3. Der Ehemann hat die Möglichkeit, seine Frau zu entlassen, indem er den Satz „Du bist entlassen" dreimal in Anwesenheit zweier männlicher, erwachsener, muslimischer Zeugen aus-

spricht, die im Vollbesitz ihrer geistigen Fähigkeiten sind, ohne daß er hierzu vor Gericht gehen muß. Das Absurde daran ist, daß die Frau, wenn der Mann seine Entscheidung bereut und seine Frau „zurückhaben“ will, vorher zunächst mit einem anderen Mann verheiratet und dann von diesem entlassen werden muß.[15] Auf diese Weise geht die Frau von Hand zu Hand, um dem Gesetz Genüge zu tun. Die Frau dagegen kann ihren Mann nicht entlassen. Sie kann um die Scheidung bitten, womit sie jedoch ihren Ruf gefährdet und sich in eine äußerst zerbrechliche gesellschaftliche Lage bringt. Die Entlassung jedenfalls wird von der Frau als Demütigung erfahren, und man geht stets davon aus, daß ihr ein physisches oder moralisches Problem auf seiten der Frau zugrundeliegt.

Letztlich macht die Leichtigkeit, mit der der Mann seine Frau entlassen kann, ohne diese Entscheidung zu rechtfertigen, sie völlig von seiner Gemütsverfassung abhängig, und sie muß ständig fürchten, verstoßen zu werden. Es ist wie ein Damoklesschwert, das über ihrem Kopf hängt: Wenn sie sich nicht so verhält, wie ihr Mann es wünscht, kann sie entlassen werden und muß sich einen anderen Mann suchen, der sie bei sich aufnimmt.

4. Viertens ist zu bedenken, daß auch eine Scheidung, die praktisch immer vom Mann ausgeht, mühelos durchgesetzt werden kann. Traditionell muß man selbst hierfür nicht vor Gericht gehen. Zwar wird die Scheidung in einem *Ḥadīṯ* Mohammeds als „das hassenswerteste der erlaubten Dinge“ bezeichnet – aber erlaubt ist sie trotzdem.

5. Das Sorgerecht für die Kinder nach einer Scheidung ist ein weiteres Beispiel für die Ungleichheit. Die Kinder „gehören“ dem Vater; er entscheidet über ihre Erziehung, auch wenn sie vorübergehend bis zum Alter von sieben Jahren der Mutter anvertraut werden. Der Vater ist der alleinige Erziehungsberechtigte.

6. Ferner ist da die Frage des Erbes. Der Frau steht halb soviel zu wie dem Mann,[16] eine Regelung, die auf der sozioökonomischen Situation beruht, in der die Familie in alten Zeiten lebte: Da der Mann laut Koran die Pflicht hat, die Frau und die gesamte

Familie zu ernähren, mußte er logischerweise über gewisse Mittel verfügen können. Auch in diesem Fall vergrößert eine vom göttlichen Gesetz festgelegte Ungleichheit die Abhängigkeit der Frau vom Mann.

7. Ein siebter Unterschied auf juristischer Ebene besteht darin, daß das Zeugnis eines Mannes soviel gilt wie das zweier Frauen. Dies wird mit einem *Ḥadīṯ* Mohammeds begründet, der trotz seiner eher fragwürdigen Authentizität in der muslimischen Welt sehr weit verbreitet ist und in dem es heißt, daß „die Frau im Glauben und in der Intelligenz unvollkommen" ist. Fragt man die *Fuqahā'*, die Rechtsexperten, wie dies zu erklären ist, so antworten sie, die Frau sei in bezug auf den Glauben unvollkommen, weil ihr Gebet und ihr Fasten in bestimmten Situationen – etwa während der Menstruation – nicht gültig und ihre religiöse Praxis mithin unvollständig ist.

Was den zweiten Teil dieser Aussage – die „Unvollkommenheit" der Intelligenz – betrifft, so mag dies früher aus soziologischen Gründen so gewesen sein, weil die Frauen weniger lernten, weniger am gesellschaftlichen Leben teilhatten und sich ausschließlich mit häuslichen Arbeiten beschäftigten, doch heute ist dies nicht mehr der Fall. Dennoch besitzt dieses Prinzip trotz der Proteste der feministischen Vereinigungen vor den meisten Gerichten der islamischen Ländern noch immer Gültigkeit. In einigen Ländern verlangen die Fundamentalisten sogar, daß es den Frauen verboten sein soll, in Prozessen, die nach koranischem Recht geführt werden, als Zeugen auszusagen.

8. Ein letzter Unterschied, der vielleicht hinsichtlich seiner praktischen Konsequenzen am schwersten wiegt, betrifft das alltägliche Leben und verleiht dem Mann eine absolute Autorität über die Frau.[17] Er hat sogar die Pflicht, sie wenn nötig zurechtzuweisen und sie zu schlagen, bis sie gehorcht.[18] Der Mann kann seine Frau im Haus festhalten und sie sogar daran hindern, in die Moschee zu gehen, denn in einem *Ḥadīṯ* sagt Mohammed zu einer Frau, ihr Gebet habe keinen Wert, wenn sie es ohne die Erlaubnis ihres Mannes verrichte. Paradoxerweise ist

in diesem Fall der Gehorsam gegenüber dem Ehemann wichtiger als der Gehorsam gegenüber Gott.

All diese rechtlichen Regelungen sorgen de facto dafür, daß die muslimische Frau nicht dieselben Rechte hat wie der Mann.[19]

51. Und man könnte noch einen weiteren vieldiskutierten Fall hinzufügen – das Kopftuch, auch wenn dieser Aspekt nicht unbedingt den Bereich der Menschenrechte betrifft …

Für einen Großteil der Muslime ist dies keine juristische Angelegenheit, sondern eine Frage des Brauchtums, während das Kopftuch nach Auffassung der Radikalen eine Pflicht ist, die sich aus dem Koran ergibt. Die juristische Grundlage für diese Regelung findet sich in Vers 31 der 24. Sure („Das Licht"): „Und sag den gläubigen Frauen, sie sollen (statt jemanden anzustarren, lieber) ihre Augen niederschlagen, und ihre Keuschheit bewahren, den Schmuck, den sie (am Körper) tragen, nicht offen zeigen, soweit er nicht (normalerweise) sichtbar ist, ihren Schal sich über den (vom Halsausschnitt nach vorne heruntergehenden) Schlitz (des Kleides) ziehen und den Schmuck, den sie (am Körper) tragen, niemandem offen zeigen, außer ihrem Mann,[20] ihrem Vater, ihrem Schwiegervater, ihren Söhnen, ihren Stiefsöhnen, ihren Brüdern, den Söhnen ihrer Brüder und ihrer Schwestern, ihren Frauen, ihren Sklavinnen, den männlichen Bediensteten, die keinen Geschlechtstrieb (mehr) haben, und den Kindern, die noch nichts von weiblichen Geschlechtsteilen wissen.[21] Und sie sollen nicht mit ihren Beinen aneinanderschlagen und damit auf den Schmuck aufmerksam machen, den sie (durch die Kleidung) verborgen (an ihnen) tragen."

Viele islamische Rechtsgelehrte vertreten die Auffassung, daß die Weisung, bestimmte Teile des Gesichts und des Körpers zu bedecken, nur den Frauen Mohammeds gegolten habe. Die Muslime streiten sich schon seit Jahren über den Offenbarungskontext (auf arabisch *Asbāh al-Tanzīl)* dieser Verpflichtung. Einigen Kommentatoren zufolge geht sie auf die allzugroßen Freiheiten zurück, die sich einige seiner Frauen im Umgang mit den männlichen Besuchern des Propheten herausnahmen.[22] Dieser sei daraufhin erschüttert gewesen und habe vom Himmel einen Vers empfangen, der dieser unangenehmen Situation ein Ende machen sollte. Von dieser anfänglichen Intention, die sich allein auf die Frauen des Propheten beschränkte, wurde die Kopftuchpflicht auf die „Frauen der Gläubigen" ausgedehnt, wie es in Vers 59 der 33. Sure („Die Verbündeten") heißt: „Prophet! Sag deinen Gattinnen und Töchtern und den Frauen der Gläubigen, sie sollen sich etwas von ihrem Gewand (über den Kopf) herunterziehen. So ist es am ehesten gewährleistet, daß sie (als ehrbare Frauen) erkannt und daraufhin nicht belästigt werden."

Den Wissenschaftlern zufolge, die sich mit dem Studium der arabischen Quellen befassen, wurde die Verschleierungsvorschrift nicht in aller Strenge auf die anderen Frauen angewandt: Ihnen stand es frei, sich daran zu halten oder nicht. Die sogenannten *Musfirāt,* die verschleierten Frauen, waren zur Zeit des Propheten zahlreich. Das Grundproblem besteht auch hier wieder darin, daß man in der islamischen Welt dazu neigt, durch die Autorität des Korans Dingen einen sakralen Charakter zu verleihen, die man in anderen Zusammenhängen lediglich als Sitte oder als Brauchtum betrachten würde. In Kairo, der bevölkerungsreichsten Hauptstadt der arabischen Welt, trug die Mehrheit der Frauen noch bis vor dreißig Jahren kein Kopftuch. Dann wurde das Land von einer Welle der rigiden Anwendung der koranischen Vorschrift erfaßt, wie die radikalen Muslime sie bevorzugten.

Es muß jedoch gesagt werden, daß auch unter den muslimischen Rechtsgelehrten keine vollständige Einigkeit darüber herrscht, was genau bedeckt werden muß. Das arabische Wort *Ḫumūrihinna* wird mit „Gewand" übersetzt, was darauf hinweisen könnte, daß das Verbot sich nicht auf das Gesicht bezieht. Und so erklärt sich auch die breite Palette von islamischen Frauengewändern, die von einem einfachen Kopftuch, das nur die Haare bedeckt, bis zum *Ḥiǧāb* reicht, der die Frau von den Handgelenken über den ganzen Körper bis zu den Fußknöcheln einhüllt und auch die Brust vom Schoß bis zum Hals und zu den Haaren umschließt, so daß im Grunde nur die Hände, das Gesicht und eventuell die Füße frei bleiben. Dann ist da noch der schwarze *Tschador,* der auch Handschuhe vorsieht und unter den schiitischen Frauen sehr verbreitet ist; die *Burqa* (vom arabischen *Burquʿ),* die die Taliban allen Frauen Afghanistans aufzwangen und die den Körper bis auf ein Netz in Höhe der Augen komplett verhüllt; und schließlich der *Niqāb,* ein Schleier über dem Gesicht, wobei die beiden letztgenannten Kleidungsstücke nicht von der Sunna oder dem Koran vorgeschrieben sind.

52. Wie wird diese objektive Diskriminierung der Frau gegenüber dem Mann in den islamischen Ländern empfunden?

So allgemein läßt sich das schwer beantworten – Bildung und Tradition spielen hier normalerweise eine entscheidende Rolle. Bei den einfacheren Leuten wird die Unterordnung insoweit akzeptiert, als die Frauen damit aufgewachsen sind, daß ihre Mutter sich ihrem Vater unterordnete, und daher leichter in ihre Fußstapfen treten. In den gebildeteren Kreisen ist die Situation der Frau in der Ehe mit einem traditionalistisch eingestellten Mann besonders dann schwierig und inakzeptabel, wenn sie selbst gebildet, der Moderne gegenüber aufgeschlossen und in die Arbeitswelt oder andere Erfahrungsbereiche außerhalb der Familie eingebunden ist.

Wenn eine Familie, zum Beispiel Einwanderer, im Westen lebt und die Tochter ebenso in die Schule geht wie der Sohn, dieselben Dinge lernt, mit Gleichaltrigen auch des anderen Geschlechts zusammen ist und mehr oder weniger lebt wie sie, dann wird sie nicht verstehen, warum ihre Familie sie zu einem gewissen Zeitpunkt blockiert. Und was die Erwachsenen betrifft: Wenn der Koran die Schutzherrschaft des Mannes über die Frau damit begründet, daß der Mann die Familie ernährt, dann verliert dieses Prinzip heute seine Gültigkeit, da inzwischen auch die Frauen berufstätig sind und in gewissen Fällen mehr verdienen als ihre Ehemänner oder sogar für deren Unterhalt aufkommen. Wäre ein Mann vielleicht bereit, sich der Frau unterzuordnen und ihr seine Autorität zu übertragen, wenn die Frau es ist, die die Familie ernährt? Es liegt auf der Hand, daß in solchen Situationen ein Konflikt zwischen den – nach der Vorstellung der Radikalen – unwandelbaren Vorschriften des Korans und den Einflüssen von Gesellschaften besteht, in denen andere Sitten herrschen.

Im Fall der Jugendlichen unterwirft das Mädchen sich der Familie und fragt sich frustriert: „Warum haben sie mich dann auf die Schule geschickt?", oder sie beschließt, sich gegen die Normen aufzulehnen, die man sie von klein auf gelehrt hat, und riskiert damit eine andere Art der Frustration, nämlich den Gedanken, ihren Glauben und ihre Tradition verraten zu haben, indem sie der Tradition des Landes „nachgegeben" hat, in das sie emigriert ist. Das ist der Generationenkonflikt in jenen Familien, die kulturell zwischen zwei Stühlen sitzen und die private Seite dessen erleben, was auf öffentlicher Ebene als ein echter und eigentlicher Zusammenprall der Kulturen und Zivilisationen bezeichnet werden muß.

53. Welche Regeln gelten für die Mischehen, ein Phänomen, das unter anderem infolge der Migrationsströme und der größeren internationalen Mobilität in den vergangenen Jahren zugenommen hat?

Entscheidend ist, daß diese Ehen immer Einbahnstraßen sind, weil ein Muslim zwar eine Nichtmuslimin, eine Muslimin jedoch keinen Nichtmuslim heiraten darf, es sei denn, dieser erklärt sich bereit, zuvor zum Islam zu konvertieren.

Die Zahl dieser Ehen hat sich vervielfacht, doch sie scheitern in vielen Fällen an den Spannungen zwischen den beiden Eheleuten. Da die Ehe im Islam nicht wie in der christlichen Vorstellung ein Sakrament, sondern ein Vertrag zwischen einem Mann und einer Frau ist (wobei letztere von ihrem Vormund, dem *Walīy*, vertreten wird), stellen die Mischehen nicht nur die Christen, sondern alle Angehörigen westlicher Kulturen vor ein Problem.

Das Eheleben ist im Islam ganz anders organisiert, und auch der sexuellen Beziehung liegt eine andere Vorstellung zugrunde, da die Frau sich dem Mann immer zur Verfügung halten muß. Der „Vertrag“ legt die Rechte und Pflichten der Eheleute fest: Der Mann sorgt für die Bedürfnisse der Familie, die Frau dafür, daß der Haushalt gut funktioniert.

Juristisch gesehen ist die Frau, wenn sie nicht zum Islam konvertiert, in einer Mischehe nicht berechtigt, ihren Mann zu beerben. Im Falle einer Scheidung werden die Kinder dem Vater zugesprochen; die Mutter erhält lediglich den Auftrag, sich um sie zu kümmern, solange sie noch klein sind, das heißt höchstens bis zum Alter von sieben Jahren. Was die Obliegenheiten nach der Scheidung betrifft, so verpflichtet das islamische Recht den Mann, der Frau neun Monate lang Unterhalt zu zahlen, und zwar aus dem einfachen Grund, weil sie schwanger sein könnte. Hat sie nach dieser Zeit kein Kind zur Welt gebracht, kann der Mann beruhigt seiner Wege gehen.

Auch wenn man berücksichtigen muß, daß einige Staaten wie beispielsweise Tunesien eine Modernisierung des familienrechtlichen Kodex eingeleitet und einige Diskriminierungen beseitigt haben, ist doch festzuhalten, daß die Frau im Islam in juristischer wie auch in praktischer Hinsicht nach wie vor sehr benachteiligt ist.

54. Einer der umstrittensten und dramatischsten Aspekte der in Europa geschlossenen Mischehen ist das Schicksal der Kinder im Falle einer Scheidung der Eheleute. Nicht selten kehren die muslimischen Männer nach der Trennung in ihre Herkunftsländer zurück und nehmen die Kinder mit, und nicht selten geben die Gerichte ihrer Länder ihnen Recht …

Das Problem entsteht dann, wenn die Ehe zum Beispiel zwischen einer Italienerin und einem muslimischen Bürger, beispielsweise einem Ägypter, geschlossen wird. Der typische Fall ist der, daß der Ehemann gemeinsam mit den Kindern unter dem Vorwand, dort die Ferien verbringen oder sie seiner Familie vorstellen zu wollen, wieder in sein Heimatland einreist und sich dann weigert, nach Italien zurückzukehren; dann ist es für die Frau unmöglich, ihre Kinder zurückzubekommen, weil die Gesetze des Landes immer den muslimischen Partner bevorzugen. Das ägyptische Recht sieht sogar vor, daß die Kinder „der besseren Religion“ – nämlich der muslimischen – angehören müssen, und gibt uns damit ein weiteres Beispiel für religiöse Diskriminierung.

55. Darf man denn auf eine Verbesserung der Rechte der Frau im Islam hoffen?

Nur, wenn es gelingt, die Menschen über die Rechte der Person und darüber aufzuklären, daß Männern und Frauen die gleichen Chancen zugestanden werden müssen. Wenn die *Šeiḫ,* die religiösen Autoritäten, ihre Einstellung ändern würden, könnte dies entscheidend dazu beitragen, einen solchen Prozeß in Gang zu setzen, doch gerade hier besteht zur Zeit am wenigsten Grund zur Hoffnung, weil die *Šeiḫ* nach wie vor den konservativen Positionen den Vorzug geben.

Ein anderer Faktor der Veränderung ist die Arbeit der Menschenrechtsbewegungen und der Organisationen, die sich für die Emanzipation der Frau einsetzen. Sie sind aktiv, aber noch sehr in der Minderheit, und sie haben in der Bevölkerung nur wenig Einfluß. In diesem Zusammenhang könnte die im August 2001 erfolgte Ernennung einer Muslimin, der Pakistanerin Irene Khan, zur Vorsitzenden von „Amnesty International“ vielleicht ein Impuls für die Förderung der Frauenrechte in der islamischen Welt sein.

Es gibt zwar herausragende Frauenpersönlichkeiten im Bereich der Literatur, der Kunst und des Showbusineß, aber man muß auch zugeben, daß ihre Stimmen nur in eher kleinen Kreisen gehört werden oder im Westen größeren Anklang finden als in ihren eigenen Ländern. Außerdem fordern einige von ihnen eine Emanzipation nach westlichem Muster, die mit dem Erbe der muslimischen Tradition gar nichts mehr zu tun hat, und das macht es der Bevölkerung sicherlich nicht gerade leichter, ihre Botschaft zu akzeptieren.

Auch in diesem Fall erweist sich die Beziehung zum Westen in zweifacher Hinsicht als entscheidend: Einerseits kann es sich positiv auf den mühseligen Entwicklungsprozeß der Situation der Frau auswirken, wenn deutlich wird, welche Verbesserungen die westlichen Gesellschaften der Tatsache zu verdanken haben, daß sie die Würde der Frau anerkennen; andererseits kann es aber auch zu einer Ablehnung jener Modelle kommen, die ein kommerzialisiertes Bild der Körperlichkeit und Sexualität vermitteln. In diesen Modellen werden die Heiligkeit des Lebens und die Achtung vor bestimmten Werten, die der islamischen wie auch der christlichen Anthropologie zugrundeliegen, durch die Mythen des Materialismus, des Konsumismus und einer falschen Freiheit ersetzt, für die Libertinismus die treffendere Bezeichnung wäre.

Religionsfreiheit und Apostasie

56. Einer der umstrittenen rechtlichen Aspekte im religiösen Bereich ist die Freiheit, sich innerhalb eines islamischen Landes zu einem anderen als dem muslimischen Glauben zu bekennen. Welches Verständnis hat der Islam von der Religionsfreiheit?

Der Begriff der Religionsfreiheit ist sehr speziell: Während Juden und Christen ihren eigenen Glauben im Rahmen dessen, was die koranischen Vorschriften für die „Leute der Schrift" vorsehen, bekennen dürfen, haben die Gläubigen anderer Religionen keinerlei Rechte. Diese Anerkennung hat sich im Zuge des muslimischen Vorrückens im Mittleren Osten (7. und 8. Jahrhundert) in „Schutzverträgen" mit den verschiedenen christlichen Gemeinschaften niedergeschlagen, die den Status der *Ḏimmī* in den eroberten Gebieten regeln sollten. Diese Verträge gewährleisteten im Schatten der islamischen Macht die Sicherheit der Personen, der Güter und der Kultusfreiheit, erlegten den Christen jedoch auch bestimmte Verbote und Zeichen der Unterlegenheit auf. Die Christen durften nach wie vor ihren Glauben bekennen, mußten jedoch als Gegenleistung für den von den Muslimen gebotenen Schutz (die *Ḏimma)* der bestehenden Macht ihre Treue erweisen, die Überlegenheit des Islams anerkennen und die *Ǧizya,* die Kopfsteuer, entrichten.

Mit der Zeit ermöglichten diese Regelungen die allmähliche Islamisierung der eroberten Gebiete. Sie enthielten nämlich Hindernisse religiöser Natur wie Beschränkungen in der öffentlichen Praxis des Kults (Glockenläuten, Prozessionen durch die Straßen, Zurschaustellung christlicher Symbole), das Verbot, neue Kirchen zu bauen oder zerstörte zu restaurieren, Muslime zu evangelisieren und die Konversion eines Christen zum Islam zu hintertreiben. Andere Hindernisse waren gesellschaftlicher Natur wie der Zugang zu einer politischen oder militärischen Karriere, die Ehe mit muslimischen Frauen und die Zeugenschaft vor Gericht.[23]

Das System der *Ḏimma* wurde also als demütigende Herrschaft empfunden, die mit der Zeit immer unerträglicher wurde. Selbst wenn die Christen beruflich erfolgreich waren, betrachteten die Muslime sie als grundsätzlich „unterlegen“. Ihr Erfolg erschien als etwas Unrechtmäßiges und die Ausübung jeder beliebigen Art von Macht als vorschriftswidrig. Im alltäglichen Leben mußten die Christen daher ein stetiges Tröpfeln von Demütigungen über sich ergehen lassen, die sie an ihre Situation erinnern sollten – entsprechend dem Koranvers, der die Muslime auffordert, gegen die, „die die Schrift erhalten haben“, zu kämpfen, „bis sie kleinlaut aus der Hand Tribut entrichten“.[24] In Krisenzeiten waren sie es, über denen sich der allgemeine Zorn entlud und die zu den Sündenböcken der Herrschenden wurden, und in Kriegszeiten verdächtigte man sie der Konspiration mit dem Feind.

57. Die Mehrheit der Nichtmuslime in den islamischen Ländern besteht heute aus Christen – insgesamt 90 Millionen bei 900 Millionen Muslimen.[25] *Welches Maß an religiöser Freiheit wird ihnen zugestanden?*

Die Situation der Religionsfreiheit im Islam ist von Land zu Land sehr unterschiedlich. Sie reicht vom Verbot, an Gebäuden oder auf dem Leib christliche Symbole zu zeigen (beispielsweise ein Kreuz um den Hals), über Einschränkungen beim beruflichen Werdegang oder bei der Verbreitung des eigenen Glaubens, beim Bau und beim Wiederaufbau von Kultstätten bis hin zum Verbot, sogar privat die Messe zu feiern oder nichtmuslimische religiöse Texte in das jeweilige Land einzuführen. Die Unterschiede hängen weitgehend vom örtlichen politischen, kulturellen und nationalen Kontext und von der Art der christlichen Anwesenheit ab. Es gibt Länder mit einem beträchtlichen und solche mit einem verschwindend geringen Prozentsatz von Christen;[26] Länder, in denen die *Šarīʿa* angewandt wird, andere, wo der Islam Staatsreligion ist, und wieder andere, die sich für ein gewisses Maß an Laizität entschieden haben; Länder wie Ägypten, den Libanon, Jordanien, Irak, Syrien und Palästina, in denen das Christentum als autochthone Gegebenheit betrachtet wird, und andere wie den Maghreb und die Golfstaaten, wo es die Religion nicht einheimischer Bevölkerungsgruppen ist.

Der Staat mit der am stärksten eingeschränkten Religionsfreiheit ist Saudi-Arabien, das jeden nicht-muslimischen Kult verbietet, weil das ganze Land als „heiliger Boden" gilt. Mit dieser Formulierung haben die saudischen Behörden als Hüter der beiden heiligen Städte (Mekka und Medina)[27] erklärt, daß das gesamte Territorium ihres Landes einer Moschee vergleichbar ist und dort mithin keine anderen religiösen Symbole als die des Islams zulässig sind. Mindestens 600.000 der sechs Millionen Fremdarbeiter sind Christen, und diese dürfen ihren Gottesdienst nicht einmal im privaten Rahmen feiern. Die Teilnahme an heimlichen Gebetstreffen und allein der Besitz nichtislamischer sakraler Gegenstände (Bibeln, Rosenkränze, Kreuze, Heiligenbilder) werden mit Haftstrafen, Ausweisung oder sogar der Todesstrafe belegt.

Die Situation der christlichen Arbeitnehmer in den anderen Ländern der Golfregion ist etwas besser: Die Behörden gewähren ihnen eine begrenzte Freiheit des Kults und der kirchlichen Organisation und erlauben ihnen mitunter auch den Bau von Kirchen, wobei die örtlichen Gemeinden allerdings immer wieder darauf hingewiesen werden, daß sie sich jeglicher Form des Apostolats unter den Muslimen zu enthalten haben. In den maghrebinischen Ländern sind die Christen in Diözesen organisiert und genießen Kultusfreiheit, müssen jedoch aus Gründen, die auch mit der kolonialen Vergangenheit zusammenhängen, mit einer gewissen Zurückhaltung auftreten.

Auch in den muslimischen Ländern mit autochthoner christlicher Bevölkerung sind die Verhältnisse unterschiedlich. In einigen wie dem Sudan ist die Unterdrückung offiziell und institutionalisiert: Die Regierung bezeichnet den ethnisch-kulturellen Konflikt, der im Süden tobt, als *Ǧihād* und begünstigt in den Flüchtlingslagern Zwangskonversionen zum Islam. Ein anderer Fall der offenen Diskriminierung ist Pakistan, wo die Christen sich seit Jahren um die Abschaffung des Blasphemiegesetzes[28] und eine Überarbeitung der sehr stark islamisch geprägten Gesetzgebung bemühen. In vielen Ländern des Mittleren Ostens (Syrien, Irak, Ägypten, Jordanien, Iran) wird die Beteiligung der Christen am gesellschaftlichen, kulturellen und zuweilen auch politischen Leben des Staates mit gewissen Einschränkungen gewährleistet. Die unvermeidlichen Spannungen lassen sich in diesen Fällen auf kulturelle Faktoren oder auf die politische Situation (das Palästinenserproblem oder das Embargo gegen den Irak) oder auf die Zunahme des integralistischen Phänomens zurückführen. Im Libanon wird die entscheidende Rolle der Christen in den verschiedenen Bereichen des nationalen Lebens und die Gleichstellung mit den Muslimen in der parlamentarischen Vertretung von der Verfassung garantiert, auch wenn die Verträge von *Ṭāʾif* (Saudi-Arabien 1989) den politischen Einfluß der Christen erheblich beschnitten und damit ein ohnehin schon empfindliches konfessionelles Gleichgewicht erschüttert haben.

58. Der Islam verbietet seinen Gläubigen den Übertritt zu einem anderen religiösen Glauben, und der Verstoß gegen dieses Verbot zieht sehr schwerwiegende Folgen nach sich. Wie läßt sich diese Vorschrift und die Bestrafung desjenigen, der gegen sie verstößt, rechtlich und theologisch begründen?

Man muß vorausschicken, daß einem berühmten mohammedanischen *Ḥadīṯ* zufolge jeder Mensch, der auf Erden geboren wird, als Muslim das Licht der Welt erblickt. Seine Eltern sind es, die ihm danach unter Umständen eine andere Religion (die jüdische, christliche, buddhistische und so fort) überstülpen. Die Konversion eines Muslim zu einem anderen Glauben gilt daher als schwerer Irrtum und als Verrat an der Gemeinschaft der wahren Gläubigen, der *Umma,* in die man zwar eintreten, die man jedoch nicht wieder verlassen kann. Aufgabe jedes Muslims ist es, jeden Menschen dazu einzuladen, daß er zum Islam konvertiert. Das ist ein grundlegender Aspekt der *Daʿwa,* des missionarischen Auftrags, der gesamten Menschheit die Wahrheit zu verkünden. Die Religionsfreiheit wird eher als Freiheit verstanden, der wahren Religion – dem Islam – anzugehören, während der Übertritt zu anderen Religionen als etwas Unnatürliches gilt und daher streng verboten ist.

Gehen wir von der arabischen Begrifflichkeit aus. *Ridda* und *Murtadd* sind die Wörter für Apostasie und Apostat, also den Muslim, der seinen Glauben aufgibt. Nach der herrschenden Tradition ist der Apostat mit dem Tode zu bestrafen, und in der Geschichte war diese Praxis so verbreitet, daß man zuweilen jemanden der Apostasie beschuldigte, weil man einen guten Grund brauchte, ihn aus dem Weg zu räumen.

Was sagt der Koran zu diesem Thema? Von 14 Versen, die die Apostasie behandeln, sprechen 13 von „einer sehr schmerzhaften Strafe im Jenseits", und nur einer erwähnt „im Diesseits und Jenseits eine schmerzhafte Strafe".[29] Alle Kommentatoren erkennen an, daß dieser Beleg allzu ungenau ist, um an eine bestimmte Strafe denken zu lassen: Wenn man bedenkt, daß der Koran für Diebstahl oder Ehebruch ganz präzise Strafen vorsieht, dann wundert man sich, daß eine so allgemein gehaltene Formulierung – „im Diesseits und Jenseits eine schmerzhafte Strafe" – genügen soll, um ein Vergehen, das als so schwerwiegend betrachtet wird, mit dem Tod zu ahnden.

Doch die Fundamentalisten behelfen sich mit zwei Begründungen: Die erste ist rechtlicher Art und basiert auf dem Ausspruch der Fatwa von seiten der Rechtsgelehrten, die eine Methode gefunden haben, um ihre Erklärungen islamisch zu begründen; die zweite stützt sich auf historische Argumente, die auf den sogenannten „Abtrünnigkeitskriegen" – auf arabisch *Ḥurūb al-Ridda* (wörtlich „die Kriege der Rückkehr", womit die Rückkehr zum Heidentum gemeint ist) – des ersten Kalifen *Abū Bakr* beruhen. Bei dieser Interpretation handelt es sich jedoch eindeutig um eine Instrumentalisierung. Hier kurz die Fakten: Nach Mohammeds Tod weigerten sich viele arabische Stämme, die sich ihm unterworfen hatten und zum Zeichen ihrer Bündnistreue erhebliche Tributzahlungen leisteten, diese weiter zu entrichten. *Abū Bakr* führte mehrere Kriege gegen sie, und es gelang ihm, eine ganze Reihe von ihnen erneut zu unterwerfen. Für die Zeitgenossen des Kalifen war es ebenso selbstverständlich wie für die muslimischen Historiker, daß diese Kriege aus ökonomischen und politischen und nicht aus religiösen Gründen geführt wurden: Es ging darum, die Stämme, die sich unabhängig gemacht hatten, wieder unter Kontrolle zu bekommen, und nicht darum, sie für einen religiösen Verrat zu strafen. Außerdem betonen die liberalen Muslime, daß Mohammed niemals verlangt hat, einen Apostaten zu töten, und daß er sogar in zwei Fällen persönlich eingegriffen hat, um seine Leute genau daran zu hindern.

Alles in allem scheint also die Anwendung der Todesstrafe keine stichhaltigen islamischen Grundlagen zu haben. Und doch ist es eine historische Tatsache, daß sie in den letzten Jahrzehnten parallel zu dem sogenannten „islamischen Erwachen" wieder Fuß gefaßt und eine tragische Aktualität gewonnen hat, weil die Vertreter der radikalen Strömungen Druck ausüben, damit jeder, der den Islam aufgibt, streng bestraft wird. Deshalb haben einige Länder den Straftatbestand der Apostasie wieder in ihre Verfassung oder ins Strafrecht aufgenommen, obwohl dies in einem unverkennbaren Gegensatz zur Allgemeinen Erklärung der Menschenrechte von 1948 steht und das Gewissen vieler Muslime abstößt.

59. Können Sie anhand einiger Beispiele erläutern, wie die Apostasie bestraft wird?

Das jüngste Beispiel kommt aus Afghanistan, wo das Talibanregime, das von 1996 bis 2001 an der Macht war, für alle, die zu einer anderen Religion als dem Islam konvertierten, die Todesstrafe eingeführt hatte.

Artikel 126 des sudanesischen Strafrechts aus dem Jahr 1991 lautet wörtlich: „Das Delikt der Apostasie begeht jeder Muslim, der für den Austritt aus der islamischen Nation *(Millat al-Islām)* wirbt oder seinen eigenen Austritt mit einer ausdrücklichen Erklärung oder einem absolut unmißverständlichen Akt offen bekundet. Wer das Delikt der Apostasie begeht, wird aufgefordert, innerhalb einer vom Gericht festgelegten Frist zu bereuen. Wenn er in seiner Apostasie verharrt und nicht zum Islam zurückkehrt, wird er mit dem Tod bestraft. Die Bestrafung der Apostasie wird ausgesetzt, wenn der Apostat vor der Hinrichtung widerruft."

Saudi-Arabien hat die Apostasie immer als ein todeswürdiges Verbrechen betrachtet, denn seine Verfassung ist der Koran in seiner rigoristischen Auslegung gemäß der wahhabitischen Tradition.

Der Entwurf der Strafrechtsreform von Kuwait aus dem Jahr 1993 sieht für den Apostaten die Todesstrafe vor (Artikel 96 und 167–172).

Ein weiteres Beispiel stammt aus dem mauretanischen Strafrecht von 1984: Artikel 306 sieht vor, daß „jeder Muslim, der in Wort oder Tat der scheinbaren oder offensichtlichen Apostasie für schuldig befunden wird, aufgefordert wird, innerhalb einer Frist von drei Tagen zu bereuen. Wenn er nicht innerhalb dieses Zeitraums bereut, wird er als Apostat zum Tode verurteilt, und seine Besitztümer werden zugunsten des Fiskus konfisziert."

Andere Länder behandeln die Apostasie als Straftatbestand, verhängen jedoch nicht die Todesstrafe.

60. Welche Fälle von Verurteilungen wegen Apostasie sind die berühmtesten?

Die Affäre der „Satanischen Verse" von Salman Rushdie und das mit einer Fatwa von Ayatollah Chomeini 1989 verhängte Todesurteil ist die bekannteste Episode und hat wie eine Bombe eingeschlagen. Damals ist das Problem der Apostasie weit über die Grenzen der doch sehr ausgedehnten muslimischen Gemeinschaft hinaus auf globaler Ebene thematisiert worden.

Doch es gab in den vergangenen Jahren auch andere Ereignisse, die die Frage wieder neu aufgeworfen haben: Ich erinnere an die 1995 erfolgte Verurteilung des Universitätsdozenten *Naṣr Ḥāmid Abū Zayd,* von dem bereits die Rede war,[30] oder an den Fall der Schriftstellerin *Nawāl al-Saʿdāwī,* die ungeachtet der Proteste zahlreicher feministischer Organisationen und Menschenrechtsvereinigungen 2001 von einem islamistischen Anwalt wegen Apostasie vor Gericht gebracht wurde. Diese Intellektuellen sind der Vollstreckung des Urteils entgangen.

Weniger Glück hatte ein anderer ägyptischer Intellektueller, *Farağ Fawda,* der im Juni 1992 von einem radikalen Kommando ermordet wurde, nachdem er kurz zuvor von den religiösen Behörden zum Apostaten erklärt worden war. Bei dem Prozeß gegen Fawdas Mörder trat Scheich *Muḥammad al-Ghazāli,* eine für ihre Mäßigung bekannte Persönlichkeit, als Zeuge der Verteidigung auf und hat Fawdas Ermordung auf der Grundlage der *Šarīʿa* gerechtfertigt.

Ein weiteres, allerdings gescheitertes Attentat galt 1995 dem 83jährigen ägyptischen Schriftsteller *Nağīb Maḥfūẓ,* dem ersten arabischen Literaturnobelpreisträger (1988). Mit seinem Namen verbindet man Dutzende literarischer und cineastischer Werke, doch sein in den 50er Jahren geschriebener Roman „Die Kinder unseres Viertels“ steht noch heute in Ägypten auf dem Index. Er wird von vielen als blasphemisch betrachtet und war letztlich auch die Ursache, die das Attentat ausgelöst hat.

Dann ist da noch die Geschichte der bengalischen Schriftstellerin *Taslimā Nāsrin,* die sich versteckt halten muß, weil integralistische Gruppen sie bedrohen und verlangen, daß sie wegen Blasphemie verhaftet und hingerichtet wird. 1994 war Nāsrin der „Religionsbeleidigung“ angeklagt worden, die im Strafrecht von Bangladesch einen Tatbestand darstellt, und mußte deshalb in den Westen flüchten.

Es gibt jedoch noch viele andere Fälle, die der Weltöffentlichkeit weniger bekannt sind, da es sich um gewöhnliche Menschen handelt. Einer von ihnen ist *Mohammed Omer Hağī,* ein 27jähriger somalischer Flüchtling, der im Jemen lebte und 2000 trotz seines Flüchtlingsstatus zum Tod verurteilt wurde, weil er gemeinsam mit seiner Frau zum Christentum konvertiert war. Er wurde im Gefängnis gefoltert, weil man ihn zwingen wollte, die Namen seiner „Komplizen“ preiszugeben und dem Glauben abzuschwören, doch vergebens. Schließlich gab der Richter, wie es üblich ist, *Hağī* eine Frist von einer Woche, um dreimal seine formelle Rückkehr zum Islam zu erklären; andernfalls sollte er mit dem Tod bestraft werden. Das Eingreifen einiger internationaler Organisationen rettete ihm das Leben: Heute lebt er mit seiner Familie in Neuseeland, wo er eine Art „religiöses Asyl“ genießt.

Weniger Glück hatten 1994 vier Muslime, die 20 Jahre zuvor in der sudanesischen Diözese Rumek zum Christentum konvertiert und anschließend Katecheten geworden waren: Sie wurden von den Sicherheitskräften der Regierung ausgepeitscht und anschließend gekreuzigt, weil sie sich geweigert hatten, zum Islam zurückzukehren.

Bekannt ist schließlich auch die Tatsache, daß die saudische Regierung viele Schiiten unter dem Vorwurf der Apostasie zum Tod verurteilt hat, um unbequeme politische Gegner aus dem Weg zu räumen. Die saudischen *ʿUlemāʾ* haben zu dieser Vorgehensweise die notwendige theologische Basis geliefert, indem sie die Schiiten durch Fatwa*s* zu Polytheisten erklärten, weil sie „sich in Zeiten der Not und Verzagtheit auf *ʿAlī*[31] berufen“, und die Muslime aufforderten, keine Ehen mit ihnen einzugehen und kein Fleisch von ihnen geschlachteter Tiere zu kaufen.[32]

61. Wo steht die Apostasiedebatte in der muslimischen Welt zur Zeit?

Das eigentlich Neue ist die Tatsache, daß eine Diskussion, die üblicherweise auf kleine Kreise von Intellektuellen und Rechtsexperten beschränkt war, mittlerweile auf die öffentliche Meinung übergegriffen hat und auch in den Massenmedien diskutiert wird, was zeigt, welchen hohen Stellenwert dieses Problem in den muslimischen Gesellschaften hat.

Was das Grundsätzliche betrifft, steht viel auf dem Spiel: Das eigentliche Problem, das sich hinter den einzelnen Fällen verbirgt, ist die Gewissensfreiheit. Doch wenn man an die Wurzeln geht, kommen wir zu einer noch elementareren Frage: Ist ein Islam vorstellbar, in dem Religion und Staat voneinander getrennt sind?

Die Verurteilung der Apostasie wird auf der Grundlage einer traditionalistischen und wörtlichen Auslegung des Korans und der Sunna legitimiert, die von den Fundamentalisten vertreten und immer wieder ins Spiel gebracht wird. Durch eine Reihe logischer Schritte gelangen sie zu der Auffassung, daß eine Diskussion über diese Frage einer Infragestellung des Korans an sich gleichkäme. Diesen vom Korantext abgeleiteten *Ḥadd* (kanonische Strafe)[33] im Namen der Moderne zu kritisieren bedeutet also, das gesamte traditionalistische Gebäude zu unterminieren und zu erklären, daß der wörtliche Sinn des Korans für die Muslime der modernen Zeit nicht mehr verbindlich ist. Und damit a fortiori auch nicht für die Nichtmuslime.[34]

Eine Provokation: Die Gegenseitigkeit

62. Wie wir bereits gesehen haben, bestehen in vielen Ländern mit muslimischer Mehrheit nach wie vor Schwierigkeiten im Hinblick auf die Religionsfreiheit, insbesondere von seiten der Christen. Andererseits wachsen in Europa die Ansprüche der muslimischen Gemeinden, was eine auch öffentliche Praxis ihres Glaubens betrifft. Manche Europäer verlangen nun die Anwendung des sogenannten Prinzips der Gegenseitigkeit. Das sähe dann so aus, daß man das Entgegenkommen, das der Westen den Muslimen zeigt (indem er ihnen zum Beispiel den Bau von Kultstätten erlaubt), von entsprechenden Maßnahmen abhängig macht, die in den islamischen Ländern zugunsten der Christen getroffen werden müßten. Was halten Sie davon?

Das ist ein brisantes Thema und auch unter den Christen, von denen man erwarten würde, daß sie sich am meisten für die Anwendung des Prinzips der Gegenseitigkeit interessieren, sehr umstritten. Doch ich glaube, daß man auch in diesem Fall zunächst einmal ein grundlegendes Mißverständnis ausräumen muß: Wir sprechen nicht in erster Linie von einem „religiösen" Problem – es geht um die Möglichkeit, die Menschenrechte anzuwenden, und die religiösen Rechte sind ein wichtiger und unentbehrlicher Teil davon. Es handelt sich also nicht darum, den Christen einen Gefallen zu tun, sondern die Gerechtigkeit für alle Menschen gleich welchen Glaubens zu verwirklichen. Deshalb bedarf es einer Anstrengung von seiten der internationalen Gemeinschaft, die ja auch nicht gefehlt hat, als andere Dinge auf dem Spiel standen.

In diesem Zusammenhang weise ich darauf hin, daß in der jüngeren Vergangenheit mehr als einmal auf politischer, diplomatischer und wirtschaftlicher Ebene Druck ausgeübt worden ist, um einen Staat zu einer Änderung seines Verhaltens zu veranlassen oder um verletzte Menschenrechte zu schützen: Man denke nur an das US-amerikanische Embargo gegen Kuba oder gegen das Libyen Gaddafis nach dem Anschlag von Lockerbie oder auch das UNO-Embargo gegen den Irak nach der Invasion Kuwaits, das der Bevölkerung mehr geschadet hat als dem Diktator Saddam Hussein. Und ich erinnere auch an die Maßnahmen, die Europa gegen die türkische Regierung ergriffen hat, um die Vollstrekkung der Todesstrafe gegen den PKK-Führer Abdullah Öcalan zu verhindern, oder die, mit denen die Europäische Union auf Ankara eingewirkt hat, um die Türkei zu einer Änderung seiner Gesetze und seines Verhaltens in Menschenrechtsfragen – beispielsweise zur Abschaffung der Todesstrafe oder zur Anerkennung der Rechte des kurdischen Volkes – zu bewegen. Ein letztes Beispiel betrifft die Sensibilisierungskampagne und den Druck, der auf die verschiedenen Regierungen ausgeübt wird, damit sie die sexuellen Verstümmelungen insbesondere von Frauen unter Strafe stellen und bekämpfen, die viele Länder in Fortführung ererbter Stammesrituale noch immer praktizieren.

Wenn man das alles in Betracht zieht, dann geben das ohrenbetäubende Schweigen und die Zurückhaltung der Diplomatie und der internationalen Organisationen zum Thema der Religionsfreiheit Anlaß zur Sorge – als ob dieser Aspekt etwas Nebensächliches wäre, das man vernachlässigen könnte.

63. Wie ist diese Zurückhaltung zu erklären? Warum scheinen Europa und die westliche Welt so wenig am Schutz der Religionsfreiheit interessiert?

Es gibt zwei Kategorien von Gründen. Die erste knüpft sich an den hohen Stellenwert der wirtschaftlichen, kommerziellen und finanziellen Beziehungen zwischen dem Westen und bestimmten islamischen Ländern, insbesondere Saudi-Arabien und einigen der Arabischen Emirate, aber auch anderen, die zwar weniger reich und mächtig sind, auf der Bühne der wirtschaftlichen Interessen aber dennoch eine wichtige Rolle spielen. Natürlich ist es schwieriger, sich zu Wort zu melden oder Ansprüche und Forderungen vorzubringen, wenn es um Milliardengeschäfte geht ... Man hat (zu Recht) gegen die Menschenrechtsverletzungen protestiert, die

Serbien auf dem Balkan beging, aber man schweigt über die Menschenrechtsverletzungen in Saudi-Arabien, weil man weiß, daß im zweiten Fall die Erdöllieferungen auf dem Spiel stehen.

Man muß anerkennen, daß der Westen großen Respekt vor den Menschenrechten hat, doch sein Respekt vor materiellen Vorteilen ist noch größer; und wenn die Rechte mit den wirtschaftlichen oder kommerziellen Interessen in Konflikt geraten, ziehen sie den kürzeren. Wenn dem Schutz der Menschenrechte Vorteile geopfert werden müssen, verzichtet man in der Regel lieber auf die Rechte als auf die Vorteile.

Der zweite Grund für die genannte Zurückhaltung ist eng mit dem ersten verknüpft und besteht in der Tatsache, daß die europäischen Länder, die immer stärker von der laizistischen Kultur geprägt sind, die Religionsfreiheit als nebensächlich betrachten, weil sie die Religion für ein Phänomen der Vergangenheit, für wenig modern und für eine Quelle von Problemen und Spaltungen halten. Ihrer Ansicht nach gehört sie ganz unten auf die diplomatische Agenda und ist auf jeden Fall nichts, was die politische Welt in Unruhe versetzt.

64. Was kann man konkret tun? Welche Strategien kann man verfolgen? Wird die Gegenseitigkeit immer eine Flagge bleiben, die nur hin und wieder von einigen „Unbelehrbaren" geschwenkt wird, oder ist es möglich, daß dort eines Tages Fortschritte und greifbare Ergebnisse erzielt werden?

Angesichts der Tatsache, daß die muslimischen Auswanderer immer nachdrücklicher die Möglichkeit einfordern, in Europa Moscheen und Zentren für die Verbreitung des Islams zu bauen, bietet sich durchaus die Gelegenheit, dieses Problem neu zu thematisieren. Warum sollte man hier nicht die Bedingung stellen, daß auch den Christen in ihren Herkunftsländern jene Religionsfreiheit gewährt wird, die die Muslime hierzulande zu Recht für sich in Anspruch nehmen?

Außerdem könnte man festlegen, daß die Entwicklungshilfe für bestimmte Länder an den Bau von Gotteshäusern oder an die Ausdrucksfreiheit der Christen und der Anhänger anderer Religionen gekoppelt (und davon abhängig gemacht) wird, die in den betreffenden Ländern leben: Ich beziehe mich hier sowohl auf diejenigen, die sich dauerhaft dort niedergelassen haben, als auch auf die Ausländer, die vorübergehend dort arbeiten. Es wäre eine Art „Conditio sine qua non" der wirtschaftlichen Zusammenarbeit, die im Hinblick auf ein größeres Ziel formuliert würde: größere Freiheit für alle.

Wenn nun jemand entgegnet, daß dies der typisch westlichen Tradition von Toleranz und Freiheit zuwiderläuft, so möchte ich darauf hinweisen, daß man – wie soeben angesprochen – gerade im Namen dieser Tradition in letzter Zeit immer wieder auf Embargos oder diplomatische und politische Druckmittel zurückgegriffen hat. Warum sollte man dies also in einer so gravierenden Frage wie der Religionsfreiheit nicht tun?

65. Wenn man die Erlaubnis zum Bau von Moscheen von vergleichbaren Maßnahmen abhängig macht, die den Christen in den islamischen Ländern zugutekommen sollen, leiden darunter letztlich die muslimischen Einwanderer, die zu Unrecht dafür verantwortlich gemacht werden, daß die Regierungen ihrer Herkunftsländer die Religionsfreiheit einschränken. Halten Sie diesen Ansatz nicht für falsch?

Natürlich habe ich nichts gegen die einzelnen Einwanderer, das wäre ja absurd. Aber wir sollten nicht vergessen, daß die Regierenden, denen man die Beschränkungen der Religionsfreiheit vorwirft, häufig den Spieß umdrehen und behaupten, sie könnten gar nichts ändern: „Das Volk" sei das Problem, und eine Abwandlung bestimmter Gesetze oder Bräuche sei mit einer seit Jahrhunderten gewachsenen Mentalität unvereinbar und daher gefährlich.

Ich möchte in diesem Zusammenhang eine bezeichnende Episode anführen: Als Präsident Anwar as-Sadat in den 80er Jahren den Christen Boutros Boutros-Ghali zum ägyptischen Außenminister ernannte, gab es mehrere Tage lang (unter anderem auf

Betreiben von Kreisen, die der islamischen Universität *al-Azhar* nahestanden) öffentliche Proteste und Demonstrationen, die den Präsidenten veranlaßten, die Ernennung zurückzuziehen. Damals hieß es: „Seht ihr? Eine so unpopuläre Entscheidung wie die, die außenpolitischen Angelegenheiten einem Nichtmuslim anzuvertrauen, wird von den Leuten nicht akzeptiert. Man kann sich nicht gegen die Sitten stellen."

Um nun auf das Problem der Gegenseitigkeit zurückzukommen: Meiner Ansicht nach muß man dieses Hin- und Herschieben der Verantwortung zwischen den Regierungen und der Bevölkerung von zwei Seiten her angehen. Einerseits müssen die Regierungen, die die effektive Ausübung der Religionsfreiheit verhindern, mit diplomatischen, politischen und wirtschaftlichen Mitteln (zum Beispiel mit Hilfe des bereits erwähnten Modells einer an Bedingungen geknüpften Entwicklungshilfe) unter Druck gesetzt werden; und auf der anderen Seite muß an die muslimischen Auswanderer und ihre Organisationen – die sehr aktiv und erfolgreich sind, wenn es darum geht, im Westen Rechte zu beanspruchen – appelliert werden, damit sie die Behörden ihrer Herkunftsländer entsprechend beeinflussen.

Natürlich ist in beiden Fällen eine Vorbedingung erforderlich, nämlich eine größere Sensibilität auf seiten der internationalen Organisationen und der Autoritäten der einzelnen Länder, und das wiederum verweist auf die Notwendigkeit einer Mobilisierung der Zivilgesellschaft und der Kirchen.

Schließlich erscheint es mir wichtig daran zu erinnern, daß der Bau der meisten Moscheen weltweit derzeit von Saudi-Arabien und einigen Golfländern finanziert wird – also von denselben Ländern, die den Bau jedes nichtmuslimischen religiösen Gebäudes verbieten und die Religionsfreiheit erheblich einschränken. Meiner Ansicht nach könnte man diese Mittel – in Analogie zu jenen Geldern, mit denen der Terrorismus finanziert wird – als „schmutziges Geld" betrachten und geeignete Maßnahmen ergreifen, um seine Zirkulation in Europa zu blockieren und seine Verwendung zu verhindern oder zumindest von einer größeren Religionsfreiheit in den betreffenden Ländern abhängig zu machen. Das Wesentliche, was von den europäischen Regierungen verlangt wird, ist ein Minimum an Konsequenz. Es geht um ihre Glaubwürdigkeit! Aber dazu braucht es ein wenig Mut – werden sie ihn aufbringen?

Der Islam unter uns

Europäischer Islam oder islamisiertes Europa?

66. Nach dem Anschlag auf die New Yorker Zwillingstürme am 11. September 2001 ist ein Netz von Organisationen ans Licht gekommen, die sich unter Verfolgung je unterschiedlicher Strategien in verschiedenen europäischen Ländern niedergelassen haben, um gewaltsame Aktionen vorzubereiten oder Personen anzuwerben, die bereit sind, solche Aktionen auszuführen. Sind dies ihrer Ansicht nach isolierte Gruppen, die mit der Basis der muslimischen Gemeinschaft nichts zu tun haben, oder handelt es sich um die extremste Form einer Islamisierung, die bereits seit einiger Zeit im Gang ist, jedoch häufig bagatellisiert wird?

Die Entdeckung logistischer und operativer Basisgruppen für die Vorbereitung von Attentaten und die Überführung von Personen, denen vorgeworfen wird, in verschiedenen europäischen Ländern terroristischen Formationen anzugehören, wirft in der Tat ein düsteres Licht der Aktualität auf das, was ich als die „gewalttätige" Seite der Ausbreitung des Islams bezeichnen möchte.

Gemessen an der Gesamtheit der muslimischen Gemeinschaft, die in der Europäischen Union aus etwa 12 Millionen Gläubigen besteht, ist der Anteil derer, die losgelöst von den wichtigsten islamischen Organisationen im Untergrund tätig sind, zahlenmäßig sehr gering, auch wenn es natürlich Berührungspunkte gibt – in den Großstädten beispielsweise den Besuch bestimmter Moscheen und islamischer Zentren. Viele dieser Aktivisten befürworten theoretisch (und oft auch praktisch) die Anwendung von Gewalt bei der Verkündigung des Islams in der ganzen Welt und berufen sich mit dieser gewalttätigen Deutung auf den *Ǧihād*.[1]

In den vergangenen Jahren waren diese Gruppen mit Attentaten oder demonstrativen Aktionen auch militärisch in Europa tätig. Lassen Sie mich zur Veranschaulichung nur einige Vorfälle erwähnen, die der algerischen GIA zugeschrieben werden: die Bombe, die am 3. Februar 1986 auf den Champs Elysées detonierte (drei Stunden später wurde auf dem Eiffelturm ein Sprengsatz entschärft), die Bombenexplosion in der Galerie Point Show in Paris, bei der am 20. März 1986 zwei Menschen getötet und 29 verletzt wurden, und die Explosion in der U-Bahn der französischen Hauptstadt, bei der am 25. Juli 1995 sieben Personen ums Leben kamen und weitere 117 verletzt wurden. Mehrere andere Projekte, die geplant, aber nicht durchgeführt wurden, werden seit einiger Zeit von den Behörden verschiedener europäischer Länder untersucht. Die Ermittler haben herausgefunden, daß beispielsweise auch in einigen italienischen Städten logistische Stützpunkte für die Mitglieder „kämpfender Einheiten" existierten, die auf der Durchreise in andere Staaten waren oder mit terroristischen Organisationen wie *al-Qāʿida,* der ursprünglich algerischen „Salafitischen Gruppe für Mission und Kampf" und anderen in Verbindung standen.

Es ist also legitim, von einem regelrechten Netzwerk zu sprechen, das sich im Lauf der Jahre in verschiedenen europäischen Ländern ausgebreitet hat und zu Recht Besorgnis weckt. Auch deshalb, weil eine begrenzte Anzahl von „Kämpfern" genügt, um ein ganzes Land zu terrorisieren, wie außerhalb Europas die Fälle Palästinas, Algeriens, Indonesiens oder der Region Mindanao auf den Philippinen beweisen. Und schließlich darf nicht vergessen werden, daß die radikalen Gruppen, die den Nährboden dieser Einheiten bilden, stark im Wachstum begriffen sind und ihren Einfluß sowie die Rekrutierungskapazitäten in der muslimischen „Basis" vergrößert haben.

67. Einige Beobachter sind der Ansicht, daß die Kraft der religiösen und kulturellen Wurzeln und die Kontrolle durch die Herkunftsländer die Immigrantengemeinden in Europa über lange Zeit entscheidend beeinflussen wird und daß dies ein Hindernis auf dem Weg zu einer echten Integration und Schaffung eines „europäischen" Islam darstellt. Statt zu einer Europäisierung des Islams zu gelangen, riskiert man – um es mit einem verkürzenden, aber wirkungsvollen Slogan zu sagen – einen Prozeß der Islamisierung Europas. Manche beschwören sogar die Gefahr einer islamischen „Invasion" in Sinne einer Dynamik herauf, die auf kultureller und religiöser Ebene wirke und auch die Migrationsströme nutze, um den Islam zu verbreiten und zu festigen. Panikmache oder begründete Sorge?

Man muß sich vor allem das Wesen des Islams vor Augen halten, der sich, wie wir bereits gesehen haben, von Anfang an als eine Botschaft und ein Projekt mit universalistischen Zügen präsentiert hat: Der Islam ist ein Gut für alle Menschen, und die ganze Welt ist dazu geschaffen, sein Angebot anzunehmen. Doch auf welche Weise kann man das Projekt der Bekehrung der Welt verwirklichen, das „in nuce" bereits im Koran angelegt ist? Historisch gesehen haben sich drei Tendenzen entwikkelt: die extremste (von der wir gerade gesprochen haben) sieht Gewaltanwendung und militärisches Handeln vor, und man muß leider sagen, daß ihr Einfluß in jüngerer Zeit besorgniserregend gewachsen ist.

Die zweite Tendenz, die wir als mystisch-spirituell bezeichnen könnten, hat das Ziel, die Muslime zum verlorengegangenen echten Islam zurückzuführen und die koranische Botschaft unter den Nichtmuslimen zu verbreiten. Dabei stützt sie sich unter anderem auf das Bedürfnis nach dem Heiligen, das in weiten Teilen der Gesellschaft präsent ist, aber nicht gestillt wird. Das „Angebot" transzendenter Antworten fällt in Europa auf fruchtbaren Boden – unter Atheisten und Agnostikern ebenso wie unter zahlreichen Christen, die vom Verhalten der Kirchen enttäuscht sind, da diese immer weniger in der Lage zu sein scheinen, ihren menschlichen und geistlichen Ansprüchen gerecht zu werden. Und vor diesem Hintergrund kann man auch verstehen, weshalb Erfahrungen wie Buddhismus, Esoterik oder andere spirituelle und religiöse Phänomene in der westlichen Gesellschaft eine solche Verbreitung finden.

Die dritte Tendenz, die wir vereinfachend als soziopolitisch bezeichnen könnten, nimmt die Islamisierung der Gesellschaft als Vorwand für eine wachsende politische Einflußnahme und eine hypothetische Errichtung islamischer Regierungen. Wie wir zuvor bereits gesehen haben, entsteht diese Ausrichtung auf muslimischem Boden, kommt jedoch auch in anderen Kontexten zur Anwendung. So haben die Strategen der integralistischen Bewegungen, als die Migrationsströme sich Richtung Europa zu entwickeln begannen, die Theorie von der Islamisierung des alten Kontinents erarbeitet. Sie schlägt sich in Büchern und in Fatwa*s* nieder, die zu verschiedenen Gelegenheiten ausgesprochen werden, und ist Teil eines umfangreichen Programms zur Errichtung einer islamischen Weltherrschaft, die man zwar erst in vielen Jahren (oder Jahrhunderten) erreichen zu können glaubt, die aber nichtsdestotrotz als eine unausweichliche Bewegung in der Geschichte gilt.

Ich will drei Beispiele anführen, die mit je unterschiedlichen Nuancierungen die Dynamik der derzeitigen Islamisierung verdeutlichen.

Vor einiger Zeit hat ein angesehener muslimischer Würdenträger, der libanesische schiitische *Šeiḫ Muḥammad Ḥussein Faḍlallah*, im Verlauf einer Zusammenkunft mit einigen Vertretern des Christentums im Beiruter Fernsehen die Ansicht geäußert, das herrschende demokratische System in Europa stelle die beste Gelegenheit dar, den Islam auf dem Kontinent zu verbreiten, und sei ein Kanal, durch den die Botschaft des Propheten um so leichter befördert werden könne.

Das zweite Beispiel stammt von Abdul-Hadi Palazzi, dem Verantwortlichen der AMI (Vereinigung italienischer Muslime), einer derjenigen islamischen Organisationen, die sich darum beworben haben, die muslimische Gemeinschaft in den Verhandlungen über das Abkommen mit dem italienischen Staat zu vertreten. Er vertritt die Auffassung, daß im Umfeld der Migrationsströme aus Nordafrika und Asien, die gegen Ende der 70er Jahre nach Italien und Europa gekommen sind, „ein internationales Politikprojekt der Organisation der Muslimbrüder Gestalt angenommen hat, [...] einer integralistischen Bewegung, die hinter einer pseudoreligiösen Fassade ihr eigentliches Ziel verbirgt: ein Kontrollnetzwerk zu schaffen, das das Leben der islamischen Länder von innen heraus bestimmt und das religiöse Empfinden zu einer politischen Radikalisierung nutzt. Diese Organisation ist entschlossen, ihren Einfluß auch auf die Immigrantengemeinschaften im westlichen Europa auszudehnen, und zu diesem Zweck werden zahlreiche militante Mitglieder mit Stipendien nach Europa geschickt, wo sie offiziell ihren Hochschulabschluß machen, de facto aber Stützpunkte der Bruderschaft einrichten sollen. Im Fall Italiens wird die Ausländeruniversität von Perugia als operatives Zentrum gewählt, und in dieser Stadt wird auch die „Union der muslimischen Studenten in Italien" (USMI) gegründet, unter deren Namen die Muslimbrüder anfänglich agieren." Palazzi ist der Ansicht, daß nicht zuletzt mit Hilfe gewaltiger Summen aus dem Ausland in verschiedenen Städten ein Netzwerk islamischer Zentren geschaffen wurde, aus dem dann Anfang der neunziger Jahre die „Union der islamischen Gemeinden und Organisationen in Italien" (UCOII) hervorgegangen ist – auch dies eine der Institutionen, die sich um das Abkommen mit dem italienischen Staat bemühen.[2]

Das dritte Beispiel liefert uns der Bischof von Izmir (Türkei), Giuseppe Bernardini, der anläßlich der im Oktober 1999 in Rom abgehaltenen Synode für Europa die Äußerungen einer angesehenen muslimischen Persönlichkeit während eines inoffiziellen Treffens zum islamisch-christlichen Dialog wiedergegeben hat: „Dank eurer demokratischen Gesetze werden wir euch überrennen, dank unserer religiösen Gesetze werden wir euch beherrschen." Und Bischof Bernardini selbst hat hinzugefügt, daß die Öldollars, die in die Kassen von Saudi-Arabien und anderen islamischen Regierungen gelangen, „nicht dazu verwendet werden, in den armen Ländern Nordafrikas und des Mittleren Ostens Arbeitsstellen zu schaffen, sondern dazu, in den christlichen Ländern mit islamischen Einwanderern und auch in Rom Moscheen und kulturelle Zentren zu bauen. Wie sollte man in alledem kein eindeutiges Programm der Expansion und Eroberung erkennen?"[3]

68. In Europa schießen die Moscheen, islamischen Zentren und Koranschulen geradezu aus dem Boden. Aber auch die Lautsprecher, die zum Gebet aufrufen, die Art, sich zu kleiden, kollektives Gebet auf Straßen und Plätzen: Was hat diese muslimische Symbolik zu bedeuten, die sich immer weiter ausbreitet?

Sie bringt vor allem einen ausgeprägten Wunsch zum Ausdruck, die islamische Präsenz nicht nur im privaten und familiären Bereich, sondern öffentlich zu bekunden, und sie ordnet sich nicht selten in dieselbe Islamisierungslogik ein, wie wir sie soeben beschrieben haben. Es liegt nicht in meiner Absicht, Panik zu verbreiten, aber aufgrund einer gewissen Kenntnis der Geschichte des Islams und der persönlichen Erfahrungen, die ich in vielen muslimischen Ländern gesammelt habe, möchte ich einige Aspekte hervorheben, die Ihrer westlichen Sensibilität offenbar entgehen und doch überaus bedeutsam sind.

Ich denke da beispielsweise an die Bedeutung, die dem äußeren Erscheinungsbild beigemessen wird: sich auf eine bestimmte Weise zu kleiden, sich mit dem *Ḥiǧāb* zu bedecken und den Bart lang zu tragen, hat (so denkt man vielleicht in Europa) viel mit einer bestimmten Mode oder (wie für manche Bevölkerungsgruppen in Asien und Afrika) mit der Ehrfurcht vor einer Tradition zu tun. Tatsächlich aber wird damit eine Identität unterstrichen, die gleichzeitig religiöser, kultureller und sozialer Natur ist. In den islamischen Ländern haben diese Themen regelrechte politische Streitereien ausgelöst, bei denen die liberalen Regierungen oder Kräfte einerseits und die integralistischen und radikalen Strömungen andererseits aufeinandergeprallt sind.

Ich erinnere mich, daß die ägyptische Regierung in den 80er Jahren das Tragen von Bärten verbot, weil dies als ein typisches Symbol der Muslimbrüder galt. Und ich erinnere mich auch, daß während der Präsidentschaft von Nasser (1952–1970) die Hauswände in den ägyptischen Städten mit Plakaten übersät waren, die die Aufschrift trugen: „Die [ursprüngliche] Volkstracht ist besser als die *Ǧallābiyya*", das heißt als das Kleidungsstück der Landbevölkerung. Nasser wußte, wie wichtig es war, dieses Kleidungsstück zu „überwinden", um einen Mentalitätswandel und eine Öffnung zur Moderne hin zu erreichen, und deshalb hatte er eine Kampagne angeordnet, um die öffentliche Meinung zu gewinnen und dem Einfluß der radikalen Bewegungen entgegenzuwirken, die eine bestimmte Art, sich zu kleiden, zum Kennzeichen des islamischen Identitätsanspruchs machten.

Da wir gerade von symbolischen Elementen sprechen: Das bedeutendste ist natürlich die Moschee mit Kuppel und Minarett, zu der oft auch noch Lautsprecher und andere Verstärkungsvorrichten kommen, damit der Ruf zum Gebet möglichst weit und flächendeckend verbreitet wird: Das ist eine Methode, die gesamte Umgebung auditiv und visuell zu islamisieren.[4]

Auch das auf Plätzen und Gehwegen gehaltene Gebet oder die öffentlichen Veranstaltungen zum *Eid al-Fitr,* dem Fest am Ende des Fastenmonats Ramadan, sind Möglichkeiten, die islamische Präsenz sichtbar zu machen und zu zeigen, daß die öffentliche Bühne einen neuen Protagonisten hat, der radikal anders ist und an dem man nicht vorbeikommt. Doch der westliche, säkularisierte und nüchterne Durchschnittsbürger hält dies alles für eine folkloristische Darbietung, eine der vielen Manifestationen einer multikulturellen Gesellschaft, ohne die Aussage, die dahintersteht, wahrzunehmen. Wenn zum Beispiel Dutzende Personen sich – wie geschehen – an einem Freitag auf dem Domplatz in Mailand zum Gebet niederwerfen, dann nehmen sie den wichtigsten Platz der Stadt „symbolisch in Besitz". Es überrascht mich, daß die soziopolitische Dimension eines solchen Ereignisses nicht wahrgenommen wird. Dabei würde es doch schon genügen, einfach nur die Gesetze in Anwendung zu bringen, die für alle gelten: Die Straße oder der Platz ist ein öffentlicher Ort, den niemand in Besitz nehmen kann, der nicht für diese besondere Gelegenheit eine Genehmigung hat. Dieser Grundsatz gilt für das muslimische Freitagsgebet ebenso wie für eine katholische Prozession.

69. Eines der umstrittensten Symbole ist das traditionelle Kopftuch, das die Mädchen tragen und das lange Zeit Gegenstand erbitterter Auseinandersetzungen gewesen ist. An den französischen Schulen haben viele Schulleiter den „Foulard" verboten, weil sie darin ein Zeichen des Beharrens auf der eigenen Andersartigkeit und eine Weigerung sahen, sich zu integrieren.

Auch um diesen Fall zu verstehen, muß man von dem ausgehen, was in vielen islamischen Ländern geschieht. Hier ist das Kopftuch schon seit geraumer Zeit ein Symbol, das von den radikalen Bewegungen genutzt wird, um eine von der Regierungslinie abweichende Position sichtbar zu machen. Er ist ein muslimischer Brauch, der zu vorwiegend politischen Zwecken instrumentalisiert wird: Es ist kein Zufall, daß einige Regierungen (beispielsweise in Syrien, Tunesien oder der Türkei) das Tragen des Kopftuchs in Schulen und öffentlichen Gebäuden ausdrücklich verboten haben, um dem zunehmenden Einfluß der radikalen Bewegungen entgegenzuwirken. Andererseits muß man anerkennen, daß viele Mädchen das Kopftuch aus persönlicher religiöser Überzeugung tragen, auch wenn sie darin zuweilen von Erwachsenen (Eltern, Imam) beeinflußt werden.

Diese Ambivalenz macht das Kopftuch zu einem zwiespältigen Symbol, und das wiederum erklärt die Schwierigkeit, in einem pluralistischen Kontext wie dem europäischen mit diesem Problem umzugehen. Daher ist es die Aufgabe der Verantwortlichen an den Schulen und dort, wo das Problem sich stellt, ihre Entscheidungen im konkreten Einzelfall unter Berücksichtigung der tatsächlichen Absichten zu treffen und sie den betreffenden Mädchen und ihren Familien gegenüber zu begründen. Es handelt sich um eine Frage, die sich in einem vernünftigen und klärenden Gespräch eher lösen läßt als mit allgemeinen Regelungen, die die je unterschiedlichen Kontexte nicht in Betracht ziehen.

70. Kann man aufgrund des bisher Gesagten die These vertreten, daß eine Art „langer Marsch“ des Islams in das Innere der europäischen Gesellschaften in Gang ist?

Aus den islamischen Gemeinschaften empfangen wir Signale, die unterschiedliche Vorgehensweisen und Strategien erkennen lassen. Manchen schwebt eine Durchdringung Europas vor, die sich die typischen Merkmale der westlichen Demokratien wie den Pluralismus und die Freiheit der Meinungsäußerung zunutze macht; andere aber tun nichts anderes, als ihren Glauben im privaten Bereich oder in seinen öffentlichen Ausdrucksformen zu praktizieren, ohne damit religiöse, gesellschaftliche oder politische Expansionspläne zu verfolgen.

Interessant ist, was unter den Jugendlichen geschieht. Unter den Einwanderern der zweiten oder auch der dritten Generation haben sich manche eine Position erarbeitet, die die westlichen Werte mit denen der islamischen Identität versöhnt; ihre Verhaltensweisen unterscheiden sich von der Praxis, wie sie in den Herkunftsländern oder auch noch von ihren Eltern, die der ersten Einwanderergeneration angehören, gepflegt wird. Ich beziehe mich zum Beispiel auf zahlreiche maghrebinische Jugendliche, die stolz darauf sind, zugleich Franzosen und Muslime zu sein, und denen es auf persönlicher Ebene gelungen ist, Islam und Laizismus miteinander in Einklang zu bringen.

Andererseits darf man, um die Tragweite einer möglichen „stillschweigenden Islamisierung“ richtig einzuschätzen, auch die Tatsache nicht unterbewerten, daß die Emigration insbesondere junger Menschen wie eine Art Ventil wirkt: Über dieses Ventil lassen die Regierungen gewisser Entwicklungsländer den Druck der sozialen Spannungen ab, die aus hohen Arbeitslosenzahlen, Armut und dem Unmut weiter Bevölkerungsteile entstehen. Die Abwanderung Hunderttausender solcher „Unzufriedener“ aus den Ländern am südlichen Ufer des Mittelmeers kann jedoch dieselben sozialen Spannungen in Europa reproduzieren, denn hier sind es nicht selten die Einwanderer, die die Wirtschafts- und Beschäftigungskrisen als erste zu spüren bekommen. Und so verbreitet sich unter den muslimischen Auswanderern auch unter dem Einfluß einer gewissen Propaganda seitens der eher radikalen Organisationen die Überzeugung, daß die Rückkehr zu einer strengeren Glaubenspraxis die einzig wahre Lösung für all ihre Probleme ist.

Das macht sie empfänglicher für die Lockungen derer, die nach wie vor von der Islamisierung der Gesellschaft auch im alten Europa träumen, wo die Gewißheiten und die religiösen und kulturellen Bezugssysteme immer weniger verbreitet und tragfähig und die Aussichten für eine Expansion demzufolge vielversprechend sind.

Auf der anderen Seite dürfen die europäischen Staaten sich nicht aus Angst vor einer kulturellen und religiösen Invasion von den Prinzipien der Demokratie, des Pluralismus und der Freiheit lossagen, die ihre juristischen und legislativen Systeme prägen. Auf formaler Ebene kann man das „Ja“ zur Freiheit des Kults und der Meinungsäußerung in der Gesellschaft nur bekräftigen, wenn die im Namen des islamischen Glaubens erhobenen Forderungen nicht auch noch mit dem Anspruch einhergehen sollen, die Regeln des bürgerlichen Zusammenlebens zu ändern.

Ich bin jedoch ebenso davon überzeugt, daß es wenig weitsichtig wäre, sich mit einer bloß defensiven Haltung zu begnügen. Sowohl die Immigration als auch das Wachstum der muslimischen Gemeinden stellen die Europäer vor eine historische Herausforderung und könnten, wenn man sich der christlichen Terminologie bedienen wollte, geradezu als providentielles Ereignis bezeichnet werden. Denn diese neue Situation zwingt die Europäer dazu, sich eingehend mit der Frage zu befassen, was ihre Gesellschaften eigentlich zusammenhält, und über die Modelle und Regeln eines möglichen Miteinanders nachzudenken.

71. In Europa leben etwa 24 Millionen Muslime, die zum Teil die Staatsangehörigkeit der Länder angenommen haben, in denen sie leben. Es ist also nicht korrekt, sie als Einwanderer oder als Marokkaner, Algerier, Tunesier, Türken zu bezeichnen: Sie sind Mitbürger im vollen Wortsinn. Langsam aber sicher verändert sich auch die DNS des alten Kontinents, der immer multikultureller und multireligiöser wird. Welche Dynamismen lassen sich zwischen dem Bau des europäischen Gebäudes und der Anwesenheit dieser neuen Mitbewohner voraussehen, die die Staatsbürgerschaft und die damit verbundenen Rechte fordern?

Sicherlich ist es ratsam, sich die derzeitigen Veränderungen zu vergegenwärtigen, doch ich halte es vor allem für erforderlich, sich über gewisse unverrückbare Bezugsgrößen klarzuwerden, denn andernfalls läuft man Gefahr, sich von Emotionen und vielleicht auch von den politischen Chancen des Augenblicks überwältigen zu lassen.

Zunächst einmal nehme ich mir die Freiheit – ohne jede polemische Absicht, sondern aus reiner Wahrheitsliebe –, darauf hinzuweisen, daß diese 24 Millionen nur 4,6 Prozent der in Europa lebenden Bevölkerung darstellen, und daß die Muslime, die die betreffende Staatsbürgerschaft angenommen haben, gemessen an der Gesamtbevölkerung des jeweiligen Landes eine geradezu verschwindend kleine Minderheit darstellen. Eine deutlich wahrnehmbare, zum Teil von den Medien aufgeblähte und hervorgehobene Minderheit und vielleicht auch ein zunehmend wichtiger Faktor, aber doch immer noch eine winzige Minderheit. In Italien beispielsweise zählen die italienischen Staatsbürger muslimischen Glaubens einige Tausend und stellen weniger als zwei Prozent der italienischen Bevölkerung dar.

Doch woraus besteht die Mehrheit? Oder besser, was hat die Mehrheit gemeinsam und – noch radikaler – worauf gründet sich das gemeinsame Haus Europa, das derzeit errichtet wird. Worin bestehen seine Fundamente? Welcher Kompaß gibt dem Weg, der in den nächsten Jahren zu beschreiten sein wird, seine Richtung?

Auch wenn die Zahl derer, die diese Wahrheit aussprechen – vielleicht, weil sie nicht als politisch korrekt gilt –, immer kleiner wird, lehrt uns die Geschichte, daß die Wurzeln der europäischen Gesellschaft zwar nicht ausschließlich, aber doch zu einem großen Teil christlich sind. Und das Christentum war es auch, das sich im Lauf der Jahrhunderte mit anderen kulturellen und religiösen Traditionen verbunden und so einer Zivilisation das Leben geschenkt hat, die zwar pluralistisch ist, deswegen aber nicht zu einer undefinierbaren Masse ohne festen Kern und Charakter werden soll.

Das bedeutet, daß die Vorstellung von einem multireligiösen Europa uns nicht dazu verleiten darf, eine jahrhundertealte Geschichte einfach über Bord zu werfen, und daß die neuen kulturellen und religiösen Faktoren, die auf dem Kontinent in Erscheinung treten, mit dem, was sich dort bereits verfestigt hat, im Einklang sein müssen; daß also die „neuen Mitbewohner" (um den Begriff aus der Frage wiederaufzugreifen) in das gemeinsame Haus, das sich im Bau befindet, einziehen, sich aber nicht „ex novo" ein eigenes errichten dürfen, das nur ihnen vorbehalten ist. Einige maßgebliche Muslime (darunter *Ṭāriq Ramaḍān,* der Enkel von *Ḥassan al-Bannā,* dem Gründer der Muslimbrüder) vertreten die These, Europa sei nunmehr multireligiös, und die Christen müßten erkennen, daß sie nicht mehr in der Mehrheit sind. Ich halte dies für eine gleich doppelt falsche Sichtweise: zunächst in statistischer und dann auch in kultureller Hinsicht, denn auch der agnostische Deutsche ist kulturell gesehen Christ, so wie ich, ein arabischer Christ, kulturell gesehen Muslim bin. Mit anderen Worten: Auch wenn die Europäer in ihrer Gesamtheit keine Christen mehr sind, bezeichnet oder empfindet sich doch die Mehrheit als dem christlichen Glauben zugehörig und versteht sich, auch was ihre Mentalität betrifft, als christlich.

72. Bei dem mühseligen Unterfangen, die Europäische Union zu schaffen, hat die Debatte über die wirtschaftlich-finanziellen und politisch-institutionellen Aspekte die Frage nach den „Fundamenten" des europäischen Hauses bisher außen vor gelassen.

Schon in der im Dezember 2000 in Nizza proklamierten Charta der Grundrechte war jeglicher Hinweis auf die religiösen Wurzeln des Kontinents vermieden und eine allgemeinere Formulierung gewählt worden, die lediglich an das „spirituelle und moralische Erbe" der europäischen Länder erinnerte. Nun, da sich die Vertreter der verschiedenen Länder in der Konvention mit der Erarbeitung der ersten europäischen Verfassung beschäftigen, werden diese Fragen nach ihren grundlegenden Aspekten erneut aufgeworfen, doch die christliche Tradition scheint weiterhin zu einem Schattendasein verdammt ...

Ich habe den Eindruck, daß ihr Europäer vor lauter Modernität Gefahr lauft, euer Gedächtnis zu verlieren. Wenn man eure Geschichte mit intellektueller Seriosität studiert oder auch viele eurer individuellen und kollektiven Verhaltensweisen beobachtet, kommt man ganz eindeutig zu dem Ergebnis, daß die typischen Werte und Ideale des europäischen Kontinents nur schwer zu erklären sind, ohne sich auf die christliche Tradition zu berufen, die gemeinsam mit der griechisch-römischen und der jüdischen seine Grundlage bildet. Ich selbst, ein von der muslimischen Kultur durchdrungener Araber, habe Europa in den fünfziger Jahren entdeckt und festgestellt, daß diese europäische Kultur ohne den Bezug auf die christliche Tradition nicht zu verstehen ist. Und auch wenn sich das Brauchtum Ihres Landes und anderer Länder in der Folgezeit verändert hat, ändert das doch nichts an dieser Prägung, die tief in einer jahrhundertealten Geschichte verwurzelt ist.

Selbst Werte, die lange umstritten gewesen sind – wie die Gedankenfreiheit oder die Toleranz oder auch die von der Französischen Revolution verkündeten Rechte –, können ohne den Bezug auf ihren jüdisch-christlichen Ursprung nicht voll und ganz verstanden werden. Und so sehr auch das laizistisch geprägte Denken sich als den ausschließlichen Urheber jener Werte darstellt und versucht, sie gegen das religiöse Denken abzugrenzen, so entscheidend bleibt doch der Beitrag, den dieses letztgenannte geleistet hat.

Es ist kein Zufall, daß der laizistische Gedanke der Trennung von Kirche und Staat und von Glaube und Politik sich im Westen entwickelt hat und in der muslimischen Welt unvorstellbar scheint. Und ebenso ist es kein Zufall, daß die klarste Formulierung der Rechte der menschlichen Person im Westen entstanden ist und daß ihre Verbreitung in der muslimischen Welt auf Schwierigkeiten stößt. Der eigentliche Grund für all das ist die Tatsache, daß die westliche Zivilisation christlich inspiriert ist und im Lauf der Jahrhunderte auch die laizistischen Werte des Hellenismus und anderer Kulturen in sich aufnehmen konnte.

Gerade in Frankreich, dem laizistischen Staat schlechthin, begreift man die Muslime verglichen mit dem, was die Grundlage der Nation und Kultur dieses Landes ausmacht, als einen von Grund auf andersartigen (aber deswegen mit keiner geringeren Würde ausgestatteten) Bestandteil der Gesellschaft. Formal wird die soziokulturelle Dimension des Christentums im Namen des Laizismus verneint – und doch kann man in der Begegnung mit den Muslimen nicht umhin, sie für „anders" zu halten. Doch wie ist dieses „anders" zu verstehen wenn nicht in Abgrenzung zu dem, was die Grundlage der französischen wie auch jeder anderen europäischen Nation ausmacht und im Christentum zwar nicht die einzige, aber eine tiefe und starke Wurzel besitzt?

Um auf Ihre Frage zurückzukommen: Auf der gewaltigen Baustelle, die man aufgemacht hat, um dem alten Kontinent eine neue Struktur zu geben, sehe ich die Gefahr, daß die Charta, die Europa sich gibt, keine Seele haben wird. Und daß man mithin ein Gebäude mit instabilen Fundamenten bauen wird: einen Koloß mit tönernen Füßen.

Die Rolle der Konvertiten

73. Innerhalb der vielschichtigen Gesamtheit der Muslime, die in Europa Fuß gefaßt haben, besteht eine zahlenmäßig wenig bedeutende, aber vor allem in den Medien doch wahrnehmbare Minderheit aus Konvertiten. Welche Gründe können Ihrer Meinung nach einen Europäer dazu bewegen, sich dem Koran zu nähern?

Ich möchte vorausschicken, daß jede Konversion ein Ereignis ist, das zum Mysterium der menschlichen Freiheit gehört, und daß man bei jedem Erklärungsversuch in mehr oder weniger großem Umfang auf Vermutungen angewiesen ist. Dennoch kann man einige Überlegungen anstellen.

Die Europäer hegen bekanntlich ein gewisses Interesse für kraftvolle weltanschauliche Entwürfe. Sie erscheinen ihnen faszinierender als eine bestimmte, leicht verwässerte Form des Christentums, die aus Halbherzigkeiten, Zweifeln und Ängsten, aus vielen „Vielleichts" und manchem „Ich weiß nicht" besteht und wenige klare und feste Aussagen bietet. Der Islam vermittelt ein Gefühl der Sicherheit und Zugehörigkeit und bietet eine Reihe von Vorschriften, die das gesamte Dasein umfassen: So und so betet man, so und so verhält man sich, so und so ißt man. Manche fühlen sich angezogen von einer geordneten Existenz, die gewissen Regeln folgt und eine sichere Zuflucht vor dem um sich greifenden Relativismus bietet.

Eine besondere Kategorie von Konvertiten sind diejenigen, die sich dem Islam aus, nun, sagen wir „ehelichen" Gründen nähern. Eine muslimische Frau darf ja bekanntlich keinen andersgläubigen Mann heiraten. Also muß der zukünftige Ehemann, damit die Heirat in religiöser Hinsicht gültig ist, zunächst konvertieren; diese Konversion wird von einer islamischen Autorität vorbereitet und „zertifiziert". Doch es gibt auch Frauen, die zum islamischen Glauben übertreten, nachdem sie einen Muslim geheiratet haben.

Bei anderen rührt die Faszination von Auslandsreisen, spiritueller Lektüre oder aus Begegnungen und Freundschaften mit muslimischen Einwanderern her, die in Europa leben. Wieder andere konvertieren, weil sie von der Politik „enttäuscht“ sind: Bei ihnen handelt es sich um ehemalige Aktivisten, die nicht selten auf eine langjährige Erfahrung in den Reihen der extremen Linken oder der extremen Rechten zurückblicken und ihr ziviles Engagement nun im kulturellen Kontext des Islams überarbeiten. Der Islam, in dem sie sich wiedererkennen, stellt sich als „alternatives System“ dar: eine Mischung – und Sublimierung – der Solidarität mit den Unterdrückten, der Befreiung vom Neokolonialismus sowie der Abscheu vor dem Konsumismus, dem Westen und dem, was als seine Religion schlechthin betrachtet wird: dem Christentum.

Zusammenfassend läßt sich also sagen, daß es, abgesehen von den sogenannten „ehelichen“ Gründen, für eine Konversion im wesentlichen zwei starke Triebfedern gibt: die starke mystische und spirituelle Kraft, die der in den europäischen Gesellschaften so weit verbreiteten Sehnsucht nach dem Heiligen entgegenkommt, und die Faszination einer Religion, die in der Öffentlichkeit mit so unverkennbar allumfassenden Ansprüchen und ohne Minderwertigkeitskomplexe auftritt und gesellschaftlich sichtbare Lebensmodelle einfordert.

Die ideologische Vorstellungswelt der Konvertiten neigt dazu, den Westen einerseits mit einer schwachen, den Islam andererseits mit einer starken Kultur zu assoziieren. Für eine immer stärker säkularisierte Gesellschaft ist es faszinierend zu sehen, daß das Religiöse als wesentlicher Bestandteil der individuellen und kollektiven Dimension eingefordert wird, und ein Glaube, der den Individuen nicht nachläuft, ihnen beisteht und ihre Schwächen rechtfertigt, sondern sich als totale und totalisierende Alternative präsentiert, übt eine starke Wirkung aus. Der Islam stellt sich als umfassender Entwurf dar oder wird als solcher wahrgenommen, als ein stark gewürztes Gericht, verglichen mit den „faden Süppchen“, die üblicherweise auf den westlichen Tischen serviert werden, kurz: als überzeugende

Antwort auf eine bisher nicht zufriedenstellend beantwortete Sinnfrage.

Gestatten Sie mir eine letzte Bemerkung: Man darf nicht vergessen, daß die Möglichkeit, einer anderen Religion anzugehören und dies öffentlich zu bekennen, durch das Klima der Freiheit garantiert wird, das sich in Europa vor allem dank der christlichen Vorstellung von der Person und von der Gesellschaft hat entwickeln können. Etwas Derartiges in den islamischen Ländern zu finden, ist aufgrund der bereits erwähnten Situationen der Intoleranz schwer oder praktisch unmöglich.

74. Können die Konvertiten dadurch, daß sie in Europa geboren und aufgewachsen sind, als eine Art „Brücke" zwischen den muslimischen Einwanderern und den Gesellschaften der Aufnahmeländer fungieren?

Ich persönlich bin, was das betrifft, eher skeptisch, auch wenn die Perspektiven, die sich hier eröffnen, natürlich faszinierend sind. Die Konvertiten genießen in der Tat viele Vorteile: Abgesehen davon, daß sie die Sprache des Landes, in dem sie leben, perfekt beherrschen, kennen sie seine Sitten, Gebräuche und seine Mentalität. In den letzten Jahren habe ich jedoch viele von ihnen kennengelernt und feststellen müssen, daß sie im allgemeinen (von einigen bedeutenden Ausnahmen abgesehen) nur eine begrenzte Kenntnis des Islams und seiner Tradition besitzen oder sich ein Bild davon gemacht haben, das nur wenig mit der Realität zu tun hat.

Außerdem muß ich aufgrund der Erfahrungen, die ich in mehreren Ländern gemacht habe, feststellen, daß sich einige Konvertiten leider nicht durch ein Streben nach echter Integration auszeichnen, sondern eher dazu neigen, unleugbare Unterschiede zwischen dem Islam und ihrer Heimat noch zu betonen. Für diese Haltung ist wahrscheinlich die Tatsache verantwortlich, daß ihre Begegnung mit der muslimischen Religion nach einer intellektuellen und spirituellen Entwicklung erfolgt ist, die von der Ablehnung westlicher Werte gekennzeichnet war.

Viele Konvertiten nehmen (und das geschieht in allen Religionen) vielleicht auch deshalb radikale Positionen ein, um den Bruch, den sie vollzogen haben, vor sich selbst zu rechtfertigen. Wer seine Lebensweise ändert, braucht ein großes inneres Gleichgewicht, um entweder die eine oder die andere Entscheidung zu verinnerlichen. Ganz sicher wollen die meisten muslimischen Immigranten in Europa für sich und ihre Familien vor allem ein anständiges Leben; deshalb haben sie weder die Zeit noch das Interesse, sich mit „politischen“ Aspekten zu befassen. Die Konvertiten dagegen machen die soziopolitische Dimension häufig zu ihrem Betätigungsfeld, werfen sich zu Wortführern der gesamten Gemeinschaft auf und kämpfen um einen besonderen Status oder um bestimmte Ausnahmeregelungen. Einige kleiden oder verhalten sich „exotisch“ und heben sich damit ab, um ihre Andersartigkeit zu betonen, während die Einwanderer sich in dieser Hinsicht eher um Unauffälligkeit bemühen oder zumindest keine Zurschaustellung betreiben. Kurz: Konvertiten sind eben oft „päpstlicher als der Papst“.

75. Glauben Sie, daß die Jugendlichen, also die Angehörigen der zweiten und dritten Einwanderergeneration, die Protagonisten einer wünschenswerten Integration des Islams in die europäischen Gesellschaften sein könnten?

Jede Emigration ist für sich genommen eine Gelegenheit zur Begegnung mit dem Anderen und bietet deshalb die Chance zum Austausch, zur gegenseitigen Bereicherung und zur Veränderung vor allem bei dem, der ankommt, aber auch bei dem, der ihn aufnimmt.

Auf den ersten Blick und oberflächlich betrachtet, könnte man sich darauf einigen, daß jemand, der in der Emigration geboren ist – oder zumindest die persönlichkeitsprägenden Jahre der Kindheit und Jugend in der Emigration verbracht hat –, die Mittel besitzt, um die Mechanismen und Werte, die das Zusammenleben regeln, zu verstehen, die Vorteile gegenüber der Heimat der Eltern zu schätzen und damit zum Wegbereiter für ein Verhältnis zu werden, das weniger stark von Konflikten geprägt ist, als es in den Generationen vor ihm der Fall war.

Es darf aber nicht vergessen werden, daß die Jugendlichen ein starkes Bedürfnis haben, sich mit der Gruppe der Gleichaltrigen zu identifizieren. Sie neigen dazu, sich ihren Altersgenossen anzupassen und deren Einstellungen, Tendenzen und Werte zu übernehmen, um voll und ganz „einer von ihnen" zu werden. Wenn es zwischen den Werten der Tradition und jenen, die man in der Schule oder in der Gruppe der Gleichaltrigen kennenlernt, zum Konflikt kommt, dann ist es recht wahrscheinlich, daß letztere den Sieg davontragen (vor allem bei muslimischen Mädchen, für die die Gegensätze deutlicher und schärfer sind), und mit all diesen Wandlungen ändert sich nach und nach auch die Art, die eigene kulturelle und religiöse Identität wahrzunehmen und auszudrücken. Auch im Inneren der Kernfamilie, die üblicherweise dazu neigt, an den traditionellen Werten festzuhalten, kann es zu Gegensätzen kommen, die mittlerweile auch in Büchern, Filmen, Theaterstücken und Liedern thematisiert werden. All das hat einige Beobachter zu Recht zu der Auffassung veranlaßt, daß die Jugendlichen das neue Gesicht eines zunehmend europäischen und den Werten der Laizität und der Moderne gegenüber aufgeschlossenen Islam sind.

Ein aufmerksamer Beobachter aber vermag auch Prozesse zu erkennen, die unter ganz anderen Vorzeichen ablaufen: Ich beziehe mich beispielsweise auf das, was in gewissen Vororten der französischen Hauptstadt oder in den arabisch-muslimischen Vierteln einiger großer europäischer Städte geschieht. Dort nämlich sind die Jugendlichen die Protagonisten dessen, was als „Rückkehr zum Islam" bezeichnet wird: einer radikal und antiwestlich ausgerichteten Wiederaneignung der eigenen Wurzeln, die die Religionszugehörigkeit rigoristisch und kompromißlos als etwas Trennendes interpretiert und nicht bestrebt ist, sich in die umgebende Gesellschaft zu integrieren, sondern sie zu überlagern. Und in diesen Fällen sind es nicht selten die Kinder, die ihren Eltern vorwerfen, das ursprüngliche Erbe „verraten" und sich vom wahren Islam entfernt zu haben. Zuweilen wird dieser Konflikt im Inneren der muslimischen Gemeinschaft noch von den radikalen Organisationen angeheizt: Sie versuchen, die Jüngeren zu einer Einstellung zu drängen, die von jeder Integrationsperspektive weit entfernt ist, und alles zu fördern, was die Opposition gegen den Westen verstärkt.

76. Welche Faktoren könnte man abschließend nennen, die die Integration des Islams in Europa fördern?

Ich glaube, daß das Miteinander im Inneren von Gesellschaften, in denen grundlegende Prinzipien wie die Achtung vor den Rechten der Person, die Gleichberechtigung von Mann und Frau, Demokratie und Pluralismus, Religionsfreiheit und die Trennung von Religion und Staat herrschen, die muslimischen Gemeinschaften auf lange Sicht positiv beeinflussen kann. Doch dieser Prozeß läuft nicht automatisch ab, und es sind einige Voraussetzungen notwendig, um ihn zu begünstigen.

1. Zum einen müssen die Regierungsautoritäten die soeben erwähnten Prinzipien mit äußerster Konsequenz immer wieder geltend machen, denn sie sind es, die Europa zu einem Leuchtturm der Zivilisation und zu einem Land der Gastfreundschaft und Freiheit gemacht haben. Zum anderen ist die Bereitschaft vonnöten, jene Besonderheiten des Islams zu tolerieren, die nicht mit der juristischen und legislativen Ordnung und mit den bestehenden Sitten der jeweiligen Länder kollidieren. In diesem Zusammenhang ist die in Großbritannien geführte Debatte von Bedeutung: Hier hat unter anderem der Innenminister der Labour-Regierung, David Blunkett, eine Kampagne vorgeschlagen, um die Integration der verschiedenen ausländischen Gemeinschaften zu fördern, die dazu aufgefordert werden, „britische Verhaltensnormen" zu übernehmen. „Man kann das Nichttolerierbare nicht bloß deshalb tolerieren, weil es in der Maske des kulturell Andersartigen daherkommt", hat der Minister erklärt und vor Konflikten gewarnt (die die britische Gesellschaft überdies in ihrer langjährigen Erfahrung als Einwanderungsland bereits erlebt hat), die ausbrechen können, wenn die Angehörigen

der ausländischen Gemeinschaften einerseits darauf bestehen, sich Engländer zu nennen, und andererseits das Recht für sich in Anspruch nehmen, die Gebräuche ihrer Herkunftskulturen unverändert aufrechtzuerhalten.[5]

Äußerst vielsagend, was die Aktualität dieser Frage betrifft, ist auch die Polemik, die sich in Deutschland an dem Begriff der sogenannten „Leitkultur" entzündet hat. Dieser Begriff einer Kultur, die allen Einwohnern Deutschlands als Orientierung dienen soll, stammt bezeichnenderweise von Bassam Tibi einem deutschen Politologen syrischer Herkunft und muslimischen Glaubens, der nach eigener Aussage „kulturelle Vielfalt" befürwortet, sich „aber entschieden gegen Multikulturalität" und gegen die Versuche der radikalen muslimischen Organisationen zur Wehr setzt, die „im Namen kommunitaristischer Rechte und im Rahmen eines Anspruchs auf eine eigene kulturelle Identität eine Geltung der Scharia für die muslimischen Migranten [fordern]. Dagegen argumentiere ich als liberaler Muslim: Die Scharia würde mit der säkularen Identität Europas kollidieren und im Widerspruch zu den von Menschen gestalteten europäischen Verfassungen (...) stehen."[6]

2. Auf seiten der Muslime muß der Wunsch stärker werden, sich voll und ganz als Bürger der Gesellschaften zu fühlen, in denen sie Fuß gefaßt haben, und das ohne jede Doppelbödigkeit oder Nostalgie und ohne den Anspruch, daß nur die Übernahme der Rechtsmodelle ihrer Heimatländer ihnen die volle religiöse Ausdrucksfreiheit gibt, die doch in Wirklichkeit durch ein für alle gültiges System von Garantien und Freiheiten gewährleistet ist.

3. Schließlich können sich auf der ganz elementaren Ebene des alltäglichen Lebens die Prozesse der schulischen Eingliederung als entscheidend erweisen, die in der Integrationsdynamik eine grundlegende Rolle spielen – ebenso wie die Eingliederung der muslimischen Frauen in die Arbeitswelt, die angesichts einer Situation der Benachteiligung und Unterordnung emanzipatorische Vorgänge auslösen kann. Von großer Bedeutung sind auch so einfache Aspekte wie die Nachbarschaft in einem Wohnhaus,

das Miteinander am Arbeitsplatz und der Austausch anstelle einer um jeden Preis aufrechterhaltenen Verschiedenheit. Das alltägliche Zusammenleben scheint mir ein ganz grundlegender Faktor zur Förderung der Integration und zur Stärkung der Solidarität zu sein – vorausgesetzt, die Regierungen haben, wie bereits angesprochen, im Vorfeld klare Regeln für dieses Zusammenleben aufgestellt, die keine Grauzonen für jene übriglassen, die aus „Respekt vor der Verschiedenheit" in den europäischen Gesellschaften muslimische Ghettos einrichten wollen.

Minarette in Europa: wie sich der Staat verhalten sollte

77. Die Zahl der Muslime in Europa wird wahrscheinlich noch zunehmen: zum einen, weil aufgrund von Familienzusammenführungen und Arbeitssuche neue Einwanderer ins Land kommen, und zum anderen, weil die Geburtenrate in den muslimischen Familien entschieden über dem europäischen Durchschnitt liegt. Wir haben es also mit einer der größten Religionsgemeinschaften zu tun, was die Institutionen zwingen wird, ihre Prioritäten zu klären …

Ehe ich näher auf diese Frage eingehe, halte ich einen Einwand für sinnvoll, der vielleicht provozierend wirkt, doch notwendig ist, um ein gewaltiges Mißverständnis auszuräumen: Nehmen wir an, daß der Islam in einem Land wie Italien, Frankreich oder Deutschland jetzt oder in ein paar Jahren die zweitgrößte Religionsgemeinschaft ist, dann ist das zwar numerisch so, kann jedoch in diesem Fall zu einer allzu eingeschränkten Sichtweise und womöglich zu irrigen Schlußfolgerungen führen.

Lassen Sie mich das kurz erklären: Wenn man zum Beispiel heute vom Islam als „zweitgrößter Religionsgemeinschaft Italiens" spricht, dann assoziiert man damit eine Realität, die gleich nach der erstgrößten – dem Christentum – kommt und Millionen von Personen betrifft. Tatsächlich aber handelt es sich um eine Gemeinschaft von einer Million Personen, das sind 1,8 % der Gesamtbevölkerung. Verstehen Sie? Wir sprechen im Grunde nicht von der „zweitgrößten Religionsgemeinschaft" – wir sprechen von 1,8 % der Menschen, die in diesem Land leben.

Es ist mißverständlich, deshalb Italien als ein „multireligiöses" Land zu definieren: Die Anwesenheit von Personen, die sich zu unterschiedlichen Religionen bekennen – dem Christentum mit seinen verschiedenen Konfessionen, dem Islam, dem Judentum, dem Buddhismus, dem Hinduismus usw. –, bedeutet ja nicht, daß all diese Religionen in der italienischen Gesellschaft denselben Stellenwert oder dasselbe spezifische Gewicht besitzen. Es liegt auf der Hand, welche Gefahr ein solcher Standpunkt für die christliche Tradition mitbrächte, die auf diese Weise implizit zu einer Gegebenheit unter anderen degradiert und sozusagen um den Beitrag „betrogen" wird, den sie zum Aufbau der Gesellschaft geleistet hat. Die „Multi-Rhetorik" (multikulturell, multireligiös, multiethnisch) neigt dazu, zugunsten einer undifferenzierten und gesichtslosen Gleichheit alles zu nivellieren. Mir ist bewußt, daß das, was ich hier sage, nicht „politisch korrekt" klingt, aber es wird der Wirklichkeit und der Geschichte dieses Landes zweifellos eher gerecht als gewisse soziologische Analysen, die im Namen der Toleranz und einer mißverstandenen Solidarität die Sicht verfälschen und in juristischer und kultureller Hinsicht zu irrigen Schlußfolgerungen verleiten.

78. Manche Politiker in Deutschland meinen, der konfessionellen Entwicklung Rechnung zu tragen zu müssen, indem Muslime den Freitag als wöchentlichen Ruhetag begehen können oder den Schülern freizugeben, damit die Muslime am gemeinsamen Gebet teilnehmen können, gefordert wird auch die offizielle Anerkennung einiger islamischer Feiertage.

Auch wenn das paradox erscheint: Der wöchentliche Ruhetag hat in der islamischen Tradition keinen unbedingt religiösen Charakter. Die Vorstellung, die dem wöchentlichen Ruhetag in der jüdisch-christlichen Tradition zugrundeliegt, daß nämlich Gott am siebten Schöpfungstag geruht hat, gilt bei den Muslimen als verdammenswerter Anthropomorphismus. Gott ruht nie, und der Koran schreibt dem Menschen auch nicht vor, freitags zu ruhen. Es war weniger der Respekt vor einem religiösen Gebot als vielmehr die Notwendigkeit, sich in Arbeitsfragen nach den Standards der internationalen Rechtsprechung zu richten – die pro Woche wenigstens einen Ruhetag vorsehen –, die dazu geführt hat, daß auch in den islamischen Ländern ein obligatorischer Ruhetag eingeführt wurde. Die einzige religiöse Verpflichtung, die den Freitag betrifft, ist das gemeinsame Gebet, das für die

Zeit zwischen zwölf und dreizehn Uhr vorgesehen ist, eine halbe Stunde dauert und üblicherweise in der Mittagspause gehalten wird – also mit den Arbeitszeiten eines normalen Werktags durchaus kompatibel ist.

Was die Idee betrifft, den Freitag zum alternativen Feiertag zu machen, so weise ich darauf hin, daß eine kürzlich von der Agnelli-Stiftung in Turin durchgeführte Untersuchung ergeben hat, daß der Freitag in den Staaten, aus denen die Mehrheit der in Italien wohnhaften Muslime stammt, kein Feiertag ist: Albanien, der Senegal, Tunesien und die Türkei haben den Sonntag gewählt, während Marokko seinen Bürgern die Wahl läßt zwischen Freitag, Samstag, Sonntag oder dem Markttag.[7]

Fazit: Weshalb sollte ein europäisches Land dieser Forderung nachgeben, wenn die Freitagsruhe keinerlei doktrinelle islamische Grundlage hat und auch in den Herkunftsländern nicht praktiziert wird?

79. Sollten Muslime die Arbeit unterbrechen dürfen, um das rituelle Gebet zu halten?

Ich weise zunächst darauf hin, daß die islamische Tradition es erlaubt, die fünf Gebete in einigen Momenten des Tages zusammenzufassen. So ist es möglich, das erste und zweite Gebet gleich nacheinander (zum Beispiel noch zuhause, ehe man zur Arbeit geht) zu verrichten und auch die vierte und fünfte Gebetszeit (nach der Arbeit) miteinander zu kombinieren; das dritte Gebet kann in der Mittagpause gehalten werden. Und genau das tut die Mehrheit der praktizierenden Gläubigen in den muslimischen Ländern.

Auf der anderen Seite ist zu bedenken, daß ohnehin nur eine Minderheit die fünf rituellen Gebete verrichtet. Ehe man voreilige Entscheidungen trifft, sollte man sich einen Eindruck von der Realität des Islams verschaffen, und es wäre interessant, wenn man ein soziologisches Institut damit beauftragen würde, die „Treuerate“ im Hinblick auf das fünfmalige Gebet zu ermitteln.

Überdies hat die detaillierte Analyse der Agnelli-Stiftung, die ich soeben erwähnte, ergeben, daß kein muslimischer Staat mit Ausnahme von Saudi-Arabien diesbezügliche Gesetze erlassen hat: Die Pausen für das Gebet werden praktisch überall der freien Initiative des einzelnen Gläubigen überlassen und häufig zu drei Gebetszeiten zusammengefaßt, die außerhalb der Arbeitsstunden liegen – wie übrigens auch im äußerst islamischen Iran.

Ich glaube, daß man sich dort, wo eine beträchtliche Anzahl von Arbeitnehmern betroffen ist und auch entsprechende Wünsche äußert, direkt vor Ort einigen und die betreffenden Vereinbarungen eventuell auch in die Unternehmenssatzungen aufnehmen kann, ohne zu gesetzgeberischen Mitteln zu greifen, die schwieriger zu erreichen und umzusetzen sind, und ohne den Imam oder andere religiöse Autoritäten damit zu behelligen. Auf jeden Fall aber sollten die betreffenden Zugeständnisse regelmäßig anhand der realen Erfordernisse überprüft werden, damit aus ihnen keine unwiderruflichen Rechte werden.

Denkbar wäre auch eine allgemeine Regelung, die im Rahmen flexibler Arbeitszeiten auf Einzelabkommen zwischen Arbeitskräften und Unternehmern verweist. Meiner Ansicht nach wäre es aber in jedem Fall hilfreich, wenn man dieses Thema „entkonfessionalisieren" und so dazu beitragen würde, daß religiöse Prinzipienkonflikte vermieden und unter einem laizistischen, realistischen und pragmatischen Blickwinkel Lösungen gesucht werden, die unter Berücksichtigung der jeweils „kompatiblen" Besonderheiten eine größtmögliche Integration anstreben.

80. Die ersten Versuche im Zusammenhang mit dem islamischen Religionsunterricht an Schulen sind bereits am Laufen …

Ich will hier lediglich anmerken, daß der islamische Religionsunterricht erst dann an den Schulen eingeführt werden kann, wenn eine ganze Reihe von Punkten wie Lehrpläne, Lehrbücher und Lehrpersonal – das in jedem Fall der Kontrolle durch den Staat unterstehen muß – vorab geklärt worden sind.

Der gesunde Menschenverstand läßt es zudem ratsam erscheinen, eine Mindestanzahl von Schülern als Voraussetzung für ein solches Angebot festzusetzen. Natürlich muß der Unterricht in deutscher Sprache erteilt werden, um die Integration in das soziale Gefüge zu erleichtern. Anträge, die islamischen Religionsstunden – wie in den Koranschulen – auf arabisch (also in der Sprache der heiligen Schrift des Islams) abzuhalten, müssen gegebenenfalls abgelehnt werden.

Wir wissen außerdem, daß die in einigen deutschen Bundesländern gemachten Erfahrungen erhebliche Probleme aufgeworfen haben. Weil die Mehrheit der dortigen Schüler türkischer Abstammung ist, hat man die türkische Regierung in Ankara mit der Ernennung türkischer Lehrer beauftragt, was jedoch kritisiert wurde, weil dies erstens eine Einmischung von seiten eines anderen Landes und zweitens eine Diskriminierung der nichttürkischen Schüler darstellte. Manche fürchten auch, daß das Lehrpersonal von radikaleren Organisationen infiltriert wird und die Religionsstunde sich dadurch in eine antiwestliche Übung verwandeln könnte.

81. Kann ein moderner europäischer Staat die nach islamischem Ritus geschlossene Ehe anerkennen?

Um eines sofort zu klären: Hier haben wir es nicht mit einem rituellen, sondern einem inhaltlichen Problem zu tun. Das betrifft weniger die Gültigkeit einer einzelnen Ehe als die Konsequenzen. Wie wir bereits gesehen haben, hat hier die islamische Tradition einige Grundsätze, die den modernen europäischen Verfassungen widersprechen: die Polygamie mit der Möglichkeit für den Mann, gleichzeitig bis zu vier Ehen zu schließen; die einseitige und außergerichtliche Entlassung der Frau durch den Mann; das Sorgerecht für die Kinder, das im Falle einer Scheidung dem Vater zugesprochen wird, auch wenn sie bis zum Alter von sieben Jahren in die Obhut der Mutter gegeben werden können; das Erbteil der männlichen Kinder, das doppelt so groß ist wie das der weiblichen; sowie die Verpflichtung auch der getauften Kinder, die Religion ihres Vaters zu übernehmen. Und das sind nur die eklatantesten Aspekte der islamischen Eheschließung, die mit der Gesetzgebung in Europa nicht vereinbar sind.[8]

82. Wenn man von den bisher untersuchten Einzelforderungen absieht: Welchen Kurs sollten die öffentlichen Einrichtungen einschlagen?

Man muß auf jeden Fall die bestmögliche Integration in die italienische Gesellschaft begünstigen. Natürlich muß die religiöse Ausdrucksfreiheit (die im übrigen in der italienischen Verfassung verankert ist) gewährleistet sein; andererseits gilt es jedoch mißverständliche Überlagerungen zwischen Religion und Politik sowie zwischen den Rechten des einzelnen und den Rechten einer Gemeinschaft zu vermeiden, wie es sie in den islamischen Ländern häufig gibt, weil der Bezugshorizont hier im wesentlichen durch einen konfessionellen Staat gebildet wird.

Die Laizität ist eine Errungenschaft, von der die Zivilgesellschaft und der Staat auf keinen Fall abrücken dürfen und die eine Chance sein kann, um einen Modernisierungsprozeß zu begünstigen, der sich wenn auch in widersprüchlicher und nicht linearer Weise derzeit in der muslimischen Welt vollzieht.

Die Moschee: eine muslimische Kirche?

83. Kommen wir zum Thema der Moschee, das in regelmäßigen Abständen immer wieder Diskussionen und Polemiken hervorruft. Man denkt im Grunde, die Moschee sei nichts anderes als eine muslimische Kirche. Was genau stellt ein Ort wie die Moschee in der Erlebniswelt der Muslime dar?

Ich glaube, hier handelt es sich vor allem um eine methodische Frage: Wenn man über dieses und über andere Themen diskutiert, muß man vom Objekt selbst ausgehen und nicht von den diesbezüglichen Vorurteilen oder vermeintlichen Informationen. Wir neigen zu der Vorstellung, daß der andere doch alles in allem genauso oder zumindest so ähnlich ist wie wir, doch das ist ein zweischneidiges Schwert. Wir müssen das Anderssein des anderen anerkennen, wenn wir ihn nicht kulturell „vereinnahmen" und zulassen wollen, daß Mißverständnisse aufkommen und sich entfalten.

Wenn wir uns also dem eigentlichen Objekt der Diskussion zuwenden, dann müssen wir vor allem klarstellen, daß die Moschee nicht mit einer muslimischen Kirche gleichgesetzt werden kann, sondern etwas vollkommen und grundlegend anderes darstellt. Um ihre Funktion und ihre Bedeutung zu verstehen, darf man nicht von der christlichen Tradition oder der westlichen Mentalität ausgehen, sondern muß auf den Islam, sein Wesen und seine Geschichte blicken.

In der arabischen Tradition gibt es zwei Begriffe, die die Moschee bezeichnen: *Masǧid* (das als Mezquita ins Spanische und von dort aus in alle anderen europäischen Sprachen gelangt ist) und *Ǧāmiʿ*. Dieses zweite Wort ist in der arabisch-islamischen Welt weiter verbreitet. Der erste Begriff leitet sich von der Wurzel *s-ǧ-d* ab und bedeutet „sich niederwerfen", die zweite Bezeichnung stammt aus der Wurzel *ǧ-mʿ* und bedeutet „versammeln". Die Moschee ist also der Ort, an dem die Gemeinschaft sich versammelt, um sich mit alledem zu beschäftigen, was sie betrifft: dem Gebet, aber auch sozialen, kulturellen und politischen Fragen. Alle Entscheidungen der Gemeinschaft werden an diesem Ort getroffen: Wollte man ihn auf einen Ort des Gebets beschränken, täte man also der islamischen Tradition Gewalt an.

Der Freitag *(Yawm al-Ǧumuʿa)* ist der Tag, an dem sich die Gemeinschaft versammelt. Man trifft sich in der Mittagszeit zum öffentlichen Gebet, dem die *Ḫuṭa,* eine Ansprache, folgt, die nicht mit der Predigt eines Priesters während der Messe verglichen werden kann, weil sie die wichtigsten aktuellen Fragen behandelt und damit weit über rein spirituelle Aspekte hinausgeht. In vielen muslimischen Ländern – beispielsweise in Ägypten, dem bevölkerungsreichsten arabischen Staat – werden die Moscheen an Freitagen von Sicherheitskräften bewacht. Der Grund hierfür ist rasch erklärt: Viele politische Entscheidungen gehen von der Moschee und der am Freitag gehaltenen *Ḫuṭa* aus. Die Historiker des Islams wissen, daß viele Revolutionen und Volksaufstände in den Moscheen begonnen haben und daß auch der *Ǧihād* häufig in der *Ḫuṭa* erklärt wird. Unter anderem deshalb muß der Text dieser Ansprache in vielen muslimischen Ländern vorab den Zivilbehörden vorgelegt werden.

84. Sie halten es also nicht für korrekt, die Moschee als Kultstätte zu betrachten?

Meine persönliche Meinung ist hier nicht so wichtig, aber schauen Sie sich doch einmal an, was die Muslime selber denken. Es ist falsch, die Moschee als Kultstätte zu betrachten, und es greift zu kurz; genauso wie es irreführend ist, im Namen der Religionsfreiheit über den Bau von Moscheen zu diskutieren, denn es handelt sich eben nicht um rein religiöse Gebäude, sondern um Orte, die zudem eine kulturelle, soziale und politische Funktion besitzen.

Außerdem darf man nicht vergessen, daß der für das Freitagsgebet bestimmte Ort als heilige Stätte des Islams gilt und es damit für immer Vorrecht der Gemeinschaft bleibt, darüber zu entscheiden, wer an diesem Ort zugelassen werden darf und wer ihn im Gegenteil entweihen würde.

In den Städten der muslimischen Länder gibt es häufig kleine Bereiche, die *Muṣallā,* also Orte des Gebets *(Ṣalāt),* genannt werden. Hierbei handelt es sich um eine Art „Kapelle“, die einigen Dutzend Gläubigen Platz bietet und sich häufig anstelle einer Wohnung im Untergeschoß eines Hauses befindet. Diese weniger auffälligen Orte werden praktisch ausschließlich für das Mittagsgebet der Menschen von der Straße oder aus den benachbarten Häusern genutzt.

Die Moscheen haben normalerweise ein Minarett *(Manāra),* von dem aus der Muezzin *(Muʾaḏḏin)* zum Gebet *(Aḏān)* ruft. Diese Minarette haben eine praktische Funktion und sind etwas höher als die umliegenden Häuser. In der Geschichte dienten sie oft als Symbol für die Anwesenheit der Muslime und erfüllten zuweilen auch den politischen Zweck, die Überlegenheit des Islams über die anderen Religionen hervorzuheben; ihr eigentliches Ziel besteht aber darin, die Stimme des Muezzin zu den Bewohnern der Umgebung zu tragen. In diesem Jahrhundert hat man oft Verstärker oder Lautsprecher auf den Minaretten angebracht (vor allem dort, wo sich eine Kirche oder ein christliches Viertel in der Nähe befindet), und die Muezzins haben dem Gebetsruf Sätze hinzugefügt und so seine zeitliche Dauer verlängert. Diese Neuerungen widersprechen jedoch der islamischen Tradition und werden von den orthodoxeren muslimischen Ländern wie beispielsweise Saudi-Arabien verurteilt, auch wenn dies nichts an den bereits verfestigten Gewohnheiten ändert. In anderen Staaten wie etwa Ägypten ist der Einsatz von Lautsprechern auf den eigentlichen Aufruf (der circa zwei Minuten dauert) beschränkt und für das Morgengebet ganz verboten, wobei dieses Verbot allerdings häufig mißachtet wird. Auch der Einsatz von Tonbändern, der sich in Europa eingebürgert hat, gilt als Verstoß gegen die Tradition.

Jenseits aller historischen und „liturgischen“ Erwägungen, die ich soeben dargelegt habe, ist es jedoch auch sinnvoll sich zu fragen, wer den Bau und die Instandhaltung der Moscheen finanziert – nicht um sich in die Angelegenheiten anderer Leute einzumischen, sondern weil auch hier der Grundsatz gilt: „Wer zahlt, hat das Sagen." Es ist kein Geheimnis, daß ein großer Teil der Moscheen und islamischen Zentren in Europa von ausländischen Regierungen und insbesondere von Saudi-Arabien finanziert wird, das auch Imame seines Vertrauens einsetzt. Nun steht aber Saudi-Arabien in der Welt des sunnitischen Islam bekanntlich für die strengste – die sogenannte wahhabitische – Richtung. Ich glaube nicht, daß gerade diese Imame den Einwanderern helfen können, sich in die westliche Gesellschaft zu integrieren oder sich der Moderne zu öffnen. Das aber sind unabdingbare Voraussetzungen für ein friedliches Zusammenleben mit der einheimischen Bevölkerung.

85. Was ist also zu tun? Wie soll man zum Beispiel auf die immer zahlreicheren Forderungen nach Moscheen reagieren?

Es versteht sich von selbst, daß es den Muslimen erlaubt sein muß zu beten, doch muß man sich dabei an die Regeln und Gepflogenheiten der westlichen Gesellschaften halten. So kann es beispielsweise nicht angehen, daß Straßen, Bürgersteige oder Plätze belegt werden, wie es in gewissen muslimischen Ländern leider der Fall ist, so als stünde das Gebet über dem Gesetz. Und man kann auch nicht um fünf Uhr morgens oder um zehn Uhr am Abend mit Lautsprechern zum Gebet rufen und die Nachbarn stören. Ich muß außerdem daran erinnern, daß man nach islamischem Recht überall beten kann: zuhause, auf der Straße, am Arbeitsplatz, auf freiem Feld. Selbst für das gemeinsame Gebet muß man nicht in die Moschee gehen, weil „die ganze Welt eine große Moschee ist", wie Mohammed in einem *Ḥadīṯ* sagt.[9]

Was einen europäischen Kontext betrifft, der durch eine auch in kleinen Zentren verstreuten muslimischen Gemeinschaft charakterisiert wird, halte ich die bereits erwähnte *Muṣallā* für die angemessenste Lösung: In diesen „Kapellen" könnten sich die Gläubigen ganz bequem zum Gebet treffen. Und sie wären außerdem weniger kostspielig als die großen Gebäude, für die man fast unweigerlich auf finanzielle Unterstützung durch die Regierungen anderer Länder oder internationaler islamischer Organisationen angewiesen ist. Doch auch hier gibt es ein Risiko: Viele kleine Gebetsorte erschweren die Kontrolle der dort verbreiteten Lehren.

Abschließend möchte ich noch einmal betonen, daß die Moschee nicht einfach unvermittelt in die Kategorie der „Kultstätten" eingeordnet werden kann, da es sich nach muslimischem Verständnis um ein kulturelles, soziales und politisches Versammlungszentrum handelt. Es liegt in der Zuständigkeit und in der Verantwortung der öffentlichen Institutionen, aufmerksam zu prüfen, welche Aktivitäten an den als „Moschee" bezeichneten Orten entfaltet werden sollen, wer die Verantwortlichen sind, wer sie leitet, wer sie kontrolliert, wer sie finanziert. Es geht hier nicht um polizeiliche Maßnahmen, sondern lediglich um Sicherheitsgarantien, auf die die Stadt, ihre Einwohner und auch die, die besagte Orte aufsuchen, ein Anrecht haben. Und diese Maßnahmen sind zudem ein gutes Mittel gegen alle, die sich vielleicht auch von rassistischen Empfindungen dazu verleiten lassen, in jeder muslimischen Gebetsstätte eine potentielle terroristische Basis oder jedenfalls einen Ort zu sehen, den man nicht mit dem gebührenden Respekt, sondern mit Argwohn betrachten muß.[10]

Vier Integrationsmodelle

86. Die europäischen Länder die in den letzten Jahren Immigranten aus der Dritten Welt aufgenommen haben, fragen sich, wie die Fremden am besten integriert werden können. Wie beurteilen Sie die Modelle, die bisher im Westen angewandt worden sind?

Bisher hat man sich im wesentlichen an drei Modellen orientiert.

Anpassung
Dieses Schema sieht vor, daß der Ausländer sich nicht nur den Gesetzen und der Sprache, sondern auch der Kultur und den Verhaltensweisen des Gastlandes vollkommen anpassen und somit auf jegliche Besonderheit verzichten muß. Das ist im großen und ganzen das französische Verfahren, das im Namen der sogenannten „Laïcité“ angewandt wird und theoretisch dafür sorgt, daß vor dem Staat alle gleich sind. In der Praxis hat es sich jedoch als sehr unvollkommen erwiesen, weil es eine umfassende Identifikation der Bürger mit dem Stadt und eine völlige Nivellierung aller Unterschiede voraussetzt und verlangt, die in der Praxis unmöglich zu verwirklichen und zu steuern sind.

Melting Pot
Dies ist das amerikanische Modell des Schmelztiegels, in dem die Eingewanderten mit der örtlichen Bevölkerung verschmelzen sollen, wobei sie im Hinblick auf ihre Kultur und ihr Brauchtum jedoch einige Vorrechte behalten. Dieses Modell hat sich insofern als vorteilhaft erwiesen, als es die Minderheiten in dem stolzen Gefühl bestärkt hat, der größten Nation der Welt anzugehören. Symbolischer Ausdruck dieses Zugehörigkeitsgefühls sind die Flagge, die Nationalhymne und die Teilnahme an einigen kollektiven Großereignissen.

Die Grenzen des „Melting Pot“ zeigen sich jedoch gerade an den neuen Migrationsströmen und den unterschiedlichen Raten des Bevölkerungswachstums innerhalb der verschiedenen ethnischen Gemeinschaften. Diese Faktoren erschüttern das Gefüge der gemeinsamen Werte, die einst den Grundpfeiler der amerikanischen Gesellschaft, den sogenannten „WASP" („white anglosaxon protestant") darstellten. Die früheren Minderheiten sind schon jetzt Mehrheiten oder auf dem besten Wege dazu, beanspruchen Rechte und Macht, bringen die bestehenden Verhältnisse aus dem Gleichgewicht und machen neue Strukturen notwendig.

Multikulturelle Gesellschaft

Das dritte Modell, das in Europa immer größere Beachtung findet, ist der Multikulturalismus. Er basiert auf dem Grundsatz, daß alle Kulturen die gleiche Würde besitzen und reibungslos zusammenleben können und daß die Pluralität der Ausdrucksformen an sich schon genügt, um den Reichtum und die Verbesserung des sozialen Miteinanders zu garantieren.

Diese Position läßt sich in einem Slogan zusammenfassen, der vor gar nicht allzulanger Zeit schon einmal in einem anderen Kontext benutzt worden ist: „Anders ist schön". Er stammt aus dem kulturellen Relativismus und erzeugt den rechtlichen Relativismus, das heißt den Versuch, die charakteristischen Eigenarten der in Europa gestrandeten Minderheiten auch auf rechtlicher Ebene zu legitimieren. Solange man in der Theorie bleibt, scheint alles perfekt, doch wenn wir an die praktischen Konsequenzen der multikulturellen Logik denken, fallen viele Unstimmigkeiten ins Auge.

Nehmen wir ein Beispiel: Wenn ich zu einem Einwanderer sage: Du bist Ägypter, deine Kultur ist wunderbar, du bist der Erbe einer jahrhundertealten Zivilisation, also bewahre dir deine ägyptische Identität und integrier dich nicht, damit die Italiener durch deine Andersartigkeit bereichert werden, dann wird der ägyptische Einwanderer logischerweise vor allem die Gesellschaft seiner Landsleute suchen, mit ihnen in seiner Sprache sprechen und ganz allgemein versuchen, so zu leben, als wäre er noch immer in Ägypten. Die Ägypter werden sich zusammenfinden, um sich einen eigenen Mikrokosmos zu schaffen, und der wird das Vorzimmer eines Ghettos sein. Für die Kinder wird sich das Problem unter Umständen noch zuspitzen, weil zwischen der Herkunftskultur und der Kultur des Gastlandes, mit der sich die Jugendlichen in der Regel eher identifizieren, ein Dualismus besteht. In der Schule lernen sie, Bürger ihres Gastlandes zu werden, doch wenn sie nachhause kommen, dann spricht, ißt und lebt man dort, als wäre man wieder in Kairo. Auf diese Weise entsteht eine in menschlicher Hinsicht zermürbende Situation, die auf der Ebene des gesellschaftlichen Miteinanders die Konflikte zu verschärfen und den Umgang mit der Unterschiedlichkeit zu erschweren droht. Meiner Überzeugung nach ähnelt das multikulturelle Modell eher einer gefährlichen Utopie als einem erstrebenswerten Ideal. Und ich sage das nicht, weil ich Vorurteile hätte, sondern weil ich Realist bin.

87. Woher stammt diese von Ihnen so bezeichnete multikulturelle Utopie?

Am Anfang steht eine ganze Reihe begleitender Faktoren, die in gewissen Fällen in einem Kausalitätszusammenhang stehen. Da ist beispielsweise der durchaus menschliche Wunsch, sich dem Neuen zu öffnen, für alles, was neu ist, aufgeschlossen zu sein. Er erwächst aus dem Bedürfnis, die Wirklichkeit in ihrer ganzen Vielfalt kennenzulernen, das jedoch allzuleicht zu einem billigen Exotismus verkommt, zur unterschiedslosen Bewunderung von allem, was anders und neu ist – eine in der westlichen Welt immer stärker ausgeprägte Tendenz.

Daneben findet sich, bedingt durch die Krise der ideologischen und religiösen Gewißheiten, eine relativistische Einstellung, die die gegenwärtige Epoche charakterisiert und dazu führt, daß tendenziell alles verpönt ist, was mit Traditionen zu tun hat.

Und schließlich ist da noch etwas, das ich gerne als „Meaculpismus" bezeichne: ein im Westen sehr weit verbreiteter Schuldkomplex im Hinblick auf die koloniale Vergangenheit oder, allgemeiner, auf die Dritte Welt. Dieser Komplex geht so weit, daß man jede beliebige kulturelle „Errungenschaft" akzeptiert und legitimiert: im Namen des Relativismus oder mit der Begründung, daß man „das bei ihnen so macht" oder einfach deswegen, weil man die außereuropäischen Kulturen, die doch schon in der Vergangenheit unterdrückt worden sind, auf keinen Fall diskriminieren und auch die Versuche nicht unterbinden darf, diese Kulturen heute in den Westen zu verpflanzen.

Dies sind die theoretischen Grundlagen des Multikulturalismus – seine praktischen Folgen aber sind für alle sichtbar und gehen vor allem zu Lasten der christlichen Kultur. Im Namen der zu respektierenden Unterschiede und der zu schützenden Minderheiten wird das Kruzifix von den Wänden der Krankenhäuser genommen, werden in den Schulen keine Krippen mehr aufgebaut, wählt man für Weihnachtsfeiern entschieden nichtreligiöse Gedichte und Lieder aus. Damit diskriminiert man nicht nur die klare Mehrheit der Schulangehörigen, sondern hindert de facto auch die Muslime und die Gläubigen anderer Religionen daran, wesentliche Bestandteile der europäischen Geschichte und Zivilisation kennenzulernen, die in erster Linie weniger konfessioneller als vielmehr kultureller Natur sind. Hierbei handelt es sich um Formen einer absolut schädlichen Selbstzensur, die Konflikte schürt, statt sie zu bewältigen, und die bei all ihren Befürwortern auf ernstzunehmende Identitätsprobleme schließen läßt.

88. Welches Modell ist also am ehesten geeignet, um in einem europäischen Land eine echte Integration zu erreichen?

Ich möchte Ihnen mit einem Beispiel antworten, einer Begebenheit aus meiner Jugend, als ich mit Küchendienst an der Reihe war und für die Jesuitengemeinschaft, in der ich lebte, eine Mayonnaise zubereiten sollte. Die Gemeinschaft bestand aus 150 Personen, und da wir zu jener Zeit keine elektrische Küchenmaschine besaßen, war die Aufgabe alles andere als leicht: Nachdem man die Eigelbe mit Senf und Essig vermischt hatte, gab man kleine Mengen Olivenöl dazu und begann die Masse zu verquirlen. Das war eine verantwortungsvolle Aufgabe, deren Gelingen vor allem von der Fähigkeit abhing, die Zutaten sofort zu vermischen, damit ein „harter Kern“ entstand, der nach und nach bis zu fünf Liter Olivenöl aufnehmen konnte – denn sonst war die ganze Arbeit umsonst und die Mayonnaise gerann.

In der Gesellschaft ist es genauso: Nur wenn ein erster „harter Kern“ gewährleistet ist, eine Bezugsgrundlage auf anthropologischer Ebene, können die ausländischen Gemeinschaften sich einbinden und mit den Grundbestandteilen vermischen, und nur so kann man vermeiden, daß das zivile Miteinander „gerinnt“, weil man sich vielleicht zuvor der Täuschung hingegeben hat, es nach den Regeln einer undifferenzierten Gleichmacherei und eines seelenlosen Relativismus gestalten zu können, wie die Verfechter der multikulturellen Gesellschaft sie befürworten.

Wenn wir diesem Modell des Zusammenlebens einen Namen geben sollten, könnten wir es vielleicht als Modell einer bereicherten Identität bezeichnen. Es geht von der Annahme einer kulturellen und anthropologischen Gegebenheit aus, die seit Jahrhunderten gewachsen ist und sich in einer bestimmten Vorstellung von der Person und einer bestimmten Art und Weise äußert, das Miteinander, die Arbeit usw. zu organisieren. Es gibt also eine Grundidentität, von der man nicht abweichen darf, um neue Gesellschaftsformen zu entwerfen: Dennoch ist diese Identität aber auch nichts Festes und Unwandelbares, sondern eine im Werden begriffene Wirklichkeit, die unter Bewahrung ihrer wesentlichen Merkmale imstande ist, Elemente anderer Kulturen zu integrieren, soweit sie mit ihr kompatibel sind, und die Neuheiten, die ihr auf ihrem Weg begegnen, einzubinden und sich von ihnen bereichern zu lassen. Natürlich braucht es viel Zeit, damit sich eine echte Integration vollziehen kann, und natürlich müssen die, die aus dem Ausland kommen, bereit sein, die geltenden Regeln zu akzeptieren, doch wenn die Gastgesellschaft selbst keine klare Vorstellung von ihrer Identität hat, wird sie auch nicht fähig sein, andere zu integrieren, ja mehr noch: Sie wird vor dem Neuen zurückschrecken und darin eine Bedrohung der eigenen Sicherheit sehen.

Wie entsteht Fremdenfeindlichkeit? Sie entsteht aus der Angst, daß das „andere“ ein Zusammenleben gefährden könnte, das ohnehin schon zerbrechlich ist, weil es sich nicht auf Werte und Gewißheiten gründet; das heißt, sie entsteht (auch wenn das oft geleugnet wird) aus einem „Vakuum“, oder genauer: aus der Zurschaustellung einer „Fülle“, hinter der sich in Wirklichkeit Zerbrechlichkeit und Unsicherheit verbergen. Deshalb stellen die Migrationsströme und die Zunahme der muslimischen Gemeinschaften eine echte, schwindelerregende Herausforderung für die europäischen Gesellschaften dar, die gezwungen sind, das zu hinterfragen, was sie konstituiert, und die Ideale sowie die tieferen Gründe wiederzuentdecken, die sie als Kollektiv, als Nation, als menschliche Gemeinschaft definieren.

Islam und Christentum: die unvermeidliche Begegnung und die Chance zum Dialog

Der Islam und die anderen Religionen

89. Wie ist das Verhältnis des Islams zu den anderen und insbesondere den monotheistischen Religionen?

Vor allem muß daran erinnert werden, daß die Menschheit nach klassischer muslimischer Auffassung in drei Kategorien unterteilt ist.

Die erste besteht aus den Gläubigen *(Mu'minūn)*, also den Muslimen.

Die zweite besteht aus den Geschützten *(Ḍimmī)*, das heißt den Christen, den Juden und den Sabäern,[1] die als monotheistische, aber unvollkommene Gläubige gelten. Sie dürfen ihre Religion behalten und müssen nicht zum Islam konvertieren. Sie müssen jedoch unterworfen bleiben – dazu raten einige Koranverse, die die Gläubigen davor warnen, mit ihnen Freundschaft zu schließen oder ihnen Macht über die Muslime anzuvertrauen.

Die dritte Kategorie schließlich ist die der Polytheisten, die als Irrgläubige *(Kāfirūn* oder *Kuffār)* bezeichnet werden. Diese müssen bekämpft werden, und für sie gibt es zum Tod nur eine einzige Alternative: die Konversion zum Islam.

Auch die Welt wird von den muslimischen Rechtsgelehrten in drei Teile unterteilt, die diesen drei Kategorien entsprechen: *Dār al-Silm,* das Haus des Friedens, *Dār al-Ṣulḥ,* das Haus des Schutzes, und *Dār al-Ḥarb,* das Haus des Krieges. Im Lauf der Geschichte haben die Muslime jedoch „Korrekturen" einarbeiten müssen, um diese grundsätzlichen Aussagen mit der blitzartigen Ausbreitung des islamischen Herrschaftsgebiets in Einklang zu bringen. So konnte man beispielsweise nach der Eroberung Indiens nicht sämtliche Einwohner des Landes konvertieren lassen oder diejenigen töten, die nicht zum Islam übertraten.[2] Also mußte man einen juristischen „Kunstgriff" anwenden, um auch andere Religionen in die Kategorie der Geschützten aufnehmen zu können. Einige Rechtsgelehrte verwiesen darauf, daß manche Religionen gar nicht im Koran erwähnt waren, und so beschloß man, von Fall zu Fall zu entscheiden.

Was die Christen und die Juden betrifft, so enthält der Koran freundliche und weniger freundliche Verse. Dabei werden die Christen insgesamt noch etwas wohlwollender betrachtet als die Juden, was rein historische Gründe hat: In Mekka lebten arabische und äthiopische Christen, deren Aufgabe es war, die Stadt zu beschützen. Als sich Mohammed die ersten Schwierigkeiten in den Weg stellten, schickte er seine Gefolgsleute nach Äthiopien, das damals der Sitz eines christlichen Königreichs war, wo man sie großzügig aufnahm. Aus diesem Grund nahm der Islam eine Zeitlang den Christen gegenüber eine sehr positive Haltung ein. Das belegt der Koranvers: „Du wirst sicher finden, daß diejenigen Menschen, die sich den Gläubigen (also den Muslimen, A.d.R.) gegenüber am meisten feindlich zeigen, die Juden und die Heiden sind. Und du wirst sicher finden, daß diejenigen, die den Gläubigen in Liebe am nächsten stehen, die sind, welche sagen: Wir sind Christen. Dies deshalb, weil es unter ihnen Priester[3] und Mönche gibt, und weil sie nicht hochmütig sind."[4]

Mit den Juden kam Mohammed vor allem nach seiner Auswanderung nach Medina im Jahr 622 in Berührung, denn dort lebten reiche und mächtige jüdische Stämme. Anfangs sind die Beziehungen gut: Mohammed wählt sogar – genau wie die Juden – Jerusalem als *Qibla,* das heißt als den Ort, auf den das Gebet seiner Anhänger ausgerichtet sein soll, und macht den „Jom Kippur" zum Fasttag. Doch gegen Ende des zweiten Jahres nach der *Hiğra,* also 623 nach christlicher Zeitrechnung, ändert er seine Strategie und bricht mit den Juden. Die *Qibla* wird nun an Mekka orientiert und das Fasten auf den Monat Ramadan ausgedehnt. Mit diesem Schachzug will Mohammed die Araber für sich gewinnen: Er will deutlich machen, daß er nicht gegen Mekka als religiöses Zentrum, sondern lediglich gegen die polytheistischen Vorstellungen seiner Einwohner eingestellt ist.

Mohammeds Versuch, den Polytheismus „religiös zu vereinnahmen", hat Erfolg. Er läßt die heidnischen Riten der traditionellen Mekkawallfahrt nahezu unverändert bestehen: den Lauf von einem Hügel zum anderen, den siebenmaligen Gang um die *Kaʿba,* die Steinwürfe ins Tal, das Trinken aus der Quelle von *Zamzam* und so fort. Er bewahrt diese Riten und gibt ihnen eine neue, an die Taten von Abraham und Ismael geknüpfte Bedeutung.[5] Wie man heute sagt, gelang ihm damit eine hervorragende Inkulturation des Islams in die heidnische arabische Gesellschaft. Die Riten der Wallfahrt nach Mekka sind mithin sämtlich heidnischen Ursprungs, aber so islamisiert, daß der berühmte Theologe *al-Ghazāli,* der den Titel eines *Ḥoğğatoleslām* („Beweis des Islams") trug, schreiben konnte: „Die Wallfahrt ist das Irrationalste am ganzen Islam. Sie vollführen dort ganz und gar irrationale Gesten und Riten. Deshalb ist die Wallfahrt der Ort, wo man besser als an jedem anderen Platz unseren Glauben demonstrieren kann, weil der Verstand nichts begreift und nur der Glaube uns diese Gesten vollführe läßt. Der blinde Gehorsam gegenüber Gott ist der beste Beweis für unseren Islam".[6]

90. Wie kommt es zum Bruch zwischen Mohammed und den Gläubigen der anderen beiden monotheistischen Religionen?

Auf theologischer Ebene gibt es gar keinen Bruch, weil dort niemals Einigkeit geherrscht hat. Weder die Juden noch die Christen haben seinen Prophezeiungen Glauben geschenkt. Sie glauben zwar, daß „es keinen Gott außer Gott gibt", was dem ersten Teil des islamischen Glaubensbekenntnisses entspricht, aber kein Jude und kein Christ wollte Mohammed je als Propheten anerkennen. Nun stellten die Juden anders als die Christen in Medina eine politische und wirtschaftliche Macht dar. Sie waren dort in drei Hauptstämme[7] organisiert, zu denen andere kleinere Gruppierungen hinzukamen, und alle waren sie sehr reich. Um seine Macht zu mehren, mußte Mohammed daher neue Bedingungen schaffen: Wenn sie seine Prophezeiung nicht anerkannten, sollten sie verjagt werden. Das beweist, daß es sich um ein in hohem Maße politisches Problem handelte.

Zunächst hält Mohammed sich von diesen jüdischen Stämmen fern; dann greift er den mächtigsten von ihnen an und zwingt ihn, in Syrien Zuflucht zu suchen. Einige Jahre später vertreibt er nacheinander auch die anderen beiden Stämme aus der Stadt und hindert sie daran, ihren Besitz mitzunehmen. Der Grund, den Mohammed nach dem Massaker an dem ersten Stamm angibt, ist die Nichteinhaltung des mit ihm geschlossenen Solidaritätspakts, doch dies scheint in erster Linie ein Vorwand gewesen zu sein. Die endgültige Niederlage erleiden die Juden im Verlauf des Feldzugs gegen die reiche Oase von *Ḫaybar* im Jahr 7 nach der *Hiğra* (628 n. Chr.). Damals war Mohammed auf der Höhe seines militärischen Erfolgs und bereitete den Einzug in Mekka vor.

All das hat auch im Koran seinen Niederschlag gefunden. Der bereits zitierte Vers 82 der 5. Sure („Der Tisch") stellt Juden und Christen einander gegenüber: Erstere gelten als Feinde, letztere als Freunde. Doch es fehlt auch nicht an anderen Versen, die alle beide als Feinde der Muslime betrachten. Ein Beispiel ist der 51. Vers derselben Sure: „Ihr Gläubigen! Nehmt euch nicht die Juden und die Christen zu Freunden! Sie sind untereinander Freunde. Wenn einer von euch sich ihnen anschließt, gehört er zu ihnen. Allah leitet das Volk der Frevler nicht recht." Oder der bereits zitierte Vers 110 der 3. Sure („Das Haus des *ʿImrān"),* der sich mit folgenden Worten an die Muslime wendet: „Ihr seid die beste Gemeinschaft, die unter den Menschen entstanden ist. Ihr gebietet, was recht ist, verbietet, was verwerflich ist, und glaubt an Allah. Wenn die Leute der Schrift glauben würden, wäre es besser für sie. Es gibt Gläubige unter ihnen. Aber die meisten von ihnen sind Frevler." Und schließlich ist da noch der berühmte Vers 29 der 9. Sure („Die Reue"), der dazu aufruft, gegen die zu kämpfen, „die die Schrift erhalten haben", und die Zahlung des Tributs von seiten der Christen und Juden festsetzt, der „kleinlaut aus der Hand" entrichtet werden muß, was bedeutet, daß ein Herr zum Beispiel nicht seinen Sklaven mit der Überbringung des Geldes beauftragen konnte und daß man seine Unterwerfung mit einer Geste deutlich machen mußte.

Zu Anfang ist das Verhältnis zwischen dem Islam und den beiden anderen monotheistischen Religionen und vor allem dem Christentum also ambivalent. Während die Feindschaft zwischen Muslimen und Juden offensichtlich war, schwankte die Beziehung zu den Christen je nach den politischen Erfordernissen zwischen Freundschaft und Feindseligkeit. Der Koran selbst nimmt, wie wir gesehen haben, je nach Situation unterschiedliche Standpunkte ein: Mal werden die Christen als Freunde betrachtet, mal kämpft man gegen sie. Doch in Anbetracht der Tatsache, daß die Bevölkerung der eroberten Gebiete mehrheitlich aus Christen bestand, mußte der Islam sich dem Christentum gegenüber auf politischer Ebene versöhnlicher zeigen. Auf theologischer Ebene dagegen sind sich der Islam und das Judentum in ihrer „absoluten" Auffassung des Monotheismus näher, während der Islam und das Christentum sich vor allem in der Frage der trinitarischen Gottesvorstellung und der Gottheit Christi unterscheiden.

91. Der Koran übersetzt das Wort „Christen" mit der Bezeichnung „Nazarener", mit der viele Wissenschaftler jedoch eine jüdisch-christliche Sekte der damaligen Zeit identifizieren. Hängt die negative theologische Sicht des Christentums vielleicht auch damit zusammen? Aus welchen Quellen stammen Mohammeds biblische Kenntnisse?

Der Koran kennt in der Tat keine andere Kategorie von Christen als die der „Nazarener", arabisch *al-Naṣārā,* ein Begriff, der sich aller Wahrscheinlichkeit nach von *al-Nāṣira,* Nazareth, ableitet. Natürlich entsprechen die Glaubensüberzeugungen der Christen, wie sie der Koran erwähnt, keiner der großen christlichen Gemeinschaften der damaligen Zeit wie den Nestorianern, den Monophysiten oder den Chalzedonensern.[8] Dazu gibt es zwei mögliche Erklärungen: Die erste beruht auf der Tatsache, daß die christlichen Araber am Rand der christlichen Welt lebten; sie waren überall auf der arabischen Halbinsel verstreut und nicht wirklich in Kirchen organisiert; die zweite beruht darauf, daß Mohammed seine Schwierigkeiten damit hatte, die wesentliche Aussage der wichtigsten christlichen Lehrsätze zu verstehen.

Während der Islam keiner der drei zuvor erwähnten christlichen Konfessionen folgte, so scheint er jedoch eine gewisse Nähe zur Position der Arianer aufzuweisen, die die vollkommene Gottheit Christi leugneten. Vielleicht war das auch der Grund, weshalb der große Theologe und Heilige Johannes von Damaskus, der im achten Jahrhundert zunächst in Damaskus und dann in Jerusalem unter Muslimen lebte, den Islam für eine neue christliche Sekte gehalten hat. Dieser Deutung schlossen sich jedoch keine orientalischen – syrischen oder arabischen –, sondern nur einige griechische und lateinische Theologen an.

Die im Koran enthaltenen biblischen Erzählungen stammen praktisch ausnahmslos aus den kanonischen und apokryphen Büchern des Alten Testaments und der Evangelien. Die Verkündigungserzählung ähnelt beispielsweise sehr der im Evangelium, während die von Jesus in jungen Jahren vollbrachten Wunder oder auch die Erzählung von der Geburt Mariens aus den sogenannten apokryphen „Kindheitsevangelien" stammen, die unter den vorislamischen christlichen Arabern sehr verbreitet waren.

Was die dogmatischen Aspekte betrifft, finden sich jedoch weder in den orthodoxen noch in den häretischen Traditionen des Christentums irgendwelche Anhaltspunkte. Wenn der Koran beispielsweise sagt, die christliche Dreifaltigkeit bestehe aus Gott, Jesus und Maria,[9] so ist nicht zu erkennen, welche Sekte jemals etwas Derartiges gesagt haben soll. Die einzige Hypothese, die ich hier vorbringen kann, ist, daß wir es mit einer verzerrten Interpretation der christlichen theologischen Aussage über Maria, die Mutter Gottes, und Jesus, den Sohn Gottes, zu tun haben. Für die Muslime lag es nahe, die Schemata der arabischen Mythologie auf dieses Dogma zu übertragen: Ein Gott nimmt sich eine Frau, und aus dieser Verbindung geht ein weiterer Gott hervor.

Hierfür spricht auch die Kritik, die der Koran an die Christen richtet, weil sie behaupten, Gott habe eine Gefährtin *(Ṣāḥiba)* gehabt: „Unser Herr ist erhaben. Er hat sich weder eine Gefährtin noch ein Kind zugelegt";[10] „(Er ist) der Schöpfer von Himmel und Erde. Wie soll er zu Kindern kommen, wo er doch keine Gefährtin hatte und alles geschaffen hat? Er weiß über alles Bescheid."[11] Oder der berühmte Vers aus der Sure 19 („Maria"), der die Vorstellung von einem Gottessohn verdammt: „Es steht Allah nicht an, sich irgendein Kind zuzulegen. Gepriesen sei er! Wenn er eine Sache beschlossen hat, sagt er zu ihr nur: sei!, dann ist sie";[12] „Sie sagen: Der Barmherzige hat sich ein Kind zugelegt. Da habt ihr etwas Schreckliches begangen. Schier brechen die Himmel darüber auseinander und spaltet sich die Erde und stürzen die Berge in sich zusammen, daß sie dem Barmherzigen ein Kind zuschreiben."[13]

Außerdem ist da noch die kleine Sure über die „Reinheit des Vertrauens" oder den aufrichtigen Kult (112), in der es heißt: „Sag: Er ist Allah, ein Einziger, Allah, der souveräne. Er hat weder Kinder gezeugt, noch ist er gezeugt worden." Diese Sure stellt, wie wir bereits erläutert haben, traditionell die Antwort auf das christliche Credo dar, in dem es heißt: „Gezeugt, nicht geschaffen", auch wenn wir wissen, daß diese Verse ursprünglich in Mekka gegen die Heiden und nicht gegen die Christen ausgesprochen worden sind.

Der Koran verurteilt letztlich jede Vorstellung einer Gotteskindschaft, weil er sie als physische Zeugung, das heißt als das Ergebnis eines sexuellen Akts betrachtet.

92. Mit dem Ergebnis, daß die Christen als „Kombinierer" betrachtet werden, weil sie den einen Gott mit anderen „Gottheiten" kombinieren. Halten die Muslime die Christen also nicht für echte Monotheisten?

Die Christen gelten als Gläubige, die allerdings unvollkommen sind. Die Verse, die dazu aufrufen, gegen sie zu kämpfen, sind das Produkt historisch-politischer Umstände. Darin besteht nun einmal leider die grundsätzliche Ambivalenz des Korans und des Islams, daß sie prinzipielle Positionen und konkrete Situationen miteinander vermengen. In diesem Zusammenhang lassen sich einige *Ḥadīṯ* anführen, die Mohammed zugeschrieben werden und sich sehr wohlwollend gegenüber Juden und Christen äußern, während andere etwas weniger wohlwollend sind. Einer erzählt, daß Mohammed zum Zeichen der Ehrerbietung aufstand, als eine Begräbnisgesellschaft an ihm vorbeizog, und als man ihn darauf aufmerksam machte, daß der Verstorbene ein Jude war, gab er zur Antwort: „Ist er deswegen vielleicht keine Seele?" Ein anderer *Ḥadīṯ* enthält die Warnung: „Wer immer einem *Ḏimmī* ein Unrecht tut, dessen Ankläger werde ich sein am Tag des Gerichts." Und: „Wer einen Ḏimmī tötet, wird den Wohlgeruch des Paradieses niemals riechen."[14] Denn die Christen sind „unter den Schutz Gottes und seines Gesandten" gestellt, und Mohammed hat seinen Generälen nahegelegt, alle mit ihnen geschlossenen Verträge zu respektieren und ihnen nicht mehr aufzuerlegen, als sie tragen können.

Doch es gibt auch christenfeindliche *Ḥadīṯ* wie den, wo Mohammed erklärt, er habe den Auftrag erhalten, das Volk zu bekämpfen, bis es bekennt, daß es keine andere Gottheit gibt als Gott[15] und (in einer anderen Version desselben Ausspruchs) daß „Mohammed der Gesandte Gottes ist".[16] Neben dem umstrittenen Ausspruch, der die Vertreibung der Juden und Christen von der arabischen Halbinsel ankündigt, finden wir einen *Ḥadīṯ,* der erklärt: „Es gibt keine Kirche im Islam" oder auch: „Es gibt kein mönchisches Leben im Islam". Ein anderer besagt, man dürfe auf islamischem Boden keine Kirche bauen und keine beschädigte oder verfallene wiederherstellen.

Ein anderer Ausspruch fordert die Muslime auf, Christen und Juden niemals zuerst zu grüßen. Wenn ihr ihnen auf eurem Weg begegnet, so wird dort weiter ausgeführt, dann zwingt sie, den beschwerlicheren Weg zu nehmen. Dieser *Ḥadīṯ* erscheint immer wieder auf der Bildfläche: Ende der neunziger Jahre verbreiteten die Muslimbrüder in den Schulen und Behörden Ägyptens und Jordaniens eine feindliche Botschaft, in der sie dazu aufriefen, die Christen nicht zu grüßen und ihnen kein frohes Oster- oder Weihnachtsfest zu wünschen. Die Mutter eines libanesischen Kindes ging zum Direktor der Schule, um sich persönlich zu vergewissern, ob ihr Sohn ihr die Wahrheit erzählt hatte, und war schockiert. Als der libanesische Botschafter König Hussein davon berichtete, wurde der betreffende Lehrer sofort entlassen. Ich will damit sagen, daß viele Verhaltensweisen, die fanatische Züge tragen, sich auf Aussprüche wie den soeben angeführten stützen. Die Haltung des Islams gegenüber dem Christentum ist also ambivalent, und auch das trägt dazu bei, das Zusammenleben zwischen den Gläubigen der beiden Religionen zu erschweren.

Jesus und Mohammed: zwei Propheten?

93. Der Islam betrachtet Jesus als einen der wichtigsten Propheten der Menschheitsgeschichte. Wie wird sein Leben im Koran dargestellt?

Mohammed hat ein Jesusbild entwickelt, das der koranischen Darstellung der biblischen Propheten entspricht, sich aber in vielen wesentlichen Aspekten von dem der Evangelisten unterscheidet. Wir wollen sie hier kurz erläutern.

Der Koran erkennt an, daß Jesus ohne die Beteiligung eines Mannes von einer Jungfrau empfangen wurde, die Gott „vor den Frauen der Menschen in aller Welt auserwählt" hatte.[17] Durch einen Engel in Gestalt eines vollkommenen Menschen verkündet Gott Maria „ein Wort von sich, dessen Name Jesus Christus, der Sohn der Maria, ist",[18] das heißt die Geburt eines „allerreinsten Knaben", den Gott „die Schrift, die Weisheit, die Thora und das Evangelium lehren" wird.[19]

Maria gebiert ihren Sohn unter einer Palme, dann bringt sie ihn in ihren Armen zu ihrem Volk, das ihr vorwirft, „etwas Unerhörtes" begangen zu haben, weil sie nicht verheiratet ist.[20] In diesem Augenblick beginnt das Neugeborene wunderbarerweise zu sprechen, um seine Mutter zu verteidigen. Es sagt: „Ich bin der Diener Allahs. Er hat mir die Schrift gegeben und mich zu einem Propheten gemacht." Dieses und andere Wunder des Jesuskindes stammen aus den apokryphen Evangelien, von denen Mohammed sich bei seiner Darstellung Christi hat inspirieren lassen.

Jesus wirkt viele Wunder – mehr als jeder andere „Prophet": Er heilt den Blindgeborenen, den Aussätzigen, erweckt Tote zum Leben, doch nach jedem Wunder betont der Koran, daß er dies „mit Gottes Erlaubnis" tut.

Jesus wird als ein Mann dargestellt, der zu den Kindern Israels gesandt worden ist, um sie an die Botschaft Gottes zu erinnern. Er ist von Jüngern umgeben, die der Koran zuweilen als *Anṣār,* Gehilfen, bezeichnet – dasselbe Wort, das Mohammed auch für seine eigenen Gefolgsleute verwendet, die mit ihm nach Medina gehen. Außerdem wird Jesus wie Moses und auch Mohammed selbst vom größten Teil seines eigenen Volkes nicht anerkannt; man weist seine Lehre zurück und beschuldigt ihn der Zauberei.[21]

Schließlich leugnet der Koran die Kreuzigung Christi durch die Juden und spielt auf ein übernatürliches Eingreifen an, bei dem seine Person durch eine andere, nicht näher bestimmte ersetzt worden sei: „Aber sie haben ihn nicht getötet und nicht gekreuzigt. Vielmehr erschien ihnen (ein anderer) ähnlich", heißt es in dem nicht ganz eindeutigen Vers 157 der 4. Sure („Die Frauen"). Jesus ist also nicht gestorben, aber von Gott erhoben worden[22] und wird am Tag der Auferstehung wiederkehren.

94. Man kann also geradezu von einer koranischen Christologie sprechen. Worin bestehen ihre Hauptmerkmale?

Die koranische Christustheologie stützt sich auf eine grundlegende Aussage: Er ist der größte und heiligste der gottgesandten Propheten vor Mohammed, aber er ist nur ein Prophet. Die Namen, die ihm verliehen werden, sind zahlreich: der Christus,[23] einer derer, die Gott am nächsten sind, der Herausragende, Wort der Wahrheit, Diener Gottes, Zeichen der Stunde,[24] Geist Gottes, Geist der Heiligkeit usw. Doch keiner dieser Titel erkennt die Gottessohnschaft Christi an.

Daß Jesus das Wort Gottes ist, bedeutet für die Christen, daß er ewig, „vor aller Zeit von Gott geboren" und mit Gott wesensgleich ist, da das Wort Gottes nicht vom Wesen Gottes getrennt werden kann. Für die Muslime dagegen bedeutet dieser Begriff, daß Jesus das konkrete Ergebnis des Gotteswortes ist; Gott sagte „sei", und er war. Demnach ist Jesus ein auf Gottes Befehl hin geborener Mensch. Daß Jesus „Geist Gottes", *Rūḥ min Allāh,* ist, bedeutet daher für die muslimischen Kommentatoren von *Tabarī* über *Zamaḫšarī* bis *Rāzī*[25] einfach nur, daß er rein ist: ohne menschliche Beteiligung durch die Verkündigung des Engels *(Rūḥ)* Gottes geboren.

Dieselbe Bedeutungsverkürzung verrät das Wort „Zeichen".[26] Der koranische Jesus „bringt" nicht nur ein Zeichen zu den

Menschen, sondern ist selbst ein Zeichen für die Menschen, wie es im Vers 91 der 21. Sure („Die Propheten") heißt: „Und (weiter Maria) die sich keusch hielt. Da bliesen wir ihr Geist von uns ein und machten sie und ihren Sohn zu einem Zeichen für die Menschen in aller Welt". Die jungfräuliche Empfängnis Christi ist also kein Beweis der Gottheit Jesu, sondern nur ein Zeichen der Macht Gottes, der in dieser Sichtweise seinen Propheten zu einem ähnlich vornehmen Geschöpf macht wie Adam.[27]

Auch die Wunder gelten als Beweise für die Macht Gottes und seine Güte gegenüber den Menschen, nicht aber für die Gottheit dessen, der sie wirkt. Jesus vollbringt letztlich kein Wunder aus eigener Kraft, denn Gott ist es, der ihm erlaubt, sie zu wirken, oder der sich seiner bedient, um Wunder zu tun. Und diese Denkweise steht auch hinter allen anderen Koranversen, die Jesus als den darstellen, der das, was verboten worden ist, für erlaubt erklärt, oder als den, den „Gott zu sich erhoben" hat, auch wenn die letztgenannte Aussage vom Koran ausschließlich auf Jesus bezogen wird.

Der Koran enthält einige der Heilungen und Auferweckungen, die in den kanonischen Evangelien überliefert sind, aber auch andere Wunder, die sich nur in den Apokryphen finden, wie zum Beispiel die Episode, in der das Jesuskind einen aus Lehm geformten Vogel fliegen läßt. Im Koran sagt Jesus: „Ich bin mit einem Zeichen von eurem Herrn zu euch gekommen, daß ich euch aus Lehm etwas schaffe, was so aussieht wie Vögel. Dann werde ich hineinblasen, und es werden mit Allahs Erlaubnis Vögel sein."[28] Das Interessante daran ist, daß diese Doppelhandlung des Schaffens und Einhauchens im Koran etwas typisch Göttliches ist.[29] Das Verb „schaffen" kommt 177mal als spezifisch göttlicher Akt und zwei weitere Male im Zusammenhang mit Jesus vor. Man könnte hierin vielleicht eine Spur der Lehre von der Gottheit Christi sehen, die der Islam allerdings ablehnt. Wenn also das arabische Verb *ḫalaqa,* schaffen, zuweilen mit „formen" übersetzt wird, geschieht dies vermutlich in der Absicht, jede dahingehende Assoziation zu unterbinden.

Christus wird als echter Muslim dargestellt: Er lehrt den absoluten Monotheismus und die totale Unterwerfung unter Gott, den einzigen Herrn. Er lehrt also mit anderen Worten den Islam und seine Vorschriften: das Almosengeben, das Gebet und die Ehrfurcht gegenüber den Eltern. Die Vorstellung, er sei Gott, weist der Jesus des Korans entschieden zurück. Vers 116 der 5. Sure („Der Tisch") ist in dieser Hinsicht bezeichnend: „Allah sagt: Jesus, Sohn der Maria! Hast du zu den Leuten gesagt: Nehmt euch außer Allah mich und meine Mutter zu Göttern?" – und Jesus antwortet: „Gepriesen seist du! Ich darf nichts sagen, wozu ich kein Recht habe." Von seinen Jüngern verlangt Christus Gehorsam, aber sie sollen ihm nur als einem Führer und nicht als einem Herrn gehorchen, denn: „Allah ist mein und euer Herr. Dienet ihm! Das ist ein gerader Weg."[30]

Im Koran kommt der Prophet Jesus auch, um den Propheten Mohammed anzukündigen, denn er sagt zu den Kindern Israels: „Ich bin von Allah zu euch gesandt, um zu bestätigen, was von der Thora vor mir da war, und einen Gesandten, dessen Name Ahmad ist, zu verkünden, der nach mir kommen wird" *(Aḥmad* ist eine andere Form von *Muḥammad* oder Mohammed; beide bedeuten „gelobt").[31] Die Muslime deuten die Ankündigung Jesu von einem „Tröster" (dem Heiligen Geist), der kommen soll, als eine auf Mohammed bezogene Prophezeiung. Der Ursprung dieser Interpretation läßt sich auf die syrische Übersetzung des Begriffs „Tröster" *(Menaḥḥemana)* in der syrisch-palästinensischen Version des Johannesevangeliums und nicht, wie allgemein angenommen, auf eine Abwandlung des griechischen „Parakletos" (Tröster) zu „Periklytos" (Gelobter, also Mohammed) zurückführen. In der muslimischen Theologie, die vermutlich von der christlichen beeinflußt ist, glaubt man, daß der echte Prophet stets von denen angekündigt wird, die ihm vorangegangen sind, und deshalb suchen die muslimischen Theologen im Alten und im Neuen Testament nach Hinweisen auf das Kommen Mohammeds. Hierbei handelt es sich jedoch um einen Kunstgriff und eine willkürliche Anwendung einzelner Verse auf Mohammed.[32]

95. Wie wird das Evangelium im Koran dargestellt?

Der Koran verwendet ein einziges Wort, *Inǧīl,* das stets im Singular erscheint und nichts anderes als eine Kontraktion des Wortes „Evangelium“ ist. Der Plural *Anāǧīl,* die Evangelien, kommt nicht vor. Die anderen neutestamentlichen Bücher werden nicht erwähnt; es gibt beispielsweise nicht die kleinste Anspielung auf die Apostelgeschichte, die Paulusbriefe oder die Offenbarung des Johannes. Wenn der Koran vom *Inǧīl* spricht, bezieht er sich nicht auf ein bestimmtes Buch, sondern auf die Lehre Jesu. Ich persönlich glaube, daß es zu Mohammeds Zeiten noch keine vollständige arabische Ausgabe der Evangelien gegeben hat.[33] Er wußte nur, daß die Christen und die Juden ein heiliges Buch besaßen, und wahrscheinlich wird er eine Abschrift des Evangeliums in syrischer Sprache gesehen haben.

Die Haltung des Korans gegenüber dem Evangelium ist ambivalent. Zwar lädt Mohammed die heidnischen Araber oft dazu ein, sich an die „Leute der Schrift“ zu wenden, um sich seine Verkündigung bestätigen zu lassen, und ermahnt die muslimischen Araber, die Juden und Christen zu fragen, wenn sie sich über die Auslegung der Korantexte im unklaren sind.[34] Nichtsdestotrotz wird denselben Juden und Christen vorgeworfen, ihre eigenen religiösen Texte verfälscht zu haben. Der Grund ist einfach: Während der Koran behauptet, Christus hätte Mohammed angekündigt, findet sich in den Evangelien kein einziger Hinweis auf einen Propheten, der nach Christus kommen soll. Überdies gibt es viele weitere Widersprüche zwischen den Evangelien und dem Koran, und so können die Muslime die Bibel der Christen schwerlich als authentisch akzeptieren. Also werden die Verse aus dem Evangelium, die mit dem Koran übereinstimmen, von der muslimischen Tradition akzeptiert und die, die ihm widersprechen, entweder allegorisch interpretiert oder auf eine nichttranszendente Bedeutung reduziert oder auch schlichtweg als Fälschung abgelehnt. Was die anderen neutestamentlichen Bücher betrifft, so sind sie nicht nur dem Koran unbekannt, wie wir schon gesagt haben, sondern werden auch von den muslimischen

Autoren nicht selten ignoriert oder bekämpft. Insbesondere Paulus ist eine Art „Buhmann“ und gilt als einer derjenigen, die die Botschaft Christi verfälscht haben.

96. Welche wesentlichen Aspekte des Christentums werden vom Islam geleugnet?

Der Koran leugnet im Grunde alle wesentlichen dogmatischen Bestandteile der christlichen Religion: die Gottheit Christi, die Menschwerdung, die Kreuzigung und Erlösung, die Dreifaltigkeit. Wenn er nichts von ihnen gewußt hätte, müßte man die Nichterwähnung nicht mit einer Leugnung gleichsetzen, aber er negiert sie ganz explizit.

Mit der Leugnung der Gottheit Christi will der Koran die Ehre Gottes und auch den Ruf Jesu selbst retten. Deshalb betont er mehrfach, es sei unvorstellbar, daß Gott Kinder habe. Neben den bereits angeführten Stellen gibt es noch weitere Beispiele:

„Der Schöpfer von Himmel und Erde. Wie soll er zu Kindern kommen, wo er doch keine Gefährtin hatte und alles geschaffen hat? Er weiß über alles Bescheid.“[35]

„Und sag: Lob sei Allah, der sich kein Kind zugelegt hat, und der keinen Teilhaber an der Herrschaft hat, und keinen Freund (der ihn) vor Erniedrigung (schützen müßte)! Und preise ihn allenthalben.“[36]

„Allah hat sich kein Kind zugelegt, und es gibt keinen Gott neben ihm.“[37]

„Er, der die Herrschaft über Himmel und Erde hat und sich kein Kind zugelegt hat und keinen Teilhaber an der Herrschaft hat …“[38]

Aus ähnlichen Gründen negiert der Koran auch die Kreuzigung: ein Skandal, inakzeptabel. Vielmehr habe Gott seinen Propheten erhöht, indem er ihn vor der Kreuzigung in den Himmel erhoben hat.

Doch das größte Ärgernis für den Islam ist die Vorstellung von der Dreifaltigkeit. Große Teile der im Koran enthaltenen Polemik gegen die Christen beziehen sich auf dieses Thema. „Ungläubig sind diejenigen, die sagen: Allah ist einer von dreien. Es gibt keinen Gott außer einem einzigen Gott. Und wenn sie mit dem, was sie sagen, nicht aufhören (haben sie nichts Gutes zu erwarten). Diejenigen von ihnen, die ungläubig sind, wird (dereinst) eine schmerzhafte Strafe treffen."[39] Und: „Ihr Leute der Schrift! Treibt es in eurer Religion nicht zu weit und sagt gegen Allah nichts aus, außer der Wahrheit! Christus Jesus, der Sohn der Maria, ist nur der Gesandte Allahs und sein Wort, das er der Maria entboten hat, und Geist von ihm. Darum glaubt an Allah und seine Gesandten und sagt nicht drei! Hört auf (solches zu sagen! Das ist) besser für euch. Allah ist nur ein einziger Gott. Gepriesen sei er! (Er ist darüber erhaben) ein Kind zu haben."[40]

Und auch der Appell, den der Koran an die Christen selbst richtet, schließt die Dreifaltigkeitsvorstellung implizit aus: „Ihr Leute der Schrift! Kommt her zu einem Wort des Ausgleichs zwischen uns und euch: daß wir Allah allein dienen und ihm nichts beigesellen".[41] Dieser muslimische Anspruch, die Christen über ihren Glauben belehren[42] oder ihnen das koranische Jesusbild vermitteln zu wollen, wäre allerdings als Grundlage für einen seriösen islamisch-christlichen Dialog nicht akzeptabel. Statt nämlich ein Punkt der Begegnung zwischen den beiden Religionen zu sein, wird die koranische Christologie ihrerseits zu einem Stein des Anstoßes, weil der Islam auf der Grundlage des Korans zu wissen glaubt, wer Christus ist.

Nicht selten fühlen die Muslime sich ungerecht behandelt und fragen die Christen: „Warum erkennt ihr nicht Mohammed ebenso als Propheten an, wie wir Christus als Propheten anerkennen?" Dann ist ihnen nur schwer zu erklären, daß die Anerkennung Christi als eines Propheten für die Christen etwas Herabsetzendes hat, weil Christus für sie der menschgewordene Sohn Gottes ist. Dieser Aussage aber kann sich ein Muslim niemals anschließen, denn sie läßt sich nicht mit seinem Glauben vereinbaren.

Im übrigen ist es für die Muslime nicht weiter schwierig, Jesus als Propheten anzuerkennen, denn sie glauben, daß Gott allen Völkern der Erde Propheten gesandt hat. Nur 28 von ihnen sind im Koran namentlich erwähnt, doch der muslimischen Tradition zufolge sind es Hunderte, und Mohammed ist der letzte von ihnen, „das Siegel der Propheten“, wie der Koran feierlich erklärt.[43] Das aber können die Christen nicht akzeptieren, weil es bedeutet, daß Mohammed gekommen ist, um das zu vervollständigen und zu korrigieren, was von Jesus geoffenbart worden ist. Diese Aussage widerspricht der Lehre Jesu, der sich selbst im Evangelium als Erfüllung der Offenbarung darstellt und überdies ankündigt, daß nach ihm viele falsche Propheten auftreten werden. Für die Christen ist Johannes der Täufer das Siegel der Propheten, weil er Christus nicht nur angekündigt hat – das haben vor ihm schon andere Propheten getan –, sondern weil er vor seinen Zeitgenossen Zeugnis für ihn abgelegt und gesagt hat: „Er ist der Messias.“[44]

97. Wie ist die Gestalt Mohammeds aus christlicher Sicht zu beurteilen?

Aus der Lektüre des Korans und der *Ḥadīṯ* geht Mohammed als ein Mann hervor, der im Alter von vierzig Jahren eine außerordentliche Erfahrung seiner Gottesbeziehung gemacht hat. Das hat sein Leben zutiefst verändert und ihn bewogen, sich der Verkündigung dieser Erfahrung zu widmen. Er tut dies zunächst in Mekka; dann aber treten Schwierigkeiten auf, die ihn zwingen, nach Medina zu gehen, wo er beginnt, das städtische Leben zu organisieren. Er muß Probleme im Zusammenhang mit Grundbesitz, familiären Beziehungen, Wirtschaft, Kriegen und ethischen Vorschriften lösen. Jedesmal glaubt er, daß er die Antwort auf diese Fragen von Gott empfängt; er gibt sie in Form von Koranversen weiter und etabliert sich dabei immer mehr auch als politischer Anführer.

Da er Geld braucht und seine Macht ausdehnen muß, organisiert er Beutezüge gegen andere arabische Stämme, schmiedet Bündnisse und wird stärker und reicher. Schließlich kann er sich auch mit Mekka auseinandersetzen und aus eigener Kraft praktisch die gesamte arabische Halbinsel erobern. Auf diese Weise setzt er seine Sicht vom Leben, von Gott und von den Beziehungen zu anderen Menschen durch, die er Islam genannt hat. In gewissen Aspekten ähnelt er biblischen Gestalten wie Moses oder Josua; manche Schwerpunktsetzungen der ersten Zeit in Mekka erinnern an den Propheten Amos und seine Forderung nach sozialer Gerechtigkeit. Doch damit ist er noch keine Gestalt, die es verdient, Prophet genannt zu werden, vor allem, wenn man das moralische und spirituelle Niveau seiner Lehre mit dem Christentum vergleicht. Ich frage mich, weshalb Gott, nachdem er Christus gesandt hatte, um die Seligpreisungen und die Nächstenliebe zu verkünden, jemanden hätte senden sollen, mit dem die Menschheit im Grunde wieder in die alte Logik der Vergeltung („Auge und Auge, Zahn um Zahn") zurückgefallen ist.

Und denjenigen, die entgegnen, Mohammed sei als Prophet eigens zu den Arabern gesandt gewesen, muß man in Erinnerung rufen, daß die Muslime selbst dieser Auffassung widersprechen, wenn sie sagen, Mohammed sei der Prophet aller Völker. Zwar hat Mohammed zu seiner Zeit die polytheistischen (also weder jüdischen noch christlichen) Araber im Vergleich zu einigen vorislamischen Bräuchen einen Schritt vorangebracht, doch gemessen an der Lehre des Christentums hat er sie unter bestimmten Aspekten auch zurückgeworfen: im Hinblick auf das Verhältnis von Religion und Krieg, auf das Frauenbild, auf die Ehe und, allgemeiner gesprochen, auf die Tatsache, daß er die göttliche Offenbarung der Logik der arabischen Gesellschaft unterwarf, in der er zufällig gerade lebte.

Aus christlicher Sicht gibt es nach Johannes dem Täufer keinen Propheten und nach Christus keine Offenbarung mehr. Ich weiß, daß einige christliche Theologen der Auffassung sind, man solle Mohammed als Propheten betrachten, weil es seiner Verkündigung zu verdanken ist, daß mehr als eine Milliarde Menschen sich zum Monotheismus bekennen, doch mir scheint diese Argumentation wenig überzeugend: Es mag verdienstvoll sein, eine große Anhängerschaft zu haben, doch deswegen ist man noch lange kein Prophet. Das sage ich aus Gründen der Vernunft und nicht, um die Muslime zu kränken. Außerdem verweise ich auf die Tatsache, daß kein offizieller Text der Kirche Mohammed jemals als Propheten anerkannt hat.

Nein zum Maskenball – aus Liebe zur Wahrheit!

98. Bisher haben wir über das Verhältnis des Islams zu den monotheistischen Religionen und darüber gesprochen, wie Jesus im Koran dargestellt wird. Wenden wir uns nun der Bedeutung und den Grenzen des Dialogs zwischen Christen und Muslimen zu. Dies ist ein vieldiskutiertes und umstrittenes Thema, und die Sichtweisen und Deutungen sind hier sehr unterschiedlich. Was versteht man zunächst einmal unter Dialog? Und welche Position ist auf christlicher Seite die authentischste und realistischste für die Begegnung mit einem muslimischen Gesprächspartner?

Ich glaube, daß der Dialog in unserer Zeit nicht den Theologen vorbehalten ist. Er stellt auch keinen Luxus für einige wenige Intellektuelle dar, sondern fordert Millionen von Menschen auch in Europa zu einer Auseinandersetzung heraus, die sich in der Dimension des Alltäglichen vollzieht. Die Realität ist es, in der Christen und Muslime einander zu den unterschiedlichsten Anlässen begegnen, und diese Begegnungen – in der Schule, am Arbeitsplatz, in der Nachbarschaft oder im Wohnhaus – sind das eigentliche Experimentierfeld, auf dem sich zeigt, ob man in der Lage ist, miteinander zu kommunizieren, mit den Unterschieden umzugehen und einander mit dem zu bereichern, was ein jeder für sich und für den anderen als wichtig erachtet. Doch ich bin ebenfalls davon überzeugt, daß man im Vorfeld einige Mißverständnisse ausräumen muß, die sich in den vergangenen Jahren hinsichtlich des Begriffs „Dialog“ verfestigt haben.

Voraussetzung für jeden Dialog ist das Vorhandensein zweier Stimmen, und diese beiden Stimmen müssen insofern unterscheidbar bleiben, als sich in jeder von ihnen ein Subjekt mit einem klar umrissenen Gesicht und einer klar umrissenen Identität ausdrückt. Heute dagegen macht sich in christlichen Kreisen die Mode breit, daß man zu der Begegnung mit dem anderen wie zu einem „Maskenball" geht, sich verkleidet und sein Gesicht verhüllt: Das ist der Dialog des kleinsten gemeinsamen Nenners, der sogenannten gemeinsamen Werte, die man um jeden Preis als Ausgangspunkt festhalten will, statt in ihnen das Ziel eines gemeinsamen Weges zu sehen.

Diese Position ist in vielen Fällen von den allerbesten Absichten und einem echten Wunsch nach Begegnung bestimmt, doch sie führt nicht weit, und ich glaube, daß sie uns nicht einmal hilft, einander besser zu verstehen oder die Basis für ein gelungeneres Miteinander zu schaffen. Wenn ich nur auf die Gemeinsamkeiten achte, laufe ich letztlich Gefahr zu glauben, daß mein Gesprächspartner und ich – von einigen kleinen und geringfügigen Unterschieden einmal abgesehen – in allem derselben Ansicht sind. Wenn dann aber eines Tages einer der beiden entdeckt, daß dies nicht zutrifft, dann könnte dies seinen ganzen Glauben an alles, was bis zu diesem Zeitpunkt gesagt und getan worden ist, erschüttern: Er würde gleichsam aus einem schönen Traum erwachen und unvermittelt entdecken, daß die Wahrheit ganz anders aussieht. Ich sage es noch einmal: Dialog heißt nicht, dem anderen zu sagen, was er hören will – das hat mehr mit Diplomatie zu tun. Ein echter Dialog erfordert Wahrheitsliebe um jeden Preis und Respekt vor dem anderen in seiner unversehrten Ganzheit. Ein solcher Dialog ist nicht minimalistisch, sondern anspruchsvoll.

Die erste Voraussetzung, die beide Dialogpartner mitbringen müssen, ist also ein Bewußtsein ihrer selbst, ihrer eigenen Identität. Die zweite Voraussetzung ist der Wunsch, dem anderen den eigenen Standpunkt vollständig (das heißt nicht nur in jenen Bereichen, die den anderen nicht verstören oder keine Fragen aufwerfen) zu vermitteln und auch den Standpunkt des anderen in seiner ganzen Vielschichtigkeit kennenzulernen, um die Unterschiede wahrzunehmen und zu begreifen, mit wem man es zu tun hat.

Für die Christen bedeutet das zum Beispiel, daß sie diejenigen Aspekte, die den Kern ihres Glaubens bilden – wie etwa die Menschwerdung, den Tod und die Auferstehung Jesu, der wahrer Mensch und wahrer Gott ist, sowie die trinitarische Dimension

Gottes –, nicht hintanstellen dürfen. Und es bedeutet, daß sie sich nicht mit dem gemeinsamen Bekenntnis zum Monotheismus (das natürlich von großer Wichtigkeit ist) oder mit der Bewunderung „begnügen“ dürfen, die der Koran der Gestalt Jesu entgegenbringt, weil Jesus – wie wir gesehen haben – zwar als großer Prophet anerkannt, aber im Grunde seiner wichtigsten und wesentlichen Rolle beraubt wird: der des Erlösers aller Menschen.

Auf christlicher Seite darf man nicht vergessen, daß der, der nur einen Teil seines eigenen Glaubens darstellt oder ihm etwas von seiner Dichte nimmt, weil er fürchtet, Kränkung, Enttäuschung oder Anstoß zu erregen, nichts anderes tut als den muslimischen Gesprächspartner in der (in den islamischen Ländern, aber auch bei Emigranten sehr weit verbreiteten) Überzeugung zu bestärken, daß der Christ ein Gläubiger ist, der den Weg zur nur im Koran enthaltenen Fülle der Wahrheit noch nicht vollendet hat. Jedesmal, wenn ich nach England reise, macht mich die riesige Aufschrift auf der Moschee von Birmingham betroffen, die an der Straße zum Flughafen liegt: „Read the Koran, the Last Testament“ (Lies den Koran, das Letzte Testament).

Als ebenso mißverständlich und nicht selten schädlich im Hinblick auf beiderseitige Klarheit haben sich einige Verhaltensweisen erwiesen, die in den vergangenen Jahren fast immer in gutem Glauben, doch mit einer großen Dosis an Naivität oder einem unzureichenden Bewußtsein dessen, was man da tat, praktiziert worden sind. Im Namen der Solidarität, der Brüderlichkeit oder des „Glaubens an den einen Gott“ hat man den muslimischen Gemeinschaften Räumlichkeiten der Gemeinde oder sogar einen Platz in der Kirche für das Gebet zur Verfügung gestellt und dabei vergessen, daß dies in den Augen der Anhänger Mohammeds nicht etwa eine Gefälligkeit, sondern eine Kapitulation darstellt: eine Art Lossagung vom eigenen Glauben und stillschweigende Anerkennung der Überlegenheit des Islams. Und es darf auch nicht vergessen werden, daß nach muslimischer Auffassung ein dem Islam heiliger Ort nicht mehr entweiht werden kann und – wenn auch implizit und ohne formellen Rechtsvertrag – gewissermaßen als Eigentum des Islams betrachtet wird.

99. Oft wird gesagt, daß Christen und Muslime in vielen Bereichen zusammenarbeiten können: in der Förderung des Friedens, im Lebensschutz (Abtreibung, Euthanasie, Genmanipulation) und ganz allgemein dort, wo es um die sogenannten „gemeinsamen Werte" geht. Doch worin besteht die eigentliche Grundlage für einen Dialog? Handelt es sich um ein ethisches Fundament, oder gibt es etwas Tieferes, auf das man in anthropologischen Fragen zurückgreifen kann?

Hier ist eine Vorbemerkung notwendig. Für den Christen ist die Vernunft eine Gegebenheit, die zur menschlichen Natur gehört. Sie veranlaßt den Menschen, über die Bedeutung und über die letzten Implikationen seines Daseins und des gesamten Universums nachzudenken und läßt ihn die Existenz eines Mysteriums, die Existenz Gottes ahnen, der sich in der Offenbarung kundtut. Diese Perspektive, die uns das Christentum eröffnet, ist eine Ausgangsbasis, die allen Menschen gemeinsam ist, etwas von Natur aus Gegebenes, das sich entwickelt und sich in der Begegnung mit dem letzten Sinn der Wirklichkeit erfüllt, aber von allen geteilt werden kann. In diesem Sinne stellt der Begriff des Naturrechts eine gemeinsame Grundlage für Christen und Laien dar und erlaubt die Anerkennung sogenannter allgemeiner Rechte.

Andererseits ist der Mensch (und nicht der „Gläubige") aus biblischer Sicht nach dem Abbild Gottes geschaffen.[45] Deshalb können alle Menschen dieses göttliche „Bild" wiederentdecken, das der Menschheit bei dem Versuch, den Sinn des Lebens zu vertiefen und sich selbst zu läutern, als gemeinsame Bezugsgröße dienen wird.

Für einen Muslim ist es dagegen unvorstellbar, außerhalb des dem Menschen von Gott übergebenen religiösen Gesetzes (der *Šarīʿa)* von einem Naturrecht zu sprechen. Er ist davon überzeugt, daß es nichts Allgemeingültiges gibt, das der islamischen Weltanschauung vorangeht. Während man im Christentum von der Vernunft ausgeht und zur Offenbarung gelangt, ist die Offenbarung nach klassischer islamischer Vorstellung der Vernunft vor- und übergeordnet und schließt sie in sich ein. Auf arabisch sagt man, der Islam sei *Dīn al-Fiṭra,* die natürliche Religion des Menschen.

Interessanterweise schreiben allerdings viele Muslime – und das nicht erst seit heute – dem Naturrecht eine eigene und im Hinblick auf das religiöse Gesetz autonome Würde zu, auch wenn dies nicht der klassischen Überlieferung entspricht. Diese Tatsache ist sehr wichtig, weil sie zum einen zur Entwicklung des islamischen Denkens beiträgt und zum anderen die Möglichkeit bietet, die Grundrechte auch jenen zuzuerkennen, die nicht der muslimischen Gemeinschaft angehören.

Vor diesem Hintergrund spielen die Christen eine immens wichtige Rolle, weil sie – womöglich auf der Basis jener Werte, die als „gemeinsam" praktiziert und definiert werden – zu dieser Entwicklung beitragen können. Zwar stellen diese Werte keine Gesprächsgrundlage dar, doch sind sie die historische Gelegenheit zu einer Begegnung zwischen Christen und Muslimen, und sie sind etwas, wofür die Gläubigen beider Religionen sich gemeinsam einsetzen können, auch wenn sie auf je unterschiedlichen logischen und anthropologischen Wegen zu diesem Engagement gekommen sind.

Grundlage für den Dialog ist mithin keine Gesamtheit theoretischer Aussagen und auch keine Liste von Werten, sondern eher das gemeinsame Menschsein, das die Aufgeschlossenheit für das Mysterium, für die religiöse Dimension des Lebens in sich einschließt. Ich will damit sagen, daß es trotz aller Unterschiede, die unweigerlich bestehen, falsch wäre, die Möglichkeit eines gemeinsamen Vorgehens und einer Verständigung über bestimmte Aspekte zu leugnen, auch wenn uns bewußt sein muß, daß man an Kreuzungen gelangen kann, wo beide nach einem Stück des gemeinsamen Marschs wieder getrennter Wege gehen. Zum Beispiel dann, wenn man auf das Problem der Gleichberechtigung von Mann und Frau stößt, demgegenüber der Christ die Gültigkeit des Naturrechts anerkennt, während der Muslim den Primat des religiösen Gesetzes postuliert, das diese Gleichberechtigung verneint.

Wie man sieht, handelt es sich um einen Weg, der zum Teil aus ebenen und zum Teil aus sehr steilen Abschnitten besteht, und man muß gut trainiert sein, um immer weiterzugehen.

100. Einige Aspekte der beiden Religionen scheinen auf eine spürbare Nähe hinzuweisen. Zum Beispiel die Vorstellung von einem barmherzigen Gott, der Faktor der Buchreligion, die gemeinsame abrahamitische Tradition …

Auch hinter identischen oder vergleichbaren Ausdrucksformen können sich verschiedene Auffassungen verbergen, die man kennen und gründlich erforschen muß – nicht aus purem Starrsinn und um die Unterschiede zu betonen, sondern aus Liebe zur Wahrheit.

Nehmen wir zum Beispiel die Aussage: „Gott ist barmherzig". Für den Muslim bedeutet dies, daß Gott, der der Mächtige ist, sich herabbeugen und dem Menschen barmherzig erweisen oder aber, wenn er will, dem Menschen diese Barmherzigkeit auch versagen kann. Das aber ist etwas anderes als der Begriff des barmherzigen Gottes, wie wir ihn im Alten und noch mehr im Neuen Testament finden: eines Gottes, dessen Barmherzigkeit die eines Vaters oder einer Mutter ist. Für den Christen nämlich ist Gott der authentischste Ausdruck der Liebe und die Quelle des Erbarmens, das Vater und Mutter ihren Kindern schenken. Diese Vorstellung liegt dem gesamten Neuen Testament zugrunde, ist wesentlicher Teil unseres Glaubens und der Anfang des am weitesten verbreiteten christlichen Gebets: des Vaterunsers. Und es ist kein Zufall, daß die Anrede „Vater" nicht zu den 99 Gottesnamen gehört, die die islamische Tradition aus dem Koran abgeleitet hat, da dieses Attribut mit dem koranischen Gott unvereinbar ist und vom Koran selbst verneint wird.

Allerdings stammen die arabischen Worte für „gütig" und „barmherzig" *(raḥmān* oder *raḥīm)* aus derselben Wurzel wie das Wort *Raḥm,* das den Mutterschoß bezeichnet. Das bedeutet, daß man eine „mütterliche" Gottesvorstellung aus der arabischen Sprache selbst hätte ableiten können. Der klassische Islam hat diese Möglichkeit nicht aufgegriffen; sie findet sich jedoch bei einigen Mystikern und könnte eine offene Tür für eine Vertiefung der gemeinsamen Gottesvorstellungen zwischen Juden, Christen und Muslimen sein.

101. Ein weiteres Beispiel, auf das man zurückgreift, um die Gemeinsamkeiten zwischen Islam und Christentum zu betonen, ist die Tatsache, daß beide als „Buchreligionen" betrachtet werden.

Der Ausdruck „Buchreligion" oder „Leute der Schrift" ist typisch koranisch. Damit bezeichnet der Koran die Juden und die Christen. Das liegt daran, daß in der Mohammed bekannten arabischen Welt niemand außer den Juden und den Christen ein geoffenbartes Buch besaß. Die Muslime besaßen keine schriftliche Offenbarung und sollten sie erst zwei Jahrzehnte nach Mohammeds Tod unter seinem dritten Nachfolger, dem Kalifen *ʿUṯmān,* erhalten. Aus muslimischer *Sicht* können die drei monotheistischen Religionen also erst von diesem Zeitpunkt an als Buchreligionen bezeichnet werden, die also auf einer von Gott geoffenbarten heiligen Schrift basieren, auch wenn Mohammed selbst den Islam niemals so genannt hat.

Doch auch aus christlicher Sicht ist dieser Ausdruck irreführend, und das aus zwei Gründen. Zunächst einmal, weil man damit implizit den Koran als ein Buch anerkennt, das Mohammed von Gott geoffenbart worden ist – eine Haltung, die im Christentum niemals vertreten worden ist und für die es keinerlei theologische Grundlage gibt.[46] Und zweitens, weil der Menschheit nach muslimischer Auffassung die göttliche Offenbarung zwar im Buch des Korans mit seinem direkt vom Himmel herabgekommenen Inhalt endgültig und vollständig mitgeteilt worden ist, das Christentum jedoch nicht als eine auf ein Buch gegründete Religion bezeichnet und auf die Heilige Schrift reduziert werden kann, auch wenn es sich hierbei ebenfalls um geoffenbarte Texte handelt. Die Grundlage des Christentums nämlich ist kein Buch, sondern ein Ereignis: die Inkarnation Gottes, der in der Person

Jesu Christi Mensch geworden ist. Das eigentliche Zeichen des Christentums ist das Kreuz, an dem Jesus sich aus Liebe zum Menschen und für das Heil der ganzen Welt hingegeben hat.

Es ist kein Zufall, daß die christlichen Gemeinschaften des Ostens von Anfang an keine Ikone des Evangeliums oder der Bibel, sondern Ikonen verehrt haben, die die Gottesmutter mit dem Jesuskind darstellten. Und wenn in der liturgischen Feier das Evangelium in einer Prozession hereingetragen und beweihräuchert wird, dann wird damit zum Ausdruck gebracht, daß das Evangelium uns Christus geoffenbart hat. Schon zu Beginn des zweiten Jahrhunderts schreibt der heilige Ignatius von Antiochien in seinem Brief an die Gläubigen von Philadelphia: „Mein Schatz ist Jesus Christus, meine Schriftstücke sind unwandelbar sein Kreuz, sein Tod und seine Auferstehung und der Glaube, der von ihm kommt."

102. Ein letztes Element der geistigen Verwandtschaft, auf das häufig hingewiesen wird, ist die Zugehörigkeit zu ein und derselben abrahamitischen Tradition …

Die Gestalt Abrahams ist ein klassisches Thema des interreligiösen Dialogs.[47] Es trifft zu, daß die drei Religionen, die – etwas irreführend – „abrahamitisch" genannt werden, Abraham als ihren Vater anerkennen. Aber meinen sie damit dasselbe? Einige Autoren betonen die Ambivalenz dieser Bezeichnung und sehen darin sogar eine „Homonymie".[48] Fest steht, daß sie sich auf Abraham als vollkommenes Beispiel des gläubigen Menschen beziehen, der sich uneingeschränkt auf Gott verlassen hat und sogar bereit war, seinen Sohn zu opfern.

Schon das Alte Testament spricht von Abraham als dem Vater einer Vielzahl von Völkern: „Das ist mein Bund mit dir: Du wirst Stammvater einer Menge von Völkern. Man wird dich nicht mehr Abram nennen. Abraham (Vater der Menge) wirst du heißen; denn zum Stammvater einer Menge von Völkern habe ich dich bestimmt. Ich mache dich sehr fruchtbar und lasse Völker aus dir entstehen; Könige werden von dir abstammen. Ich schließe meinen Bund zwischen mir und dir samt deinen Nachkommen, Generation um Generation, einen ewigen Bund: Dir und deinen Nachkommen werde ich Gott sein."[49] Dieses Thema wird von verschiedenen neutestamentlichen Verfassern und insbesondere von Paulus in seinem Römerbrief und in seinem Brief an die Galater aufgegriffen.

Auch im Koran ist Abraham die spirituelle Leitfigur der Menschheit: „Und (damals) als Abraham von seinem Herrn mit Worten auf die Probe gestellt wurde! Und er erfüllte sie. Er [der Herr] sagte: Ich will dich zu einem Vorbild für die Menschen machen."[50] Der Koran wirft jedoch sowohl den Juden als auch den Christen vor, die Gestalt Abrahams für sich alleine zu beanspruchen und nimmt dieses Monopol umgekehrt für den Islam in Anspruch. Es heißt nämlich: „Und sie [die Juden und Christen] sagen: Ihr müßt Juden oder Christen sein, dann seid ihr rechtgeleitet. Sag: Nein! (Für uns gibt es nur) die Religion Abrahams, eines *Ḥanīf* – er war kein Heide!"[51] Und an einer anderen Stelle: „Ihr Leute der Schrift! Warum streitet ihr über Abraham, wo doch die Thora und das Evangelium erst nach ihm herabgesandt worden sind? Habt ihr denn keinen Verstand? (...) Abraham war weder Jude noch Christ. Er war vielmehr ein (Allah) ergebener *Ḥanīf* und kein Heide. Die Menschen, die Abraham am nächsten stehen, sind diejenigen, die ihm gefolgt sind, und dieser Prophet und die, die gläubig sind. Allah ist der Freund der Gläubigen."[52]

Ferner ist zu bedenken, daß das Christentum und der Islam aus zwei recht unterschiedlichen Blickwinkeln auf Abraham schauen. Im Islam ist Abraham der Zeuge eines denkbar radikalen Monotheismus und wie die anderen biblischen Gestalten das Muster der totalen Unterwerfung gegenüber Gott. Die Vorstellung einer Verheißung oder eines mit Abraham geschlossenen Bundes ist dagegen wie auch der dem Judentum und dem Christentum gemeinsame Begriff der „Heilsgeschichte" im Islam praktisch nicht existent.[53]

Deshalb erklärt das Zweite Vatikanische Konzil in der dogmatischen Konstitution „Lumen Gentium":[54] „Der Heilswille umfaßt aber auch die, welche den Schöpfer anerkennen, unter ihnen besonders die Muslim, die sich zum Glauben Abrahams bekennen und mit uns den einen Gott anbeten, den barmherzigen, der die Menschen am Jüngsten Tag richten wird."[55] In der ersten Fassung dieses Textes hieß es: „Die Söhne Ismaels, die Abraham als Vater bekennen, glauben auch an den Gott Abrahams". Die endgültige Fassung äußert sich nicht mehr über das Verhältnis zwischen den Muslimen und Abraham, sondern besagt lediglich, daß die Muslime „sich zum Glauben Abrahams bekennen".[56]

103. In den letzten Jahren haben sich viele Vertreter der katholischen Hierarchie zu Wort gemeldet und die Notwendigkeit des Dialogs angemahnt, aber gleichzeitig mit aller Deutlichkeit auf die Gefahr von Mißverständnissen hingewiesen. Der Papst kämpft in dieser schwierigen Angelegenheit an vorderster Front und ist von solchen kritisiert worden, die fürchten, daß die Kirche in Positionen nachgeben könnte, die als zwiespältig und allzu locker gelten …

Ich bin überzeugt, daß der Papst der bedeutendste Verfechter eines wirklichen Dialogs ist. Nach wie vor setzt er sich dafür ein, daß „Brücken gebaut" und Gelegenheiten zur Begegnung zwischen Christen und Muslimen geschaffen werden, und er widersetzt sich mit Nachdruck – wie es Johannes Paul II. nach dem Anschlag auf die Zwillingstürme von New York und während des Afghanistankonflikts schon mehrfach getan hat – der Vorstellung von einem Kampf der Zivilisationen oder der Religionen. Bereits unter Papst Johannes Paul II. kam es zu bedeutenden Manifestationen dieser Haltung: der an die Katholiken gerichtete Einladung, den 14. Dezember 2001 (den letzten Tag des Ramadan) als Fastentag zu begehen, sowie zur Begegnung zwischen den Vertretern der Religionen am 24. Januar 2002 in Assisi.

Schon Johannes Paul II. hat mehrfach die Instrumentalisierung des Glaubens zu politischen oder militärischen Zwecken gebrandmarkt, die sich hinter gewissen, vermeintlich religiösen Appellen gegen den Westen wie auch gegen den islamistischen Terrorismus verbirgt. Ihm war sehr wohl bewußt, daß ein Teil des Islams – eine Minderheit vermutlich, die jedoch Einfluß auf die Gemeinschaft besitzt – die Gegensätze gezielt verschärft und die muslimische Welt mit religiösen Parolen und dem Hinweis auf himmelschreiende Situationen wie in Palästina neu zusammenzuschweißen sucht. Doch er wußte auch, daß die Polarisierung der Positionen nicht nur für die christlichen Minderheiten in den islamischen Ländern, sondern für die gesamte Menschheit eine Katastrophe wäre, denn dann hätte man es unter Umständen mit einer Milliarde von Muslimen zu tun, die von bestimmten Parolen „zur Besinnung gebracht" worden wären: eine Perspektive, die man sich sicherlich nur schwer vorstellen kann, die aber dennoch droht und die der jüngste Afghanistankonflikt uns auf dramatische Weise wieder vor Augen gestellt hat.

Während der Papst wieder und wieder den Dialog zwischen den verschiedenen Identitäten anmahnt, weist er zugleich auch unablässig auf die Notwendigkeit hin, den Respekt vor den Menschenrechten zu fördern, unter denen er das Recht auf Religionsfreiheit an die erste Stelle stellt. Die Religionsfreiheit beinhaltet sowohl die Möglichkeit, sich zu seinem eigenen Glauben zu bekennen, als auch die, einem anderen Glauben anzugehören – zwei Kernprobleme, die, wie wir wissen, in vielen muslimischen Ländern noch auf ihre Lösung warten.

Es gibt also, um dies abschließend zu sagen, an der Position des Papstes nichts, was auf eine allzugroße Kompromißbereitschaft schließen ließe. Allerdings erweist sich sein Lehramt als eine wunderbare Synthese aus einer Bekräftigung des christlichen Glaubens und der Sorge, daß dieser überall auf der Welt fortbestehen und praktiziert werden kann. Dies aber drängt uns, wie Johannes Paul II. selbst es bei der Begegnung mit den Vertretern der Religionen in Assisi formuliert hat, „nicht zur Gegenüberstellung und noch weniger zur Verachtung des andern" (...), sondern zum konstruktiven Dialog, in dem jeder, ohne in irgendeiner Weise dem Relativismus oder Synkretismus nachzugeben, sich noch stärker der Pflicht der Zeugenschaft und Verkündigung bewußt wird."[57]

104. Im Rahmen der vielfältigen Formen des ehrenamtlichen Engagements setzen sich seit Jahren Tausende von Katholiken an vorderster Front für die Einwanderer ein, die oft der islamischen Religion angehören. Unter welchen Bedingungen können diese Begegnungen im Alltag auch zu Chancen für einen Dialog werden?

Das ehrenamtliche Engagement vieler Katholiken ist in der Tat unter dem Aspekt der dort geleisteten Hilfe bemerkenswert und die Großzügigkeit und Hingabe dieser Menschen verdienen Respekt und Bewunderung.

Mehr als einmal ist mir jedoch aufgefallen, daß es diesen freiwilligen Helfern schwerfällt, ihre Großzügigkeit zu begründen und ihr Handeln als Ausdruck der Nächstenliebe und damit ihres Glaubens zu erklären. Zuweilen liegt dies an einer Art Befangenheit oder „Zurückhaltung" gegenüber den muslimischen Einwanderern. Ich habe sogar Personen getroffen, die in den Asylen oder Suppenküchen aus „Respekt" vor dem Glauben der dort untergebrachten oder bewirteten Muslime darauf verzichtet haben, vor den Mahlzeiten das Kreuzzeichen zu machen. Mir scheint, dies ist in Wirklichkeit weniger ein Zeichen des Respekts als vielmehr ein Sich-Lossagen von den wahren Gründen des eigenen Tuns und des Werks, das man unterstützt. Weshalb sollte ein Christ eine Speisung von Armen und Emigranten welchen Glaubens auch immer organisieren, wenn er dies nicht aus christlicher Nächstenliebe tut? Und warum sollte er sich schämen, dies vor allen, die ihm begegnen, und auch vor den Muslimen zu bekennen? Andernfalls liefen die von der Kirche betriebenen Einrichtungen Gefahr, zu einer Art „Solidaritätssupermarkt" zu werden: Ihre Werke wären zweifellos verdienstvoll, doch das eigentliche Motiv ihres Tuns – nämlich das christliche Zeugnis – würden sie auf diese Weise verraten.

Daß wir uns richtig verstehen: Es geht hier nicht um Proselytismus, sondern um Authentizität, um die Fähigkeit, in dem, was man tut, die Wahrheit über sich selbst zum Ausdruck zu bringen. Gewiß wäre es verfehlt, das Brot, das man dem anderen gibt, an die Bedingung zu knüpfen, daß dieser andere die Botschaft des Evangeliums anerkennt – das wäre in der Tat ein inakzeptabler Akt des Proselytismus. Hier geht es jedoch um Authentizität, um das schlichte Zeugnis jenes Glaubens, der die Freiwilligen beseelt und sie lehrt, allen ohne jede religiös, ideologisch oder politisch motivierte Ausnahme zu helfen und nicht nur die Bedürfnisse, sondern auch den Sinn des Lebens miteinander zu teilen. Ich glaube, daß es hier einer aufrichtigen Gewissensprüfung bedarf: Sind die Beweggründe vieler lobenswerter Initiativen zugunsten von Immigranten nicht auf der Strecke geblieben? Und stimmt es vielleicht nicht, daß die Organisation und Selbstdarstellung dieser Initiativen überdacht werden muß, damit sowohl die Durchführenden wie auch die, die davon profitieren, etwas lernen können?

105. Kann die Migrationserfahrung dazu beitragen, die traditionelle Sicht und gewisse Vorurteile der Muslime gegenüber dem Christentum und den Christen zu verändern?

Wir haben im Vorfeld bereits gesehen, daß der Christ gemäß einer in den islamischen Ländern recht weit verbreiteten Mentalität als ein Gläubiger gilt, der den Weg zur Fülle des Glaubens noch nicht vollendet hat, einer Fülle, die nur in der Zustimmung zu den Lehren des Korans erreicht werden kann. Außerdem muß man bedenken, daß sich im Lauf der Jahrhunderte eine Sichtweise verfestigt hat, die alle Aspekte der westlichen Welt mit dem Christentum identifiziert. In diesem Sinne ist die Einwanderung nach Europa eine große Chance, um zur Überwindung einiger Gemeinplätze und dazu beizutragen, daß die Muslime sich aus größerer Nähe ein realistischeres und vorurteilsfreieres Bild vom Christentum und von den Christen machen können.

Es gibt viele Beispiele: In Europa kann der muslimische Einwanderer feststellen, daß es neben der muslimischen auch andere religiöse Erfahrungen gibt und daß ein Miteinander in einem Rahmen der Freiheit und des Pluralismus möglich ist. Zudem kann die Überzeugung in ihm reifen, daß man seinen Glauben auch ohne die von einem konfessionellen Staat geleisteten „Garantien“ praktizieren, die Politik von der Religion trennen und als Laie dem Gemeinwohl dienen kann, daß die Vernunft keine Feindin, sondern die engste Freundin des Glaubens ist und daß die Moderne eine historische Chance darstellt, die Wahrheit des eigenen Glaubens innerhalb der Welt zu überprüfen. Und schließlich, daß es ein Fehler ist, das Christentum mit dem Westen gleichzusetzen, auch wenn es zu den grundlegenden Bestandteilen der westlichen Zivilisation zählt.

In diesem Sinne erweist sich das Zeugnis, zu dem die Christen berufen sind, als entscheidend. Einige Aspekte des Lebens in der westlichen Welt – wie der weitverbreitete ethische Relativismus, ein falschverstandener Freiheitsbegriff, der die Freiheit mit der Möglichkeit verwechselt, ohne jeden ideellen Bezug das zu tun, was man will, oder auch die Vermarktung des weiblichen (und des männlichen) Körpers – bestärken die Muslime darin, die westliche Gesellschaft als korrupt und dekadent zu verurteilen.

Und ich glaube, daß sich die Christen kritischer mit diesen Aspekten auseinandersetzen müssen, weil sie bezeichnende Merkmale einer Gesellschaft sind, die Gott aus ihrem Bezugshorizont entfernt hat und glaubt, die Religion wie eine Nippesfigur in einer Art „Salon der Werte“ ausstellen zu können: als etwas Interessantes, vielleicht auch Originelles, das aber für das Leben ohne Bedeutung ist. Wenn die Muslime die westliche Gesellschaft kritisieren, weil sie sie für sittenlos und für eine Zivilisation halten, die sich im wesentlichen von Gott losgesagt hat, dann rufen sie die Christen indirekt dazu auf, über ihre eigene Rolle in dieser Gesellschaft, über die Kraft ihres Zeugnisses und darüber nachzudenken, wie sich ihr Glaube auf die Bereiche auswirkt, in denen sie leben.

So verstanden, glaube ich, kann die Immigration auch für die Christen zu einer Chance und einem Zeitzeichen werden und sie zu einem interessanten Vergleich mit der Vergangenheit einladen. In früheren Jahrhunderten sind viele Missionare in die islamischen Länder aufgebrochen, doch ihre Verkündigung wurde durch den starken kulturellen und sozialen Druck unterbunden oder weitgehend neutralisiert. Deshalb wurden Millionen von Muslimen daran gehindert, das Christentum kennenzulernen (wohlgemerkt: es geht um ein schlichtes Kennenlernen und nicht um Konversion). Heute hat die Geschichte diese Dynamik umgekehrt: Millionen von Muslimen kommen in jenes Europa, von dem die Missionare einst aufgebrochen waren, doch in der Gesellschaft, die sie dort vorfinden, ist das Christentum entweder gar nicht anwesend oder verborgen oder kurz vor dem Verlöschen. Viele muslimische Freunde, die nach Italien oder Europa gekommen sind, haben mir gesagt, wie enttäuscht sie waren, weil sie geglaubt hatten, im Westen auf einen echten christlichen Nährboden und eine von Religiosität durchdrungene Gesellschaft zu treffen, und in Wirklichkeit nur noch schwache Spuren einer solchen christlichen Wirklichkeit gefunden haben.

Vielleicht kann die Anwesenheit so vieler Muslime für die Christen zu einer Art Stachel, zu einer Provokation im positiven Sinne werden, die sie aus der Glaubenslethargie herausreißt, in die sie verfallen sind. Die Präsenz des Islams in Europa kann ebenso wie die der christlichen Einwanderer aus der Dritten Welt (die nicht selten einen dynamischeren und mutigeren Glauben an den Tag legen) für die westlichen Christen ein Appell sein, sich wieder neu spirituell zu engagieren.

106. Manche sind der Auffassung, das Konzept des Dialogs an sich sei der muslimischen Mentalität fremd und deshalb könne man trotz aller guten Absichten auf seiten der christlichen Protagonisten de facto immer nur einen Dialog zwischen Stummen erreichen. Was sollte man denjenigen antworten, die die Initiativen und Versuche der vergangenen Jahre für naiv und fruchtlos halten?

Man muß zugeben, daß die Initiativen im Hinblick auf eine Kultur des Dialogs in der Tat fast immer von Christen ausgegangen sind, auch wenn es in den letzten Jahrzehnten in der islamischen Welt das eine oder andere Entgegenkommen gegeben hat: Ich erinnere zum Beispiel an die islamisch-christlichen Zusammenkünfte, die das „Centre d'Études et de Recherches Économiques et Sociales" (CERES) gemeinsam mit der von Prinz Hassan, dem Bruder des verstorbenen König Hussein von Jordanien, unterstützten Stiftung *āl al-Bayt* organisiert; an verschiedene bilaterale Treffen im Vatikan und in Kairo, an denen Vertreter der islamischen Universität al-Azhar teilgenommen haben; und an die Tätigkeit kleiner, aber bedeutender Gruppen im Libanon. Einige muslimische Intellektuelle erkennen öffentlich an, daß ihre Welt einen Rückstand aufzuholen hat und daß beispielsweise einer gut etablierten Tradition christlicher Islamologen nur sehr wenige muslimische Christentumsforscher gegenüberstehen. Überdies sind die islamischen Veröffentlichungen über das Christentum in der Regel polemischer Natur und eher aggressiv oder apologetisch geprägt und verfolgen das erklärte oder implizite Ziel, den Islam gegen die „Vorwürfe des Westens" zu verteidigen. Zwar haben einige muslimische Intellektuelle mit ihren Arbeiten ein von einer dialogischen Grundeinstellung geprägtes Nachdenken über das Christentum auf den Weg gebracht, doch von einem wirklichen und echten Gesprächsfaden kann nicht die Rede sein.

Im Grunde ist und bleibt der Muslim davon überzeugt, daß der Islam die letzte und endgültige offenbarte Religion ist, daß sowohl das wahre Judentum als auch das authentische Christentum im Koran enthalten sind und daß Juden wie Christen ihre heiligen Schriften verfälscht haben. Wie könnte jemand, der bereits die ganze Wahrheit besitzt, im interreligiösen Dialog noch etwas Neues lernen? Natürlich lastet diese Einstellung wie ein Stein auf der Möglichkeit, einen echten Dialog zu entwickeln, doch die Gründe für eine Begegnung in der Wahrheit, die ich im Vorfeld erläutert habe, bleiben dennoch gültig. Man muß beten, damit sie die Oberhand gewinnen – in dem Bewußtsein, daß, wie Johannes Paul II. es in Assisi formuliert hat, Beten nicht heißt, „vor der Geschichte und den Fragen, die sie aufwirft, zu fliehen. Im Gegenteil, es bedeutet die Entscheidung, die Wirklichkeit nicht allein, sondern mit der Kraft, die von oben kommt, mit der Kraft der Wahrheit und der Liebe, anzugehen, deren ursprüngliche Quelle in Gott ist."[58]

107. Die arabischen Christen blicken auf dreizehn Jahrhunderte des Zusammenlebens mit dem Islam zurück. Welche Lehren kann man aus ihren Erfahrungen ziehen?

Ich möchte hervorheben, daß im Unterschied zu dem, was viele im Okzident und im Orient denken, „arabisch" nicht gleichbedeutend ist mit „muslimisch": Das zweite Kapitel der Apostelgeschichte erinnert uns daran, daß am Pfingsttag unter den zum Christentum bekehrten Neophyten auch Araber waren, und heute gibt es über 12 Millionen christliche Araber. Die arabische Nation ist nicht erst mit Mohammed entstanden, und vor der Entstehung des Islams lebten auf der arabischen Halbinsel Juden, Christen und Heiden. Nach seiner Verkündigungstätigkeit und der muslimischen Expansion im Mittleren Osten (636–642 n. Chr.) wurden die Christen in jenem Gebiet nach und nach arabisiert und haben als Geschützte unter islamischer Jurisdiktion Seite an Seite mit den Muslimen gelebt.[59]

Auf persönlicher Ebene hat es im Lauf der Jahrhunderte unzählige positive Erfahrungen der Begegnung und des Austauschs gegeben, die vor allem auf der Tatsache beruhen, daß beide Seiten die transzendente Dimension des Daseins und die Absolutheit bestimmter Werte als grundlegend anerkennen. Als problematischer hat sich dagegen infolge der Politisierung der Religion und der – in der muslimischen Tradition immer gegenwärtigen – Versuchung, andere zu beherrschen, die Begegnung mit dem Islam als einem soziopolitischen System erwiesen. Diese Versuchung ihrerseits ist aus der Überzeugung geboren, daß man ein Monopol auf die Wahrheit besitzt – aus der Gewißheit also, daß der Koran die vollkommene und endgültige Offenbarung ist.

Eine der kostbarsten Lehren, die wir als christliche Araber im Lauf der Jahrhunderte von den Muslimen erhalten haben, ist die absolute Priorität Gottes, die auch die alltäglichen Aspekte des Daseins durchdringt – keiner Nippesfigur, sondern eines Gottes, mit dem man in jedem Moment zu rechnen hat. In diesem Zusammenhang möchte ich von einem kleinen persönlichen Erlebnis erzählen, das mich sehr beeindruckt hat. Es war an einem

Freitag in Kairo. Ich betrat kurz vor Mittag ein Friseurgeschäft, und der Inhaber sagte mir freundlich: In ein paar Minuten ist das rituelle Gebet, und ich werde meine Arbeit unterbrechen. Gehen Sie doch besser zu meinem christlichen Kollegen fünfzig Meter weiter. Seine aufrichtige und redliche Art veranlaßten mich, im Geschäft zu warten, bis er sein Gebet verrichtet hatte. Er hatte ein echtes Glaubenszeugnis abgelegt und war sogar eher bereit gewesen, einen Kunden zu verlieren, als auf eine Geste seines Glaubens zu verzichten. Natürlich muß man auch zugeben, daß diese Gott eingeräumte Priorität leicht zum Fanatismus entarten oder auch dazu führen kann, daß man seiner Verantwortung für die Gesellschaft nicht gerecht wird. Wie beispielsweise in Kairo, wo einige öffentliche Dienstleistungseinrichtungen (zum Beispiel das Einwohnermeldeamt oder die Paßstelle) den ganzen Ramadan über geschlossen bleiben.

Wir arabischen Christen haben gelernt, die positiven und die negativen Aspekte der Koexistenz richtig einzuschätzen, und hüten uns sowohl vor der Versuchung, allzu naiv immer nur an das Gute im Menschen zu glauben, als auch vor einer voreingenommenen Opposition und grundsätzlichen Ablehnung all dessen, was zur Tradition des anderen gehört.

108. Könnte man also sagen, daß die christlichen Araber die historische Berufung haben, als Brücke zwischen zwei Zivilisationen zu dienen, die einander fern und doch so nahe sind?

Tatsächlich können wir christlichen Araber den westlichen Christen helfen, den Islam zum einen in all seinen Dimensionen besser zu verstehen und zum anderen mit den Muslimen zusammenzuleben. Dabei erheben wir nicht den Anspruch, alle Welt zu belehren, sondern beschränken uns darauf, die anderen an den Früchten unserer tausendjährigen Erfahrung teilhaben zu lassen. Wir sind wie eine Brücke, die zwei Ufer miteinander verbindet, und wie jede Brücke, die den Zweck, zu dem sie gebaut worden ist, erfüllen soll, müssen wir (zuweilen achtlos und zuweilen sogar feindselig) von denen betreten werden, die vom einen Ufer ans andere gelangen wollen. Wir sind anders als die westlichen Christen, weil wir Araber sind, und wir sind anders als die Muslime, weil wir Christen sind. Im Grunde werden wir von beiden Welten als Fremde wahrgenommen und sind doch zutiefst in ihnen beiden verwurzelt. Das ist eine sehr unbequeme, ja schwindelerregende Situation, doch es ist die „Conditio sine qua non", um weiter als Brücke zu fungieren. Und das ist unsere wahre historische Berufung, die – bitte verzeihen Sie mir diesen sehr hoch angesetzten Vergleich – der Situation Jesu am Kreuz ähnelt: Ausgespannt zwischen Himmel und Erde hat er vertikal die Menschheit mit der Gottheit und horizontal den Orient mit dem Okzident, die Entfernten und die Nahestehenden miteinander verbunden.

Dokumentarischer Anhang

Zeittafel zur Geschichte des Islams

Mohammed

um 570	Kurz nach dem Tod seines Vaters kommt Moham med zur Welt.
577	Tod seiner Mutter *Amīna*. Mohammed wird zunächst von seinem Großvater und dann von seinem Onkel großgezogen
um 591	Er tritt als Karawanenführer in die Dienste von *Ḫadīǧa,* die er fünf Jahre später heiratet.
610	Die ersten Koranverse entstehen. Drei Jahre lang predigt Mohammed im Verborgenen.
613	Öffentliche Predigttätigkeit in Mekka.
615	Die Feindschaft des Stammes der *Qurayš* treibt die muslimischen Gläubigen ins ägyptische Exil.
622	Auswanderung (Hedschra) Mohammeds nach *Yaṯrib* (Medina).
624	In der Schlacht von Badr siegen die Muslime über Mekka.
628	Die Muslime erobern die jüdische Oase von *Ḫaybar.*
630	Triumphaler Einzug Mohammeds in Mekka.
632	Mohammed stirbt in Medina.

Kalifat

632–633	Krieg gegen die „Apostaten".
634	Beginn des Feldzugs gegen das byzantinische und das persische Reich.
636	Schlacht von *Yarmūk:* Die Byzantiner verlieren Syrien.
639–642	Eroberung Ägyptens.

653	Niederschrift der Korantexte unter dem Kalifen ʿUṯmān.
656	*ʿAlī,* Mohammeds Vetter und Schwiegersohn, wird zum vierten Kalifen gewählt.
656–657	Bürgerkrieg zwischen *ʿAlī* und *ʿAiša*, Mohammeds Witwe: Die Muslime spalten sich in Sunniten, Schiiten und Charidschiten auf.
660	*Muʿāwiya* erklärt sich in Damaskus zum Kalifen. Beginn der Umayyadendynastie.
668–673	Erste Belagerung von Konstantinopel.
670	Expansion in Nordafrika.
680	*ʿAlīs* Sohn *Ḥussein* fällt in der Schlacht von Karbala. Die Kluft zwischen Sunniten und Schiiten vertieft sich.
711	Überquerung der Meerenge von Gibraltar. Zusammenbruch des Westgotenreichs.
713	Im Osten erreicht die Expansion das Indusdelta.
732	Karl Martell stoppt die Muslime in der Schlacht von Poitiers.
750	Ende der Umayyadendynastie (unter anderem in Europa) und Beginn des Abbasidenreichs.
786–809	Kalifat von *Ḥārūn al-Rašīd.* Blütezeit des muslimischen Reichs.
827–902	Eroberung Siziliens durch die Araber.
954	Ausbreitung des ismaelitischen Islam in Indien.
969	Eroberung Ägyptens durch die Fatimiden; Gründung Kairos und der Moschee al-Azhar.
um 1000	Erste Konversionen von Stammesführern in Schwarzafrika.
1000–1021	Regierung des Fatimidenkalifen *al-Ḥākim:* Verschärfung der Maßnahmen gegen die Christen.
11. Jh.	Das afrikanische Königreich Ghana wird muslimisch.
1061–1092	Die Araber verlassen das von den Normannen eroberte Sizilien.
1071	Der Sieg der Seldschuken über die Byzantiner macht für die türkischen Stämme den Weg nach Kleinasien frei.
1076	Die Seldschuken entreißen Damaskus den Fatimiden.
1099	Die Kreuzritter ziehen in Jerusalem ein.
1187	Saladin siegt in *Ḥattīn.*

13. Jh.	Ausbreitung des Islams in Bengalen und Konver sion von Buddhisten und Hindus.
1236	Ferdinand III. von Kastilien erobert Cordoba.
1258	Die Mongolen erobern Bagdad. Ende des Abbasidenkalifats.
1317	Erster muslimischer König auf dem Thron von Dongola, der Hauptstadt des ehemals nubisch-christlichen Reichs.
Mitte 15. Jh.	Muslime belagern die Insel Java.
1453	Die osmanischen Türken erobern Konstantinopel.
1475	Der Islam erreicht die Philippinen.
1492	Mit der Kapitulation von Granada endet die spanische „Reconquista".
16. Jh.	Zerstörung des letzten nubisch-christlichen Staates.
1506	*Ǧihād* des Imam al-Ghazi gegen die Christen von Äthiopien.
1516	Sieg der Osmanen über die Mameluken und Besetzung Syriens.
1526	Schlacht von Mohács. Ungarn fällt unter osmanische Herrschaft.
1526–1858	Herrschaft der Mogul-Dynastie in Indien.
1529	Belagerung Wiens durch die Osmanen.
1571	Niederlage der osmanischen Flotte in der Schlacht von Lepanto.
1798–1801	Ägyptische Expedition von Napoleon Bonaparte.
1865–1885	Rußland erobert die islamischen Territorien in Zentralasien.
1918	Das osmanische Reich wird im Ersten Weltkrieg besiegt.
1924	Abschaffung des Kalifats durch Mustafa Kemal.

Heutige Zeit

1932	Entstehung des Königreichs Saudi-Arabien.
1947	Schaffung eines Staates für die indischen Muslime: Pakistan.
1948	Entstehung des Staates Israel und Beginn der palästinensischen Diaspora.
1962	Unabhängigkeit Algeriens nach langem Kampf gegen die französische Herrschaft.

1967–1970 Im Biafrakrieg treffen nigerianische Christen und Muslime aufeinander.

1969 Gründung der Organisation der Islamkonferenz

1979 Triumph von Chomeinis islamischer Revolution im Iran.

1979–1989 Die *Muǧāhidīn* kämpfen gegen die Rote Armee, die Afghanistan besetzthält.

1980–1988 Iran-Irak-Krieg. Die Vermittlungsversuche der islamischen Länder bleiben vergeblich.

1983 Einführung der *Šarīʿa* im Sudan. Im Süden des Landes flackern erneut Unruhen auf.

1987 Nach jahrelangen Gefechten unterzeichnet die Nationale Befreiungsfront der Moro ein Abkommen mit der philippinischen Regierung.

1990 Der Irak marschiert in Kuwait ein. Entsendung amerikanischer Truppen in die Golfregion.

1991 Golfkrieg. Konferenz von Madrid zwischen Arabern und Israelis.

1992 Beginn der Gewalttaten islamistischer Gruppen in Algerien.

1993 Verträge von Oslo zwischen Israel und der PLO von Arafat gegen den Widerstand der radikalen Gruppierungen.

1996 Die afghanischen Taliban marschieren in Kabul ein.

1999–2002 Zahlreiche Staaten der nigerianischen Föderation führen die *Šarīʿa* ein.

2000 Ausbruch der zweiten palästinensischen Intifada.

2001 Terroristische Anschläge in New York und Washington. Der Führer von *al-Qāʿida, Bin Lādin,* äußert sich mehrfach lobend über die Attentäter und ruft zum *Ǧihad* gegen den Westen auf. Beginn einer internationalen diplomatischen und militärischen Offensive gegen den Terrorismus.

Muslime in der Europäischen Union

Nation	Bevölkerung (Millionen)	Muslime (Millionen)	in Prozent
Alte Mitgliedsländer			
Frankreich	60,4	5,0	8,3
Deutschland	82	3,5	4,3
Großbritannien	58,6	1,6	2,7
Italien	57,6	1,0	1,8
Spanien	39,4	1,0	2,4
Niederlande	15,8	1,0	6,3
Belgien	10,2	0,4	3,9
Schweden	8,9	0,4	4,4
Österreich	8,1	0,35	4,4
(Schweiz	7,2	0,31	4,3)
Dänemark	5,3	0,27	5
(Norwegen	4,6	0,08	1,8)
	358,1	**15,3**	**4,3**
Neue Mitgliedsländer und Assoziierte (2007–2008)			
Polen	38,7	0	
Portugal	10,8	0	
Griechenland	10,6	0,14	1,3
Tschechien	10,3	0	
Ungarn	10,1	0	
Slowakei	5,4	0	
Finnland	5,2	0	
Irland	3,7	0	
Litauen	3,7	0	
Lettland	2,4	0	
Slowenien	2,0	0,05	
Estland	1,4	0	
Zypern	0,9	0,16	18
Malta	0,4	0	
Luxemburg	0,4	?	
Rumänien	22,3	0,2	0,8
Bulgarien	7,5	0,9	12,2
	135,8	**1,45**	**1,1**

Beitrittskandidaten			
Kroatien	4,5	0,2	4,4
Mazedonien	2,1	0,6	17
Albanien	3,6	2,5	70
Serbien und Montenegro	10,8	2,2	19
Bosnien-Herzegowina	4,1	1,6	40
	25,1	**7,1**	**28,2**
Europa gesamt	**521**	**23,8**	**4,6**
Türkei	70	70	99,9

Quelle: CIA Factbook, www.cia.gov/cia/publications/factbook/index.html

Der Islam im Abendland

Wie viele Muslime gibt es?

Schwierigkeiten der Erhebung

Über die Anzahl der Muslime in Europa, selbst in Deutschland, gibt es nur Schätzungen. Wollte man exakte Zahlen, müßte man alle Europäer bzw. alle Deutschen zählen. Das ist in freiheitlich verfaßten Gesellschaften dieser Größenordnung aber nur bedingt möglich.

So fand 1987 die letzte Volkszählung in Deutschland statt. Sie war bereits für das Jahr 1981 geplant gewesen. Es kam zu Auseinandersetzungen um ihre Finanzierung, Bürgerinitiativen zur Boykottierung der Volkszählung bildeten sich, 1983 untersagte sie das Bundesverfassungsgericht aus Datenschutzgründen. Als 1987 eine neukonzipierte Volkszählung stattfand, sahen Boykottinitiativen darin die ersten Schritte zum Überwachungsstaat. Staatlicherseits kam es zur Einschaltung des Verfassungsschutzes, zu Hausdurchsuchungen und Strafverfahren. Schließlich wurden an jeden Haushalt die Zensus-Fragebögen versandt. Von welcher Quantität und Qualität der Rücklauf letztlich war, ist umstritten.

Die nächste Volkszählung in Deutschland ist für 2011 geplant – ohne Erhebung der Religionszugehörigkeit. Fordert dies die Europäische Union, wie das Bundesinnenministerium behauptet, oder läßt sie mehr Spielraum, wie Kritiker behaupten, die gerade in der Erhebung der Anzahl der Muslime ein wichtiges integrationspolitisches Instrument sehen?

Die Alternative zur Befragung der Bürger ist der Registerzensus, bei dem die Daten aus den Melderegistern erhoben werden. Jeder Zensus stellt unter besagten Umständen aber nur eine Annäherung an die gesellschaftliche Wirklichkeit dar.

Schwierigkeiten bei der Definition

Eine weitere Schwierigkeit ergibt sich aus der Abgrenzung des Raumes und der Definition „Muslim". Ist Europa nur die Europäische Union, oder müssen deren Beitrittskandidaten mitgerechnet werden? Daraus entstünde eine erhebliche Differenz, allein schon durch die Einbeziehung der Türkei, welche zwar großenteils in Asien liegt, deren 70 Millionen Einwohner aber zu 99 Prozent Muslime sind. Weicht man vom politisch-verfaßten Europa auf einen kulturell-geographischen Begriff aus, kommt Rußland ins Spiel. Die Russische Föderation liegt aber ebenfalls großenteils in Asien und hat unter ihren 140 Millionen Einwohnern etwa 20 Millionen Muslime.

Wer ist Muslim? Der Islam kennt nicht die sakramental-gemeindliche Verfaßtheit der christlichen Kirche, die es erlaubt, durch Taufregister der Pfarreien Mitgliederzahlen zu erheben. Nach islamischem Selbstverständnis ist eigentlich jeder Mensch von Geburt an Muslim. Er nimmt formell den Islam an durch verbale Bekundung, das Sprechen des Glaubensbekenntnisses *(Šahāda)*. Ein wirklicher Gläubiger *(Mu'min)* ist er erst durch den Gehorsam Gott gegenüber. Derartige Definitionen sind kaum in Zahlen umzusetzen. Soziologisch geht man vereinfacht davon aus, daß Muslim ist, wer in einer muslimischen Familie geboren wird oder einen muslimischen Vater hat (mit der Geschlechtsreife wird dann die *Šahāda* gesprochen). Auf diesem Wege werden allerdings Konvertiten nicht erfaßt. Es handelt sich um ein de facto ethnisches Kriterium, das tendenziell religiöse Minderheiten in muslimischen Mehrheitsgesellschaften unberücksichtigt läßt und das defizitäre Verständnis der Religionsfreiheit im Islam soziologisch begünstigt.

Schätzwerte

Wenn man die geschätzte* Anzahl der Muslime in den Ländern der Europäischen Union zusammenzählt aus den alten Mitgliedsstaaten plus Norwegen und die Schweiz (15,3 Millionen), den neuen Mitgliedern (1,45 Millionen Muslime) und den Staaten mit unterzeichnetem Stabilisierungs- und Assoziierungsabkommen (SAA; 7,1 Millionen Muslime), die Türkei aber unberücksichtigt läßt, dann kommt man auf annähernd 24 Millionen Muslime von über 520 Millionen Europäern. Das sind 4,6 Prozent.

In Deutschland sind es prozentual etwas weniger, nämlich 4,3 Prozent, das sind 3,5 Millionen von 82 Millionen Deutschen. In Frankreich leben erheblich mehr Muslime (5 Millionen), wegen der geringeren Einwohnerzahl (60,4 Millionen) sind es deshalb 8,3 Prozent. Auf Frankreich folgen prozentual die Niederlande mit 6,3 Prozent (= 1 Million Muslime). Verhältnismäßig ebensoviele Muslime wie in Deutschland gibt es in Schweden, Österreich und der Schweiz. Rein zahlenmäßig ziehen Italien und Spanien mit den Niederlanden gleich.

Unter den neuen Mitgliedsländern der EU finden sich relativ viele Muslime auf Zypern (18 Prozent), gefolgt von Bulgarien (über 12 Prozent), aufgrund der geringen Einwohnerzahl der beiden Länder (900.000 und 22,3 Millionen) heißt das jedoch für Zypern nur etwas mehr als 150.000, für Bulgarien immerhin fast 1 Million Muslime.

Die SAA-Länder sind nicht sehr groß und deshalb auch nicht sehr einwohnerstark, haben aber durch ihre Lage auf der Balkanhalbinsel relativ viele Muslime. Spitzenreiter ist hier Albanien, mit 70 Prozent Muslimen das erste Land mit absoluter muslimischer Mehrheit. Bosnien-Herzegowina hält im Vergleichsraum den zweiten Platz mit 40 Prozent Muslimen, aber auch Serbien liegt mit 19 Prozent noch vor der bisherigen Spitze, Zypern, gefolgt von Mazedonien mit 17 Prozent.

Gerade diese Länder haben jahrhundertealte muslimische Anteile in der Bevölkerung, die insgesamt etwa ein Drittel des abendländischen Islams ausmachen. In weiten Teilen Europas ist die muslimische Präsenz hingegen so schwach bis überhaupt nicht nennenswert (man denke an Norwegen, Finnland, Lettland, Litauen, Estland, Polen, Tschechien, die Slowakei, Slowenien und Ungarn, aber auch Malta), daß man von einer durchgehenden Präsenz des Islams in Europa nicht sprechen kann.

Ein anderer Indikator für die Gegenwart des Islams im Abendland sind die Moscheen und Gebetsräume. Viele davon sind in den älteren islamischen Gebieten Südosteuropas zu finden, allein Bulgarien hat 1.200 der insgesamt 9.000 Bauwerke und Räumlichkeiten. Über 7.000, also 80 Prozent, konzentrieren sich in ganzen drei Ländern Westmitteleuropas: Deutschland (2.400), Frankreich (2.000) und Großbritannien (1.500). Italien, Spanien und die Niederlande kommen zusammen gerade einmal auf 1.000 Gebäulichkeiten.

Einschätzungen und Perspektiven

Auf ein islamisches Europa zu?

Aus der Perspektive sehr vieler Länder der Welt erscheint die religiöse Minderheit der Muslime in Europa unbedeutend. In den USA beispielsweise gilt eine Stadt mit einem Bevölkerungsanteil von 5 Prozent ethnischen Minderheiten als „weiße" Stadt. In den USA rechnet man für 2050 mit einer demographischen Situation, in der keine ethnische Gruppe eine relative Mehrheit in der Gesellschaft haben wird.

Die Fruchtbarkeitsrate der Muslime geht aber bereits in ihren nordafrikanischen und vorderasiatischen Herkunftsländern auf europäische Verhältnisse zu (Algerien 1,89 Kinder pro Frau; Tunesien 1,74; Türkei 1,91). Gerade die Länder, die Nachbarn Europas sind, nähern sich in der Fertiliät westlichen Verhältnissen an. Das wird auch an Albanien deutlich, mit 2,03, Tendenz fallend, oder an Bosnien: 1,22. Vermutlich wird in wenigen Jahren der gesamte Maghreb betroffen sein. Interessanterweise ist auch der Iran bereits unterhalb einer Fruchtbarkeitsrate, die die Reproduktion der vorhandenen Bevölkerung sicherstellt.

Man kann davon ausgehen, daß sich die muslimischen Bevölkerungsanteile in Europa durch Zuwanderung weiter vergrößern, aber daß sich deren Fertilität mit der Zeit „europäisiert". Auf den ersten Blick wirkt es beeindruckend, wenn man liest, daß sich in den alten Mitgliedsländern der EU die Muslime im Laufe von 20 Jahren von 5 Millionen im Jahr 1985 auf 15 Millionen vermehrt haben und daß sie es weiter tun werden. Man wird für 2025 dort mit mindestens 25 Millionen Muslimen rechnen müssen, wenn nicht sogar mit annähernd 40 Millionen. Zugleich wird die europäische Bevölkerung insgesamt weniger werden, mit prozentual mehr Muslimen. Die europäischen Länder, die jetzt bereits durch Zuwanderung einen starken Muslimanteil haben (Frankreich, Deutschland, Niederlande), werden 2025 mit 10 bis 15 Prozent und 2050 mit 20 bis 25 Prozent rechnen dürfen. Betrachtet man aber Europa im ganzen, bedeutet die voraussichtliche Anzahl an Muslimen von vielleicht 40 Millionen im Jahr 2025 bei einer Gesamtbevölkerung von 500 Millionen nur 8 Prozent, bis 2050 möglicherweise 15 Prozent. Selbst wenn es 20 Prozent wären, hätte jeder fünfte Europäer einen entsprechenden Migrationshintergrund, inwieweit aber von einer religiösen Praxis oder inneren Bindung auszugehen ist, muß offenbleiben.

Soziale Konsequenzen

Die muslimischen Zuwanderer werden über 2020 hinaus eine im Vergleich zu ihren Gastgesellschaften verhältnismäßig junge Community sein, deren Kultur stärkere religiöse Bindungen enthält als die zunehmend säkularisierten Alteingesessenen. Erfährt sich diese Gruppe als arm und unterprivilegiert, erscheint auf Dauer die Konfrontation mit der reichen, überalterten Gesellschaft des modernen Europa unausweichlich. Diese Gesellschaft tendiert eher zu weniger als zu mehr Toleranz und Freundlichkeit gegenüber dogmatischen und traditionell strukturierten Religionen, egal welcher Art. Und dieser Umwelt werden sich die Muslime, wenn sich nichts ändert, auch noch bis 2050 ausgesetzt sehen. Andererseits kann die jahrzehntelange Begegnung zwischen einem soziokulturellen Mainstream und einer ethnisch anderen Jugend diesen nicht unberührt lassen. Man wird sich der Einsicht nicht verschließen können, daß die genannten europäischen Nationen in den kommenden Jahrzehnten Aspekte der muslimischen oder vielleicht besser nordafrikanischen und vorderasiatischen Kulturen integrieren müssen. Das ist aber etwas ganz anderes als die Vorstellung einer Islamisierung Europas.

In allen Szenarien dürfen die Frauen nicht unberücksichtigt bleiben, denn der Druck in Richtung kultureller Assimilation trifft sie stärker. Wenn die muslimischen Frauen von individualistischen und feministischen Strömungen der europäischen Kultur erfaßt werden, bleibt das nicht ohne Auswirkung auf die demographischen Perspektiven. Je mehr es ihnen ermöglicht wird, persönliche und berufliche Erfüllung in Europa zu finden, desto weniger wird ihre Option die der Reproduktion der Großfamilie sein. Die Berufsausbildung der Frauen und ihre dementsprechende Partizipation am Wirtschaftsleben wirken sich stets negativ auf die Geburtenrate aus.

Entsprechend groß ist dann auch die Furcht vor einer Säkularisierung der muslimischen Community in Europa, die die Islamisten zugleich prägt und anfeuert. Man darf auch nicht vergessen, daß die geographische Schwelle, das Mittelmeer, so breit ist, daß sie die alten Heimatländer der Migranten jedenfalls sozial, ökonomisch und kulturell von Westeuropa trennt, auch im Zeitalter medialer Vernetzung. Die zu erwartende jahrzehntelange Auseinandersetzung wird sich im wesentlichen auf Westeuropa beschränken. Zugleich ist dessen Kultur geprägt von der Möglichkeit des freien und offenen Diskurses, auch über religiöse Fragen aller Art. Und dazu gehört die Tatsache der medialen Globalisierung, die einerseits den Islamismus, andererseits die Reformkräfte begünstigt. Das Ergebnis der innermuslimischen Diskussion in Europa wird auf diese Weise auch in die muslimischen Länder zurückstrahlen.

Eine Frage von Rasse und Klasse?

Bei der Einschätzung der Muslime und ihrer Religion, des Islams, ist es keineswegs so klar, wie es scheint, daß die wirklich religiösen oder zumindest kulturellen Fragen das Denken bestimmen. Im allgemeinen Bewußtsein sind der rechtliche und soziale Status des Migranten, seine Erscheinung als Nordafrikaner oder Orientale, seine Arbeitslosigkeit oder Minderqualifikation, seine Wohnsituation und seine Probleme mit der Polizei vermengt mit Klischees über seine Religion, seinen Charakter und seine Kultur. Diese vordergründig erfaßten Aspekte haben aber nicht notwendigerweise mit der Frömmigkeit oder dem Glauben der betroffenen Einzelpersonen zu tun. Es ist auch nicht gesagt, ob diese fromme Identität mit ihrer sozialen oder wirtschaftlichen Lage wirklich in Verbindung steht und auch nicht in welcher.

Werden also entsprechende Konflikte oder Problemlagen dargestellt, stößt sich niemand daran, daß man für die Situation in Frankreich das Wort „Muslim" synonym mit „Araber", „Nordafrikaner" oder „Maghrebiner" verwendet, in Deutschland statt „Türke" oder „Kurde" „Muslim" sagt und in bezug auf Großbritannien von „Pakistanern" und „Bengalis" anstelle von „Muslimen" spricht. Die Beliebigkeit der Bezeichnung unterschlägt, daß beispielsweise soziale Unruhen in französischen Vorstädten mit frommen Interessen nichts zu tun haben. Umgekehrt wird die Einschätzung der Religion in der Öffentlichkeit dann letztlich durch Fragen von Rasse und Klasse dominiert.

In allen Gesellschaften haben die Menschen vielfache Identitäten und auch ein Spektrum von Wahlmöglichkeiten. Ob ihre Religion dabei den ersten Platz einnimmt, ist auch eine Frage dieser Wahl. Gegenwärtig besteht kein Anlaß davon auszugehen, daß Europäer mit muslimischem Hintergrund ihre politischen Entscheidungen vorwiegend religiös bedingt treffen. Ob sie dies in Zukunft verstärkt tun werden oder nicht, ist auch abhängig vom europäischen Mainstream und seiner Politik. Politische Unzufriedenheit muß ebensowenig sein wie ihre religiöse Dynamisierung.

* Wir übernehmen die Zahlen des „CIA-Factbooks" (siehe Tabelle S. 194f.) und folgen weitgehend der Interpretation von Philip Jenkins, Princeton (New Jersey/USA).

Glossar

Allah

Kontraktion des arabischen Wortes *al-Ilāh,* der Gott; Bezeichnung für Gott, also *den* Gott schlechthin. Auch die arabischsprachigen Christen und Juden geben Gott diesen Namen. Allah hat 99 göttliche Namen: der Barmherzige, der Herr, der Heiligste, der Beschützer usw.

Āya

Göttliches Zeichen. Gemäß der muslimischen Vorstellung die Bezeichnung für die einzelnen Koranverse.

Chomeinisten

Eine Gruppe, die die „revolutionäre" schiitische Doktrin des Ayatollah Chomeini und insbesondere die These von der „Herrschaft des Gelehrten" *(Velayet-e-Faqih)* anwendet.

Daʿwa

Aufruf. Der Begriff bezeichnet das missionarische Wirken zur Verbreitung des Islams.

Ḏimmī

Das Wort bedeutet „Geschützte" und bezieht sich auf die „Leute der Schrift", das heißt die jüdischen und christlichen Gläubigen, die ein heiliges Buch besitzen. Diese stehen unter dem Schutz *(Ḏimma)* des islamischen Staates, wenn sie einige klar definierte Bedingungen erfüllen, wozu insbesondere die Entrichtung einer Kopfsteuer *(Ǧizya)* gehört. Mit der Zeit entwickelte sich der Status der *Ḏimmī* zu einem Synonym für „Bürger zweiter Klasse".

Dīn wa Dunya wa Dawla

Religion, Gesellschaft und Staat. Mit dieser Formel wird die islamische Religion nach klassisch muslimischer Vorstellung und auch in vielen modernen Interpretationen definiert, die diese drei Elemente als eine untrennbare Einheit betrachten.

Fātiḥa
Die Eröffnungssure oder erste Sure des Korans, die die Muslime als rituelles Gebet verrichten. Sie lautet: „Im Namen Allahs, des Barmherzigen, des Gütigen. Lob sei Allah, dem Herrn der Menschen in aller Welt, dem Barmherzigen und Gütigen, der am Tag des Gerichts regiert! Dir dienen wir, und dich bitten wir um Hilfe. Führe uns den geraden Weg".

Fatwa
Juristisch-religiöse Entscheidung oder Meinung, die ein Jurist auf eine präzise Frage hin ausspricht.

Fiqh
Islamisches Recht. Die islamischen Texte haben von seiten der jeweiligen juristischen Schulen zu verschiedenen Auslegungen geführt. Der Rechtsexperte wird *Faqīh* (im Plural *Fuqahā'*) genannt.

Ǧāhiliyya
Wörtlich die Unwissenheit. Der Begriff bezeichnet die vorislamische Gesellschaft, wird jedoch heute auf eine Gesellschaft angewandt, die den Islam nicht kennt oder nicht anwendet. Damit entspricht er dem, was man im Westen unter Barbaren oder Heiden versteht.

Ǧihād
Aus der arabischen Wurzel *ǧ-h-d,* sich anstrengen, kämpfen. Der Koran verwendet diesen Begriff (der im Arabischen männlich ist) im Zusammenhang mit dem *Ǧihād fī Sabīl Allāh,* dem Kampf auf dem Weg Gottes, den die muslimischen Exegeten für gleichbedeutend mit dem heiligen Krieg halten. Die im Westen sehr verbreitete These, wonach man zwischen dem „kleinen *Ǧihād*", dem heiligen Krieg, und dem „großen

Ǧihād", dem ethisch-spirituellen Kampf gegen das Böse, zu unterscheiden habe, wird weder durch die klassische arabische Tradition noch durch die theoretischen Ausführungen derjenigen islamischen Gruppierungen, die zum *Ǧihād* aufrufen, bestätigt, sondern ist charakteristisch für die mystischen Strömungen.

Ḥadīṯ
Gesammelte Aussprüche und Taten Mohammeds, wie sie von seinen Gefährten oder ihren Gefolgsleuten überliefert worden sind. Wer sie studiert, wird *Muḥaddiṯ* genannt. Es gibt sechs große Hadithsammlungen, die als authentisch *(ṣaḥīh)* gelten.

Ḥaǧǧ
Die Wallfahrt nach Mekka. Die fünfte Säule des Islams: Wer dazu in der Lage ist, muß wenigstens einmal in seinem Leben zwischen dem neunten und dem dreizehnten Tag des Monats *Ḏu-l-Ḥiǧǧa* nach Mekka pilgern. Alljährlich nehmen mindestens zwei Millionen Gläubige daran teil und folgen einem bis ins kleinste festgelegen Ritual. Zu den wichtigsten Handlungen zählen der *Ṭawāf,* also die siebenmalige Umrundung der *Kaʿba,* der *Saʿy,* bei dem man zwischen den beiden Hügeln Ṣafā und Marwa hin- und hergeht, die symbolische Steinigung des Teufels bei Minā und die Darbringung eines Tieropfers. Höhepunkt des Rituals ist das Gebet auf dem Berg ʿArafat. Wird die Wallfahrt außerhalb des *Ḏu-l-Ḥiǧǧa* vollzogen, wird sie als „klein" betrachtet und daher *ʿUmra,* Besuch, genannt.

Hedschra
Vom arabischen *Hiǧra,* Auswanderung. Das Wort bezieht sich auf Mohammeds Flucht von Mekka nach Yaṯrib (das später in *Madīnat al-Nabī,* die Stadt des Propheten, oder Medina umbenannt wurde) und markiert das Jahr 1 des islamischen Mondkalenders (622 n. Chr.).

Ḥudūd
Plural von *Ḥadd,* Grenze. Mit diesem Begriff werden die „kanonischen" koranischen Strafen bezeichnet, die sich aus der Anwendung der *Šarīʿa* ergeben.

Iʿǧāz
Wunder. Das Wort bezieht sich auf die islamische Tradition, wonach der göttliche Ursprung des Korans an seinem „unnachahmlichen" literarischen Stil zu erkennen sei.

Imam
Religiöser Titel eines „Vorstehers", der das gemeinschaftliche Gebet in der Moschee leitet. Den Schiiten zufolge wurde dieser Titel von den zwölf Nachfahren *ʿAlīs* getragen, die einander als Oberhaupt der Gemeinschaft nachfolgten, und steht deshalb nur wenigen Auserwählten – darunter dem Imam Chomeini – zu.

Islam
Ist von dem Verb *aslama* abgeleitet und bedeutet „Unterwerfung". Für die Muslime (die Gott Unterworfenen) ist der Islam die „natürliche" und ursprüngliche Religion des Menschen. In diesem Sinne gelten alle von Gott gesandten Propheten im Koran als „muslimisch".

Kaʿba
Die kubische Konstruktion im Zentrum des Hofs der Großen Moschee von Mekka, um die die Muslime siebenmal herumgehen, wenn sie im Rahmen der Wallfahrt den *Ṭawāf* vollziehen. In ihr wird der schwarze Stein, ein Block aus dunklem Porphyr (vielleicht ein Meteorit), aufbewahrt. Nach muslimischer Tradition soll Abraham Gott an diesem Ort einen Altar errichtet haben. Deshalb hat Mohammed zwar befohlen, die um die Kaʿba herum aufgestellten vorislamischen Götzenbilder zu zerstören, die Konstruktion selbst jedoch unverändert erhalten.

Kāfir
Ungläubiger oder Polytheist, im Plural *Kuffār* oder *Kāfirūn.*

Kalifat
Vom arabischen *Ḫilāfa,* Nachfolge. Das Kalifat währt nahezu ohne Unterbrechung vom Tod Mohammeds im Jahr 632 bis 1924, als es von der republikanischen Türkei abgeschafft wird. Heute halten viele radikalislamische Gruppen seine Wiederherstellung für notwendig, um die Welt von der sogenannten *Ǧāhiliyya* zu befreien (s. d.).

Koran
Vom arabischen *al-Qur'ān,* „Vortrag" oder „Ausrufung". Der Name des heiligen Buchs der Muslime stammt aus der ersten Weisung des Erzengels Gabriel an Mohammed: *Iqra'* (Lies! Trage vor!). Er besteht aus 114 Suren oder Kapiteln, die bis auf die erste, die sogenannte *Fātiḥa,* nach ihrer Länge geordnet sind.

Moschee
Vom dem arabischen *Masǧid,* Ort der Niederwerfung. Die Moschee ist insofern keine „muslimische Kirche", als sie nicht nur einen Ort des Gebets und des Gottesdiensts, sondern auch ein kulturelles, soziales und politisches Versammlungszentrum darstellt.

Muezzin
Vom arabischen *Mu'aḏḏin,* das ist derjenige, der von der Spitze eines Minaretts aus den *Aḏān* ausführt, das heißt, zum Gebet aufruft. Der Ruf beginnt mit einem viermaligen *Allāh-u akbar* („Gott ist der Größte"), gefolgt von der *Šahāda* (jeder Satz zweimal) und dann dem eigentlichen Aufruf: „Kommt zum Gebet, kommt zum Heil" (jeder Satz zweimal), um schließlich mit einem neuerlichen *Allāh-u akbar* und den Worten „Es gibt keinen Gott außer Allah" zu enden.

Muftī
Derjenige, der die Fatwa ausspricht. In vielen islamischen Ländern ist dies das höchste religiöse Amt eines Staates oder einer Region.

Muğāhidīn
Plural von *Muğāhid*, dem Kämpfer des *Ğihād*.

Naṣārā
Nazarener. Mit diesem Wort werden im Koran und in der islamischen Tradition die Christen bezeichnet.

Qibla
Die Gebetsrichtung, die Mohammed auf Mekka festgelegt hat, nachdem er zunächst das jüdische Gebet nach Jerusalem praktiziert hatte. Alle Moscheen werden nach Mekka ausgerichtet.

Ridda
Apostasie vom Islam, auch *Irtidad* genannt. Zumindest in der Theorie ist für den Murtadd (den Apostaten) die Todesstrafe vorgesehen.

Šahāda
Bekenntnis des Glaubens an Allah und seinen Propheten. Diese erste Säule des Islams besteht darin, die folgenden Worte zu sprechen: „Ich bezeuge, daß es keinen Gott außer Allah gibt und daß Mohammed sein Gesandter ist.“ *(Aš-hadu an lā Ilāha illa Allāh wa Muḥammad Rasūl Allāh.)* Um Muslim zu werden, genügt es für einen Nichtmuslim, dieses Bekenntnis auszusprechen.

Ṣalāt
Rituelles Gebet, das aus vorgeschriebenen Gesten und Sätzen besteht. Es kann gemeinschaftlich (in der Moschee) oder individuell abgehalten werden. Es muß fünfmal am Tag (bei Morgengrauen, am Mittag, am Nachmittag, bei Sonnenuntergang und

am späteren Abend) Richtung Mekka gesprochen werden, und der Betende muß im Zustand der „gesetzlichen Reinheit“ sein, das heißt, die vorgeschriebenen Waschungen vollzogen haben. Zweite Säule des Islams.

Šarīʿa
Allgemein verbreitete Abkürzung von *Šarīʿat Allāh,* Gesetz Gottes. Im Koran handelt es sich dabei stets um ein Gesetz göttlichen Ursprungs, einen „Weg“, der den „Leidenschaften derer, die nicht wissen“ entgegengesetzt ist. Seine vor allem strafrechtliche Anwendung stellt heute eine der hauptsächlichen Forderungen der radikalen Gruppierungen dar und ist in vielen islamischen Ländern ein heiß umkämpftes Thema. Quellen der *Šarīʿa* sind der Koran und die Sunna, die Überlieferung des Propheten, deren Texte von den verschiedenen juristischen Schulen unterschiedlich ausgelegt werden.

Säulen des Glaubens
Fünf Verpflichtungen eines jeden Muslims, der die Pubertät erreicht hat: die *Šahāda,* das Glaubensbekenntnis; die *Ṣalāt,* das rituelle Gebet; die *Zakāt,* das Almosengeben; der *Ṣawm,* das Fasten im Ramadan; und der *Ḥağğ,* die Wallfahrt nach Mekka (s. auch die einzelnen Stichwörter).

Ṣawm
Das Fasten, und zwar im allgemeinen jenes, das den ganzen Mondmonat Ramadan über eingehalten wird und die vierte Säule des Glaubens bildet. Es besteht darin, daß man vom Morgengrauen bis zur Abenddämmerung auf Speise und Trank sowie auf alle Arten von Vergnügungen verzichtet. Verpflichtend für jeden Muslim, der die Pubertät erreicht hat. Ausgenommen sind Kranke, Reisende und schwangere Frauen. Während der Menstruation ist das Fasten einer Frau ungültig, und sie muß die versäumten Tage nachholen.

Schiiten
Nach *Šīʿat ʿAlī,* der Partei von *ʿAlī,* Mohammeds Vetter und Schwiegersohn und Fatimas Ehemann. Die Schiiten waren die Protagonisten der ersten innerislamischen Spaltung, die durch den Nachfolgestreit nach dem Tod des Propheten ausgelöst wurde. Etwa zehn Prozent aller Muslime sind Schiiten. Sie leben hauptsächlich im Iran, in Pakistan, dem Irak, dem Libanon und in einigen Golfstaaten.

Šeiḫ
Ältester, Scheich. Religiöser Titel, dessen Herleitung dem Wort Priester (aus Presbyter, Ältester) entspricht.

Sīra
Mohammeds Biographie. Die maßgeblichste ist die von Ibn Hišām aus dem 9. Jahrhundert.

Sunna
Gesamtheit der mit Mohammed verbundenen islamischen Überlieferungen.

Sunniten
Die, die zur Sunna gehören. Sie bilden 90 % der Muslime weltweit und sind in vier „Riten" oder Schulen unterteilt: die um Abū Ḥanīfa (700-768) entstandene *Ḥanafita*, die in der Türkei, in Ägypten, Syrien, dem Irak, Pakistan, Afghanistan und Indien verbreitet ist; die nach Mālik bin Anas (712–796) benannte Mālikita, die in den Maghrebstaaten und in Schwarzafrika verbreitet ist; die *Šāfiʿta* des *Imam Šāfiʿī* (768–820), die im östlichen und südarabischen Afrika sowie in Indonesien verbreitet ist; und die saudi-arabische *Ḥanbalita* von *Ibn Ḥanbal* (781–856), die die strenge wahhabitische Lehre der Königsfamilie von Riad hervorgebracht hat.

Šūra
Beratung. Bezeichnung für die gesetzgebende oder beratende Körperschaft in den politischen Systemen des Islams.

Sure
Kapitel des Korans. Die insgesamt 114 *Suren* werden in die aus Mekka und die aus Medina unterteilt.

Tafsīr
Korankommentierung. Der Kommentator ist der *Mufassir.*

Tawḥīd
Einzigkeit. Der Glaube an den einzigen Gott.

Taʾwīl
Interpretation des Korans.

ʿUlamāʾ
Vom arabischen *ʿUlamāʾ*, Weise. Die koranischen „Rechtsgelehrten", die mit der Auslegung der *šarīʿa* betraut sind.

Umma
Arabisch für Nation. Im allgemeinen versteht man darunter die Nation aller Muslime.

Wahhabiten
Gruppierung, die die offiziell in Saudi-Arabien geltende Lehre anwendet und sich auf die Lehren des Theologen *Muḥammad bin ʿAbdil-Wahhāb* (1703–1787) beruft. In den Ländern der ehemaligen UdSSR steht der Begriff ganz allgemein für alle integralistischen islamischen Gruppen.

Zakāt
Almosen, eine Art Zehnt, der auf das Einkommen erhoben und wohltätigen Zwecken zugeführt wird. Dritte Säule des Islams.

Bibliographie

Borrmans, Maurice, „Wege zum christlich-islamischen Dialog", Frankfurt a. M. (CIBEDO) 1985.

Cardini, Franco, „Europa und der Islam: Geschichte eines Mißverständnisses", München 2004.

Crespi, Gabriele, „Die Araber in Europa", Stuttgart und Zürich 1992.

Johannes Paul II., „Die Schwelle der Hoffnung überschreiten", 2. Aufl., Hamburg 1994.

Talbi, Muhammad, „Islam und Dialog", CIBEDO-Dokumentation, Köln 1981.

Anmerkungen

Die Grundlagen

1 Mohammed war 25 Jahre alt, als er sich mit der ungefähr 40jährigen *Ḫadīǧa* vermählte.

2 Das Wort kommt vom syrischen *Ḥanpe* und bedeutet für die christlichen Araber „Heide". In der muslimischen Tradition nahm der Begriff dagegen die Bedeutung „Monotheist" oder „Reingläubiger" an und wurde auf den weder jüdischen noch christlichen Abraham angewandt, vgl. Koran, Sure 3 („Das Haus des *ʿImrān"),* 67.

3 Das Reich der Himjaren im Jemen des 6. Jahrhunderts und die beiden Reiche der Lachmiden und der Ghassaniden im Norden.

4 Erst später, in Medina, werden die vorschriftsmäßigen Gebete um das Mittagsgebet auf drei und schließlich auf die heutigen fünf erweitert.

5 Der Genauigkeit halber ist hier anzumerken, daß dieser Ausdruck nur im koranischen Kontext verständlich ist, aber nicht zum Christentum paßt. Das Christentum ist seinem eigenen Selbstverständnis zufolge niemals eine Buchreligion, sondern die Offenbarung Christi gewesen – eine Offenbarung, die *auch* in Buchform niedergelegt ist.

6 Vgl. Koran, Sure 19 („Maria"). Wo nicht anders angegeben, wird der Koran nach der Übersetzung von Rudi Paret zitiert, Stuttgart 1966.

7 *Hedschra* hat denselben Wortstamm wie Hagar, der Name der Sklavin Abrahams, die mit ihrem Sohn Ismael in die Wüste fliehen mußte; Ismael gilt als Stammvater der Araber.

8 Abkürzung für *Madīnat al-Nabī,* die Stadt des Propheten.

9 *Ibn Hišām* (gest. 834) stützte sich auf die verlorengegangene *Sīra* von *Ibn Isāq,* die um das Jahr 750 verfaßt wurde.

10 Zahlreiche Suren sprechen davon, daß Mohammed ein Fünftel der Beute zustand: „Man fragt dich nach der Kriegsbeute. Sag: Die Kriegsbeute kommt Allah und dem Gesandten zu. Fürchtet nun Allah", Sure 8 („Die Verderblichkeit des Krieges"), 1; „Und ihr müßt wissen: Wenn ihr irgendwelche Beute macht, gehört der fünfte Teil davon Allah und dem Gesandten", ebd., 41).

11 Eine wichtige Persönlichkeit aus Mekka und der Vater von *Moʿāwiya,* dem Stammvater der Umayyadendynastie (661–750).

12 Sure 3 („Das Haus des *ʿImrān*“),118–129.139–160.165–180.

13 Sure 5 („Der Tisch“), 3.

14 Solange *Ḫadīǧa* lebte, war Mohammed monogam geblieben; danach hatte er mindestens zehn Frauen. *ʿAiša,* die Tochter des zukünftigen ersten Kalifen *Abū Bakr,* wurde im Alter von sechs Jahren verheiratet; als die Ehe vollzogen wurde, war sie neun Jahre alt.

15 Das ist die Bedeutung des arabischen Verbs *anzala,* das als „offenbaren“ übersetzt wird.

16 Dies ist der Wortlaut der gesamten 97. Sure („Die kraftvolle Nacht“).

17 Die Transkription gibt die Aussprache zweier Buchstaben des arabischen Alphabets wieder, die wir *h* und *m* schreiben. Ihre Funktion zu Beginn dieses Verses ist nicht geklärt.

18 Sure 85 („Die Burgen“), 22.

19 Arabisch *Bāb al-Iǧtihād.*

20 *Abū Hāmid Muḥammad al-Ghazālī* (1058–1111), genannt Algazel, muslimischer Theologe und Denker; Verfasser zahlreicher Abhandlungen über Philosophie und Lehre.

21 *Abū l-Walīd Muḥammad ibn Rušd,* arabischer Philosoph, geboren 1126 in Cordoba.

22 *ʿUṯmān ibn ʿAffān,* der als erstes Mitglied der mekkanischen Oberschicht zum Islam konvertierte. 644 folgt er *ʿUmar* als dritter Kalif nach. 656 wird er ermordet.

23 Der Begriff *Rūm,* Römer, bezeichnet im Arabischen die Byzantiner des oströmischen Reichs.

24 Wie *Zabūr,* Psalter, oder *Ḥawārī,* Apostel Jesu.

25 Das nicht rituelle Gebet, das dem der Christen ähnlicher ist, heißt *Duʿāʾ.*

26 Mt 15,17–18.

Kann der Islam sich ändern?

1 In einigen Ländern verbreitet sich die Praxis, den Koran in der Landessprache oder in den Sprachen der verschiedenen Gemeinschaften zu lesen, die die Moschee besuchen. Doch diese Praxis hebt die übergeordnete Regel, die den Vortrag *(Talāwa)* in arabischer Sprache vorschreibt, nicht auf.

2 Nach der islamischen Universität al-Azhar, die die Fatimiden 973, vier Jahre nach der Eroberung Ägyptens, als theologische

Moschee-Schule der Schiiten gründeten. Ihr Name bedeutet „die Leuchtende", eine Anspielung auf *Fatima al-Zahrā'*, die Tochter Mohammeds und die Frau von *'Alī*, die auch der Dynastie ihren Namen gegeben hat. Die Universität wird von muslimischen Studenten aus aller Welt besucht und hat in der Geschichte des muslimisch-sunnitischen Denkens eine bedeutende Rolle gespielt.

3 Nach dem in Saudi-Arabien vorherrschenden strengen Islamverständnis des Theologen *Muḥammad bin 'Abdil-Wahhāb* (1703–1787).

4 Von 1923 bis 1936 König von Ägypten. Vorher regierte er mit dem Titel eines Sultans.

5 Gründete 1932 das Königreich Saudi-Arabien und ist der Vater aller nachfolgenden saudischen Herrscher.

6 Vgl. Frage Nr. 9.

7 Den vier sunnitischen Rechtsschulen *Ḥanafita, šāfi'ita, Mālikita* und *Ḥanbalita* sowie der schiitischen *Ǧa'farita*. Siehe auch das Glossar im Anhang.

8 Weiterführende Informationen über die verschiedenen radikalislamischen Bewegungen in der Welt bietet Camille Eid, „Osama e i suoi fratelli", Mailand (Pimedit) 2001.

9 Vgl. die Fragen 58–61 über die Apostasie.

10 *Der Koran* (Übersetzung: Adel Theodor Khoury), Gütersloh 1987.

11 *Der Koran* (Übersetzung: Rudi Paret), Stuttgart 1966.

12 Die zahlreichen *Ḥadīṯ* zu diesem Thema hat André Ferré zusammengestellt: „Muḥammad a-t-il exclu de l'Arabie les juifs et les chrétiens?", in: „Islamochristiana" 16, Rom 1990, S. 43–65, hier 48f. Vgl. auch Leone Caetani, „Annali dell'Islam", Rom 1920, V, S. 350–356.

13 Vgl. Ferré, a. a. O., insb. S. 48.

14 *Yahya al-Antākī*, „Chronache dell'Egitto fatimide e dell'impero bizantino (937–1033)", hg. von Bartolomeo Pirone, in der Reihe „Patrimonio Arabo Cristiano" unter Leitung von Samir Khalil Samir, Nr. 3, Mailand (Jaca Book) 1998, S. 246f. (Abschnitt 12: 109 und 113).

15 Ebd., S. 248 (Abschnitt 12: 116).

16 Ebd., S. 248f. (Abschnitt 12: 118–120).

17 Ebd., S. 249 (Abschnitt 12: 122).

18 Ebd., S. 249f. (Abschnitt 12: 122–123).

19 Vgl. Camille Eid, „Gli ulema di 35 Paesi: legittimi i kamikaze", in: „Avvenire", 13. Januar 2002.

20 Vgl. die drei von Camille Eid und Carlo Broli verfaßten Beilagen der „Asia News" über die *Daʿwa* auf den verschiedenen Kontinenten, die vom Pime-Zentrum in Mailand veröffentlicht worden sind (1999–2000).

21 1934 verleiht die türkische Nationalversammlung ihm diesen Titel, der „Vater der Türken" bedeutet.

22 Geboren 1908 und am 29. August 1966 unter Nasser durch den Strang hingerichtet. Zum Werk von Quṭb vgl. die Monographie von Olivier Carré, „Mystique et politique, lecture révolutionnaire du Coran par Sayyid Quṭb, Frère musulman radical", Paris (Cerf) 1984.

23 Das Wort Fundamentalismus stammt ursprünglich aus dem protestantischen Umfeld, wurde dann aber auf die islamische Welt angewandt. Im Arabischen verwendet man den Begriff *Uṣūliyya* für Fundamentalismus und *Uṣūliyyūn* für Fundamentalisten.

Die rechtliche Herausforderung

1 Die Allgemeine Erklärung der Menschenrechte wurde am 10. Dezember 1948 von 44 Staaten unterzeichnet. Inzwischen sind jedoch zahlreiche weitere Staaten hinzugekommen. An der Weltmenschenrechtskonferenz in Wien nahmen im Juni 1993 171 Staaten teil.

2 Sure 3 („Das Haus des *ʿImrān"),* 110. Eine detaillierte Analyse der zu diesem Thema in der islamischen Welt veröffentlichten Dokumente bietet Maurice Borrmans, „Convergenze e divergenze tra la Dichiarazione universale dei diritti dell'uomo e le recenti Dichiarazioni dei diritti dell'uomo nell'islam", in: „Rivista internazionale dei diritti dell'uomo" XII (Januar-April 1999), Katholische Herz-Jesu-Universität Mailand, S. 44–60.

3 Vgl. Frage 58.

4 Saudi-Arabien hat seine Zustimmung zum Übereinkommen über die Rechte des Kindes und zum Internationalen Übereinkommen zur Beseitigung jeder Form von Rassendiskriminierung an die Bedingung geknüpft, daß die Klauseln der genannten Verträge nicht dem islamischen Recht widersprechen, vgl. Amnesty International, „Arabia Saudita, uno stato di segreta sofferenza", 2000.

5 Eine erschöpfende Untersuchung zu Talbis Positionen findet sich in seinem Buch „Le vie del dialogo nell'islam", Turin (Giovanni-Agnelli-Stiftung) 1999.

6 Vor einigen Jahren hat das Oberhaupt der ägyptischen Muslimbrüder *Muṣṭafā Mašhūr* allerdings die Zuverlässigkeit christlicher Soldaten im Falle eines Angriffs auf Ägypten in Frage gestellt und gefordert, die Christen vom Wehrdienst zu befreien und ihnen die genannten Steuern aufzuerlegen.

7 Im Arabischen der Plural von *Ḥadd,* Grenze. Der Koran spricht von den *Ḥudūd Allāh* als den Gesetzen Gottes.

8 Sie erhielt 158 von 550 Parlamentssitzen.

9 Unter der Leitung von Recai Kutan hat die neue Partei bei den Wahlen 1999 nur 21,3 % der Stimmen erhalten und ist damit auf der politischen Bühne der Türkei auf den dritten Platz zurückgefallen.

10 Der komplette Passus aus dem Epheserbrief lautet in der Einheitsübersetzung: „Einer ordne sich dem andern unter in der gemeinsamen Ehrfurcht vor Christus. Ihr Frauen, ordnet euch euren Männern unter wie dem Herrn (Christus); denn der Mann ist das Haupt der Frau, wie auch Christus das Haupt der Kirche ist; er hat sie gerettet, denn sie ist sein Leib. Wie aber die Kirche sich Christus unterordnet, sollen sich die Frauen in allem den Männern unterordnen. Ihr Männer, liebt eure Frauen, wie Christus die Kirche geliebt und sich für sie hingegeben hat, um sie im Wasser und durch das Wort rein und heilig zu machen. So will er die Kirche herrlich vor sich erscheinen lassen, ohne Flecken, Falten oder andere Fehler; heilig soll sie sein und makellos. Darum sind die Männer verpflichtet, ihre Frauen so zu lieben wie ihren eigenen Leib. Wer seine Frau liebt, liebt sich selbst. Keiner hat je seinen eigenen Leib gehaßt, sondern er nährt und pflegt ihn, wie auch Christus die Kirche. Denn wir sind Glieder seines Leibes. Darum wird der Mann Vater und Mutter verlassen und sich an seine Frau binden, und die zwei werden ein Fleisch sein. Dies ist ein tiefes Geheimnis; ich beziehe es auf Christus und die Kirche. Was euch angeht, so liebe jeder von euch seine Frau wie sich selbst, die Frau aber ehre den Mann."

11 Vgl. Phil 2,8.

12 Vgl. Sure 2 („Die Kuh"), 223: „Eure Frauen sind ein Saatfeld für euch; darum bestellt euer Saatfeld wie ihr wollt" (in der Übersetzung von Rassoul, Köln 1986).

13 Im Koran trägt außer Maria, der Mutter Jesu, keine Frau einen eigenen Namen. Sie werden alle nach dem Grad ihrer Verwandtschaft mit einem Mann benannt.

14 In der jüdischen Religion ist es dagegen aufgrund der Messiaserwartung die Mutter, die ihre eigene Religion an die Nachkommen weitergibt, damit gewährleistet ist, daß der von einer jüdischen Mutter geborene Messias auf jeden Fall Jude ist.

15 Vgl. Sure 2 („Die Kuh"), 229–230: „Die Entlassung (mit dem Recht, die Frau zurückzunehmen) ist zweimal (erlaubt). Dann (sind die Frauen entweder) in rechtlicher Weise (zu) behalten oder auf ordentliche Weise frei(zu)geben. [...] Und wenn der Mann (die Frau endgültig) entläßt, ist sie ihm künftig nicht (wieder als Ehefrau) erlaubt, bevor sie nicht (etwa) einen anderen Gatten heiratet."

16 „Allah verordnet euch hinsichtlich eurer Kinder: Auf eines männlichen Geschlechts kommt (bei der Erbteilung) gleichviel wie auf zwei weiblichen Geschlechts", Sure 4 („Die Frauen"), 11; „Und wenn es (verschiedene) Geschwister sind, Männer und Frauen, kommt auf eines männlichen Geschlechts gleichviel wie auf zwei weiblichen Geschlechts", ebd., 176.

17 Vgl. Sure 4 („Die Frauen"), 34: „Die Männer stehen den Frauen in Verantwortung vor".

18 Vgl. ebd.: „Und wenn ihr fürchtet, daß (irgendwelche) Frauen sich auflehnen, dann vermahnt sie, meidet sie im Ehebett und schlagt sie! Wenn sie euch (daraufhin wieder) gehorchen, dann unternehmt (weiter) nichts gegen sie!"

19 Eine eingehendere Analyse der juristischen und soziologischen Aspekte der Ehe nach islamischer Vorstellung bieten die Untersuchungen von Roberta Aluffi Beck-Peccoz, „Le leggi del diritto di famiglia negli Stati arabi del Nord-Africa", Turin (Giovanni-Agnelli-Stiftung) 1997 und von Giancarla Perotti Barra, „Sposare un musulmano. Aspetti sociali e pastorali", Effatà, Turin (Cantalupa) 2001.

20 Das arabische Wort, das dreimal in diesem Vers verwendet wird, ist *Ba'l*, das – wie der biblische Baal – „Herr" bedeutet.

21 Es handelt sich hier um denselben Personenkreis, den die beduinische Tradition noch heute als die *Maḥārim* bezeichnet.

22 Verschiedene *Ḥadīṯ* sprechen davon, daß der Vers über den Schleier bei der Hochzeit Mohammeds mit seiner (siebten) Frau *Zaynab bint Jaḥš* offenbart worden sei, die bereits die Frau seines Adoptivsohns *Zayd* war. Einige Männer sollen zu spät zum Hochzeitsmahl gekommen sein, weil sie mit ihr gesprochen hatten.

23 Einige Christen hatten allerdings unter der muslimischen Herrschaft öffentliche Ämter inne, was in einigen mehrheitlich muslimischen Ländern auch heute noch vorkommt.

24 Sure 9 („Die Reue"), 20.

25 Davon 14 Millionen in den arabischen Ländern, 40 in Nigeria, 20 in Indonesien, 3 in Pakistan und kleinere Mengen im Tschad, in Malaysia, Zentralasien usw.

26 40–45 % im Libanon; 40 % in Nigeria; 35 % im Tschad; 8–10 % in Ägypten, Indonesien und im Sudan; 8 % in Syrien; 4 % im Irak; 3 % in Pakistan und weniger als 1 % in der Türkei, im Iran und in Nordafrika.

27 Der offizielle Titel von König Fahd von Arabien lautet „Diener der beiden heiligen Orte" *(Ḫādim al- Ḥaramayn al- Šarīfayn).*

28 Dieses Gesetz belegt jeden mit der Todesstrafe, der beschuldigt wird, Mohammed beleidigt zu haben, und verurteilt den, der den Koran beleidigt, mit lebenslänglicher Freiheitsstrafe. Trotz der Garantien zum Schutz der Minderheitenrechte kommt es auf seiten einzelner oder radikaler islamischer Gruppen häufig zu einer mißbräuchlichen Anwendung dieses Gesetzes. Als 1998 ein junger Katholik zum Tode verurteilt wurde, schoß sich der Bischof von Faisalabad, John Joseph, zum Zeichen des Protests eine Kugel in den Kopf.

29 Sure 9 („Die Reue"), 74.

30 Vgl. Frage Nr. 42.

31 *ʿAlī bin Abī Ṭālib,* Mohammeds Vetter und Schwiegersohn. Er ist der vierte Kalif und außerdem für die Schiiten der erste *Imam*.

32 Zu den Enthauptungen schiitischer „Apostaten" vgl. die 1993 veröffentlichte Dokumentation von Amnesty International: „Saudi Arabia, Religious intolerance: The arrest, detention and torture of Christian worshippers und Shiʿa Muslims".

33 Vgl. Frage Nr. 45.

34 Eine vertiefende Darstellung des Themas der Apostasie bietet der Artikel von Samir Khalil Samir „Le débat autour du délit d'apostasie dans l'islam contemporain", in: John Donohue und Christian Troll (Hgg.), „Faith, Power and Violence", „Orientalia Christiana Analecta" Nr. 258, Rom (Päpstliches Orientinstitut) 1998, S. 115–140.

Der Islam unter uns

1 Vgl. S. 60 ff.

2 Hierzu ausführlicher: Silvio Ferrari (Hg.), „L'islam in Europa. Lo statuto giuridico delle comunità musulmane", Bologna (il Mulino) 1996, S. 296–303.

3 Vgl. Francesco Ognibene, „L'islam vuole invadere l'Europa?", in: „Avvenire", 14. Oktober 1999.

4 Zur Problematik der Moschee vgl. weiter unten die Fragen 83–85.

5 Vgl. hierzu „Immigrati, la sfida inglese. Un test per vivere da noi", in: „La Repubblica", 10. Dezember 2001.

6 Bassam Tibi, „Deutschland braucht eine Leitkultur", in: „Focus", Nr. 44 (Oktober 2000).

7 Vgl. Roberta Aluffi Beck-Peccoz, „Tempo, lavoro e culto nei Paesi musulmani", Turin (Giovanni-Agnelli-Stiftung) 2000.

8 Vgl. auch Frage 50.

9 Vgl. Arent Jan Wensinck und J. P. Mensing, „Concordance et indices de la tradition musulmane", Leiden (Brill) 1943, II 42a. Dieser Ausspruch findet sich in drei der sieben großen Sammlungen: *Buḫārī, Anbiyā'* 40; *Muslim, Masāǧid* 1, 2 und 3; *Nisā'ī, Masāǧid* 3 und 42.

10 Für eine vertiefte Untersuchung verweisen wir auf die Artikel von Samir Khalil Samir, „La Moschea: informazione e riflessione", in: „Avvenire", 8.12.2000; und „Note sulla moschea", in: „La Civilta Cattolica", 152, I, 3618 (2001), S. 599–603.

Islam und Christentum

1 Manche zählen auch die Zoroastrier zu den *Ḏimmī*, die an einer einzigen Koranstelle (Sure 22,17) unter dem Namen *Maǧūs*, Magier, Erwähnung finden. Die sabäische Religionsgemeinschaft existiert nicht mehr und ist vermutlich mit den Mandäern identisch, einer jüdisch-christlichen Täufersekte aus den ersten Jahrhunderten. Nicht zu verwechseln sind sie dagegen mit den Sabiern von Ḥarrān, die astrale Gottheiten verehrten, und auch nicht mit den Bewohnern des alten Reichs Saba im Jemen. Vgl. hierzu Carlo Alfonso Nalloni, Stichwort „Sabii" in der „Enciclopedia Italiana", Rom 1936, XXX 379 f.; s. auch Baron B. Carra de Vaux, Stichwort *„Sābi'a"*, in der „Encyclopédie de l'Islam", Leiden (Brill) 1927, IV 21 f.

2 Im Jahr 713 erreicht der Islam das Indusdelta und wird mit den Eroberungen Maḥmūds von Ghazni (998–1030) zu einem festen Bestandteil der indischen Geschichte.

3 „Priester" ist hier die Übersetzung des arabischen Wortes *Qissīsūn,* das aus dem Syrischen kommt und dem griechischen „Presbyter" (Älteste) entspricht. Im christlichen Kontext bedeutete der Begriff stets „Priester".

4 Sure 5 („Der Tisch"), 82.

5 Für die Muslime ist nicht Isaak, sondern Ismael der Sohn, den Abraham beinahe geopfert hätte.

6 Vgl. *Abū Ḥāmid al-Ghazāli, Iḥyā' 'ulūm al-dīn* (Die Wiederbelebung der religiösen Wissenschaften), Bd. I, Buch 7, Kap. 3, Abschnitt 2, Kairo 1939, S. 272 f. und Beirut *(Dār al-kutub al-'ilmiyya)* 1992, S. 315.

7 Die *Banū Qurayẓa,* die *Banū al-Naḍīr* (in der Oase von Ḫaybar) und die *Banū Qaynuqā'.*

8 Nestorius unterschied zwischen der Menschheit und der Gottheit Christi und lehnte die Bezeichnung Marias als „Theotokos", Mutter Gottes, ab. Er bevorzugte den Titel „Mutter Christi". Die Monophysiten folgten Dioskoros, dem Patriarchen von Alexandria, in der Aussage, daß es in Christus nur eine Natur (Physis) gibt. Ihrer Lehre nach geht Christus aus zwei Naturen hervor, doch nach seiner Menschwerdung gibt es nur mehr „eine im Wort Gottes fleischgewordene Natur". Die monophysitische Lehre wurde 451 auf dem Konzil von Chalzedon verurteilt, das Christus als wahren Gott und wahren Mensch verkündete.

9 Vgl. Sure 5 („Der Tisch"), 116: „Und (dann), wenn Allah sagt: Jesus, Sohn der Maria! Hast du (etwa) zu den Leuten gesagt: Nehmt euch außer Allah mich und meine Mutter zu Göttern?"

10 Sure 72 („Der Dschinn"), 3.

11 Sure 6 („Das Vieh"), 101.

12 Sure 19 („Maria"), 35.

13 Ebd., 88–92.

14 Ein Wohlgeruch, der demselben *Ḥadīṯ* zufolge noch in einem Abstand von 40 Jahren wahrgenommen werden kann.

15 Vgl. *Buḫārī,* Kap. der *Zakāt,* 24,1; und Kap. des *Ǧihād,* 56,102: *Umirtu an uqātila an-nāsa ḥattā yaqūlū „Lā ilāha illā Allāh".*

16 Vgl. *Buḫārī,* Kap. des Glaubens, 2,17.

17 Sure 3 („Das Haus des *'Imrān"),* 42.

18 Ebd., 45.

19 Ebd., 48.

20 Sure 19 („Maria"), 27.

21 „Das ist ganz offensichtlich Zauberei." Vgl. Sure 5 („Der Tisch"), 110; Sure 6 („Das Vieh"), 7; Sure 10 („Jonas"), 76; Sure 11 *(„Hūd"),* 7.

22 Vgl. Sure 4 („Die Frauen"), 158: „Allah hat ihn zu sich erhoben".

23 Immer mit Artikel. Dieser Titel wird im Koran ausschließlich auf Jesus angewandt und kommt elfmal vor, unter anderem auch in der Formulierung „der Christus, Sohn der Maria".

24 Dieser Titel kommt im Koran nur einmal in Sure 43 („Der Goldschmuck"), Vers 61 vor und wird nur auf Jesus angewandt. Er wird so interpretiert, daß Jesus das Zeichen ist, das das Ende der Zeiten ankündigt.

25 Kommentatoren aus dem 10., 12. bzw. 13. Jahrhundert.

26 Arabisch *Āya*. Der Begriff findet sich an drei Stellen im Koran: 19,21; 21,91; 23,50.

27 Vgl. Sure 3 („Das Haus des *'Imrān"),* 59: „Jesus ist vor Allah gleich wie Adam. Den schuf er aus Erde. Hierauf sagte er zu ihm nur: sei!, da war er."

28 Sure 3 („Das Haus des *'Imrān"),* 49.

29 „Wenn ich ihn dann geformt und ihm Geist von mir eingeblasen habe, dann fallt vor ihm nieder", sagt Gott zu den Engeln (15,29).

30 Sure 19 („Maria"), 36.

31 Sure 61 („Das Schlachtfeld"), 6.

32 Im Hinblick auf das unterschiedliche Christusbild hat Johannes Paul II. im Interview mit Vittorio Messori wichtige Punkte klargestellt. Nach dem Hinweis, daß die Muslime den Christen „dank ihres Monotheismus [...] ganz besonders nahe" sind, fährt er fort: „Wer das Alte und Neue Testament kennt und den Koran liest, sieht klar, daß sich hier ein *Prozeß der Einschränkung der Göttlichen Offenbarung vollzogen hat*. Man kann nicht umhin, sich der Entfernung bewußt zu werden von dem, was Gott zuerst im Alten Testament durch die Propheten und dann, definitiver, im Neuen Testament durch seinen

Sohn gesagt hat. Dieser ganze Reichtum der Selbstoffenbarung Gottes, der das Erbe des Alten und Neuen Testaments ausmacht, wurde im Islam hintangestellt. Dem Gott des Koran werden die schönsten Namen verliehen, über die die menschliche Sprache verfügt, doch ist er letzten Endes ein Gott, der außerhalb der Welt steht, ein Gott, *der nur Herrlichkeit, aber nie Emanuel,* der Gott-mit-uns, ist. *Der Islam ist keine Religion der Erlösung.* Er hat keinen Platz für das Kreuz und die Auferstehung. Jesus wird zwar erwähnt, aber nur als Prophet, der Mohammed, dem letzten Propheten, den Weg bereitet. Es wird auch an Maria, seine jungfräuliche Mutter, erinnert, doch wird das Drama der Erlösung vollständig weggelassen. Daher ist nicht nur die Theologie, sondern auch die Anthropologie des Islams sehr weit entfernt von der christlichen", Die Schwelle der Hoffnung überschreiten, Hamburg [2]1994, S. 119f.

33 Die Debatte der Gelehrten über die Existenz eines vollständigen Evangelientexts in arabischer Sprache ist noch nicht entschieden, und es gibt Dutzende von Untersuchungen zu diesem Thema. Die Mehrheit der Wissenschaftler neigt allerdings zu der Auffassung, daß es einen solchen nicht gegeben hat.

34 Vgl. Sure 21 („Die Propheten"), 7: „Fragt doch die Leute der (früheren) Mahnung, wenn ihr (es) nicht wißt!"

35 Sure 6 („Das Vieh"), 101.

36 Sure 17 („Die Nachtwanderung"), 111.

37 Sure 23 („Die Gläubigen"), 91.

38 Sure 25 („Das Kriterium"), 2.

39 Sure 5 („Der Tisch"), 73.

40 Sure 4 („Die Frauen"), 171.

41 Sure 3 („Das Haus des *ʿImrān"),* 64.

42 Vgl. Sure 5 („Der Tisch"), 75: „Sieh, wie wir ihnen die Zeichen klar machen! Und dann sieh, wie verschroben sie sind".

43 Sure 33 („Die Verbündeten" – *al-Aḥzāb),* 40.

44 Vgl. Samir Khalil Samir, „Cristo nel Corano", in: „La Civiltà Cattolica" 134, III, Nr. 3191 (1983), S. 450–462; ders., „Teologia coranica di Cristo", in: „La Civiltà Cattolica", Nr. 3192 (1983), S. 556–564.

45 Dies wird vom Islam entschieden verneint. Viele muslimische Gelehrte glauben, in einem *Ḥadīṯ* Mohammeds („Gott hat den Menschen nach seinem Bild geschaffen") das Pendant der betref-

fenden Bibelstelle (Gen 2) zu finden. Tatsächlich bezieht sich das Possessivpronomen „sein“ im Islam auf den Menschen, heißt also „nach dem Bild des Menschen“, während der Kontext des biblischen Verses klar erkennen läßt, daß hier vom „Bild Gottes“ die Rede ist.

46 Vgl. Samir Khalil Samir, „Le Coran est-il révélé? Muhammad est-il prophète? Un point de vue chrétien“, Beitrag zum Treffen des Vinzentinerordens „Notre apostolat dans le monde musulman“ in Fatqā (Libanon) vom 26. Juli bis zum 2. August 1999, in:„ Rencontre Vincentienne“, Congrégation de la Mission, Rom 2000, S. 292–299.

47 Vgl. z. B. Eugène Tissérant, „Abraham père des croyants“, Paris (Cerf) 1952.

48 Vgl. z. B. Alain Besançon, „Trois tentations dans l'Église“, Paris (Calman-Lévy) 1996, S. 174–176; und Antoine Moussali, „La croix et le croissant. Le christianisme face à l'islam“, Paris (Ed. de Paris) 1998, S. 51–56.

49 Gen 17,4–7.

50 Sure 2 („Die Kuh“), 124.

51 Ebd., 135.

52 Sure 3 („Das Haus des *ʿImrān“),* 65–68.

53 Es gibt allerdings Spuren einer solchen Vorstellung, vgl. z.B. ebd., 33.

54 Unter Ziffer 3 der Erklärung „Nostra Aetate“ wird der Text noch einmal aufgegriffen.

55 Zweites Vatikanisches Konzil, „Lumen Gentium“, Nr. 16.

56 Dieser Text wird auch im „Katechismus der Katholischen Kirche“ zitiert (Nr. 841).

57 Johannes Paul II., „Ansprache an die Vertreter der Weltreligionen“, 24. Januar 2002, Nr. 7.

58 Ebd., Nr. 6.

59 Vgl. Frage Nr. 37.